大学通识课程系列教材

先秦诸子导读

何善蒙 著

商務印書館
创于1897 The Commercial Press

图书在版编目(CIP)数据

先秦诸子导读/何善蒙著. —北京:商务印书馆,2015(2023.4 重印)
大学通识课程系列教材
ISBN 978-7-100-11002-0

Ⅰ.①先… Ⅱ.①何… Ⅲ.①先秦哲学—高等学校—教材 Ⅳ.①B22

中国版本图书馆 CIP 数据核字(2015)第 011570 号

大学通识课程系列教材
先秦诸子导读
何善蒙 著

商 务 印 书 馆 出 版
(北京王府井大街 36 号 邮政编码 100710)
商 务 印 书 馆 发 行
北京虎彩文化传播有限公司印刷
ISBN 978-7-100-11002-0

2015 年 5 月第 1 版 开本 710×1000 1/16
2023 年 4 月北京第 5 次印刷 印张 22

定价:69.00 元

总　序

大学之“大”，在于大师，大师之“大”，在于其学问之专深、气象之宏阔，境界之高迈，概言之，实为精神之“大”。综合性大学的一个重要特征就是既注重学生的专业训练，更注重培养学生深厚的人文素养、独立的思想人格、广阔的历史视野。一所好的大学要引导学生去追求超越个人感官经验的科学精神、历史理性和人类情怀，它必须要肩负起追求学术真理、推动文化传承创新和砥砺思想方式的多重功能。近代以来，博雅教育的勃兴，根源盖在于此。

国有成均，在浙之滨。浙江大学，这所有着近百二十年历史的国立综合性大学，虽历经坎坷，办学使命未曾更改；几遇沉浮，求是学风日益强固。竺可桢掌校期间，一手抓科学教育和专业训练，另一手抓人文教育与精神涵养，既延揽了苏步青、王淦昌、束星北等大批杰出科学家来浙大为学生传授自然之道，更礼聘马一浮、梅光迪、张荫麟等文史大家到校为学生开启心灵智慧、揭示社会之理，校长本人兼通文理，统筹发展大局。由此，逐渐奠定了人文教育与科学教育并驾齐驱、自然科学与人文学术比翼双飞的办学特色，形成了真正意义上综合性大学的办学模式。为承续这一伟大传统，新浙江大学一直在探索新时代博雅教育的道路，除鼓励和支持学科开展多元化的教育模式试验，更尝试在学校层面构筑平台，提供条件，寻求新的方向。

近数年来，学校一直在体现博雅教育精神的通识课程建设上做文章。自2006年开始，学校将通识教育作为三大课程体系（通识课程、大类课程、专业课程）之一，2010年开始，学校适时成立了通识教育专家委员会，在原通识选修课基础上，重点建设了一批通识核心课程。这些课程覆盖哲学与社会科学、人文与艺术、数学与自然科学、工程与技术等领域，形成了具有浙大特色、辐射全国、影响国际的通识教育体系。在这一完整的教育体系之中，教材建设更是极具代表性的亮点之一，其标志就是推出一套注重经典、追踪前沿、体现批判精神和创新思维的大学通识核心课程系列教材。

浙江大学在通识核心课程启动伊始，就将教材建设置于整个课程体系的重要位置。在建设过程中，充分发挥学科优势和主讲教师特长，凸显课程特色，明确教材定位，并努力平衡三个方面的关系：第一，选用与编撰。教材的品质是决定课程质量的核心要素之一，教材建设因而是课程建设的重中之重。浙江大学作为国内高水平的研究型大学，理应将自己编撰教材置于教材建设的首位，但高品质教材的形成是一个过程，并非一蹴可就。通识核心课程教材的建设因此也就多半要经历由选用到编撰的过程，这与通识核心课程由启动到成熟的过程适相一致。第二，经典与前沿。在教材建设方面，我们最注重经典和前沿关系的处理。前者强调经典研读，注重引介能够激发学生思考的经典之作。由于各门课程都有相应的经典文献和经典理论，整合经典文献、提炼经典理论以形成相应的课程教材，也最能够深化课程的内涵，提升课程的品位。后者强调对于学术前沿的关注，由于各个学科都有相应的前沿问题，将这些前沿问题编进教材并引入课堂，也是研究型大学教学的重要特点。第三，核心与多元。根据通识核心课程的特点，我们将教材建设作为完整的体系来建构，目前出版和即将出版的教材是体系的核心部分，与这一核心部分相联系，还有相应的参考文献、与教材各章节相关的专题论文，以及以教材为中心而扩展的阅读书目，这样逐步构建以一个核心和多元辐射相结合的教材体系。

根据研究型大学的定位和通识教育的性质，我们的这套教材力求体现三个特点：一是研究性。努力在教材中挖掘经典的内涵，追踪前沿的动态，贯穿追求卓越的精神，旨在启发学生的创造性思维，培育学生发现问题和解决问题的能力。二是批判性。在教材编撰过程中，注重批判精神和求异创新，旨在促使学生在知识掌握的基础上，通过独立的选择和判断，达到思维转换和观念更新的目的。三是系统性。即体现知识传授活动区别于单纯的学术研究的重大特点和内在要求，特别注重知识的系统性。每一门课的教材，从宏观方面讲，是浙江大学通识教育体系的一个部分，从微观方面看，其自身具有一以贯之的理论体系或总体构架。

"一代儒宗"马一浮先生1937年受命为流亡中的浙江大学创作校歌，最后部分如是说："念哉典学，思睿观通。有文有质，有农有工。兼总条贯，知至知终。成章乃达，若金之在熔。尚亨于野，无吝于宗，树我邦国，天下来同。"这精辟阐述了浙江大学的办学使命和教育理想。我们在新的时期推出这套大学通识核心课程系列教材，正是将使命和理想付诸实施的具体行动。希望这套系列教材能够为中国特色的大学通识教育贡献一份光和热。

罗卫东

2014年4月

前言

人是文化的产物，人类的活动总是受到一定的观念的支配，在这个意义上，我们同样可以说，人是观念的产物，或者更为准确的表述应该是，人是生活在观念之中的。文化在一定程度上是以观念作为其内核的，文化的历史，就是观念不断演进、变化的历史，因而，我们要理解历史、理解文化，就必须从最为根本的观念层面切入。

我非常认同克罗齐的“一切历史都是当代史”以及科林武德的“一切历史都是思想史”的论断。这就意味着当我们去面对历史的时候，我们必须考虑的是其对于当下生活世界的意义，以及其对于我们思想的作用。离开了思想，离开了当下，历史即便仍然可以作为事件的真实而存在，但是，这样的存在对于我们生活的世界意义又何在？人是生活在观念之中的，对于我们来说，更为重要的应当是探寻思想的真实、价值的真实，即究竟是何种观念指引我们的社会走到今日，是怎样的观念影响了我们的先辈的日常生活？思想才是历史具有生命力的根本所在。

思想因为历史而更加真实，历史因为思想而更加厚重。而当我们去考察任何一种思想演变的历史的时候，其开端处都是尤为重要的，这不仅仅是因为开端处作为一个时间点而在历史演变过程中具有重要的意义，更是因为后来思想的演变过程都是以其开端处作为基本根据的，在某种意义上，思想史的开端处所确立出来的是任何一种文明形态更为根本的价值关怀和最为基础的经典依据，这种价值关怀和经典依据基本上并不会因为后来历史具体进程的复杂性而发生根本性的改变，这也就使其成为人类文明历史上所无法跨越的经典时代。一种文明之所以成为这一种文明而区别于他者，其根本的原因即在于其经典的根据和价值的关怀。先秦诸子之于中国传统，两希文明之于西方传统，吠陀之于印度传统，都是如此。由此，当我们去考察任何一种流传至今的文明形态的时候，我们都不可能回避对于其源头的审视，这样的经典时代，对于任何的文明形态来说，都是最为根本的。任何文明都是在反观经典时代的基础上才具有了进一步发展的根据和动力，由此，经典之于思想文化的意义极为明了。

于是，在今日，如若我们要了解、学习中国传统文化，我们就不能撇开先秦诸子，就不能不关注早在春秋战国时期中国社会所发生的思想巨变，这一巨变奠定了中国思想文化最为基本的价值关怀和最为基础的经典依据。后来中国传统思想演变的基本脉络，也在这个时候被确立。从这个意义上来说，离开了先秦诸子，就不可能真正了解中国传统文化，就不能够真正理解中国思想的发展，当然，也无法理解中国思想与中国人日常生活的密切关联。

而理解先秦诸子最好的方式，无疑是去阅读其著作，通过对其作品的阅读，我们才能够真正进入古人的精神世界，从而真正理解其思想内涵。阅读原著，亲近经典，这是我们了解、接受古人思想的唯一方式，也是最为可靠的方式。当然，对于刚刚接触中国古代思想的初学者来说，要直接阅读、理解经典，可能存在着一定的困难，故而本书在节选先秦诸子的作品之前，对于诸子及其思想均有一定程度的导读介绍，希望由此给读者一个概观的了解，为进一步的原典阅读奠定基础。

从具体的内容来说，本书的编撰以“轴心时代与中国思想的突破”作为导言，从而凸显出先秦诸子在中国思想史上的意义，在具体的诸子选择上，既兼顾了通常意义上最具有影响力的儒、墨、道、法诸家，也涉及了兵家、名家、纵横家、阴阳家等，同时，也充分考虑到了近年来出土文献的广泛影响力，希望能够为读者最大限度地还原先秦诸子的宏大场面以及深远影响。传世文献材料选编的时限，以先秦时期的传世文献为主，部分材料延及秦汉，这样选择是充分考虑到先秦诸子作为一个学术概念形成的历史性因素。对于所选择的文献材料，除了少量进行必要的注释之外，尽量保持原著的样貌。

何善蒙

2014 年9月1日

目录

第一讲　引言：轴心时代与中国思想的突破

一　雅斯贝尔斯与轴心时代观念

任何一种思想的形态，都有其经典根据，也正是在反观经典、回归经典的过程中，思想才具有了不断地超越既有的可能，也正是因为如此，哲学才能真正融入到人类现实生活本身，为我们的生存提供精神的基础。两希文明之于西方文化，先秦诸子之于中国文化，都是如此。惟返本才能开新，对于生活于当下的我们来说，如何从文明的源头处汲取思想的力量，才是真正具有深远意义的问题。任何人都是文化的产物，处身于中国文化传统之下的我们，自然也应当对自身的传统有基本的认识和了解。

1949年，德国学者雅斯贝尔斯（Karl Jaspers）出版了《历史的起源与目标》，正是在这一著作中他提出了一个著名的观念——轴心时代（Axial Period）。雅斯贝尔斯通过对人类精神历史的考察，发现了一个惊人的、重要的现象，在公元前800年到200年的历史时期内，人类文明的历史上出现了一个惊人的事实，那就是在古希腊、以色列、印度和中国几乎同时出现了伟大的思想家，他们都对人类关切的基本问题提出了独到的看法，从而形成了不同的文明传统。中国的百家诸子，印度的《奥义书》(Upanishads)和佛陀(Buddha)所讨论的范围广阔的哲学话题，以及琐罗亚斯德(Zarathustra)、伊莱贾(Elijah)、以赛亚(Isaiah)、巴门尼德(Parmenides)、赫拉克利特(Heraclitus)、柏拉图(Plato)、修昔底德(Thucydides)、阿基米德(Archimedes)等。"在这数世纪内，这些名字所包含的一切，几乎同时，在中国、印度和西方这三个互不知晓的地区发展起来。"这就意味着，"这时，人类开始意识到整体的存在自身、自身的限度、通过在意识上认识自己的限度，他为自己树立了最高目标，他在自我的深奥和超然存在的光辉中感受绝对。"因此，"这个时代产生了直至今天仍是我们思考范围的基本范畴，创立了人类仍赖以存活的世界宗教之端源。无论在何种意义上，人类都已迈出了走向普遍性的步伐。"

所以，在雅斯贝尔斯看来，这一时期对于人类文明的历史来说具有极为重要的意义，此前的人类历史只能称之为史前史，因为此前人类并没有对自身的存在及其价值进行有意识的反思，尚未对于那些影响人类生存的基本问题形成系统的、理性的思考方式。而这个轴心时期，则是人类自我意识觉醒的开始，标志着人类通过自身的思考和选择，告别了蒙昧而进入了文明。这个过程在人类历史上出现的时代具有着惊人的巧合，在差不多的历史维度中，几个并未存在联系的区域中，人类几乎同时开始思考关乎人类自身价值的具有普遍性意义的问题，并从而确定了各自不同的文化传统特质。而此后的历史，在某种意义上都是对于这样的一个时代的不断反思和回归，从而获得更为持续的、有力的发展过程，"人类一直靠轴心时代所产生的思考和创造的一切而生存，每一次新的飞跃都回顾这一时期，并被它重新燃起火焰。"

二　轴心时代观念的思想史意义

就思想史的意义来说，雅斯贝尔斯的观念直接突破了当时占主导地位的西方中心主义话语，而直接将历史置于普遍的、共同的视野中予以考察，然而他的这种开阔的历史研究的心态并没有给他带来更多的关注，相反，由于雅斯贝尔斯偏离了主流话语所设定的基调，在很长时间内，他的观念并未受到太多的重视。但是，这仍然不能掩盖轴心时代观念所具有的启发性价值。从人类精神史的事实来说，正是这样一个观念的出现，提醒了人们对于历史的普遍意义和思想的共通价值的关注，使得对于人类精神史的研究回到了人类自身，即若要探讨人类思想演变的历史，就必须关注人类精神本身在历史的脉络中演进的具体轨迹，而不是把这样的演进归之于神启，或者是其他任何的超越于人类自身之外的观念。这就让我们更多地关注到了思想本身对于人类历史演进的真正意义，人类之所以成为人类，在某种意义上完全是取决于人类能够以思想的形式来超越既有的现实。这种超越的努力可以采取不同的方式，即如在轴心时期各种不同的文明形式所表现出来的一样。虽然，不同的社会环境和生活境遇使得人们对于其生存所面临的普遍性问题所采取的解答方式是不一样的，但是，这种以人类理智的形式来解决自我生存事实的努力，表明作为人类社会存在之根基的理性思考方式已经确立。于是，轴心时代对于社会历史的基本意义就在于确立了理性的精神作为社会发展的基础，思想从此开始发挥着指引社会进步的重要贡献作用。而此后历史发展的基本事实，一再地表明了这一时期的重要意义，后来时代（直至今天依旧如此）都是在不断地回归、反思轴心时期所提供的精神资源的基础上获得飞跃发展的可能。

从人类思想史发展的基本事实来说，轴心时期所确定的是该文明系统的基本价值观念、思维方式以及经典系统等，从而形成某一区域文明的稳定形态，并决定和深刻影响该区域人类生活的基本展开形式。我们今天之所以会说有诸如西方文明、印度文明、中华文明等诸如此类的分别，其区分的基本依据依然是在轴心时期所确定的那些构成文明形态的基础要素。任何一种从轴心时期而来并且延续至今的文明形态，都以自身的发展事实毫无争议地表明了这一点。

如果说思想是文明的基本内核，而文明是思想的具象化表达的话，那么，当我们去考察一种文明形态的时候，我们毫无疑问会关注到其中所存在的思想形式的差异。而思想形式的差异，并不是表明不同的文明形态所关心的问题不同，而主要是针对共同的问题有着不同的思考形式，由此而成就不同的文明形式和生活方式。这样的特质，也是在轴心时期就确定的。对于一种文明形式来说，轴心时期之所以是轴心的、关键的，就是因为在这个时期，其文明的基本特质得以确立。由于人类在轴心时期的思考的努力，使得思想进入了自觉的状态，从而引导该文明形态的进展。由此而来观之，轴心时期对于文明形态的重要意义即在于思想的突破。所谓思想的突破，意指该文明形态的基本价值理念和思维方式的确立。这是具有着标志性意义的阶段，相对于此前的蒙昧的阶段来说，这个时期意味着人类的理性开始进入了自觉思考的阶段，开始确立了人类自身的价值和意义。而对于此后的历史来说，这个时期成为了后来发展的精神源泉，迄今为止的人类历史上的每一次跨越，都离不开轴心时期所确立的基本理念和经典系统。

于是，思想的突破就意味着人类以其自身的理性超越了蒙昧的年代，从而形成了稳定的文明内核。不管以何种方式实现的突破，都意味着人类开始自觉地思考自己的生活，并以适合自身的方式来解释并解决与生存相关的诸种问题，无论是以古希腊为代表的理性主义传统、古希伯来所代表的宗教性的传统，抑或是以古代中国所代表的人性的传统，都代表了人类对于其自身存在的终极关怀问题的一种解决进路，由此而形成的文明传统虽然不一致，但是，都表明了人类作为一个类存在的确立，其独特的意义和价值由此而得以彰显，并从而表达出人类的地位和尊严。从轴心时代开始，人类进入了自由自觉思考的时代，这不仅意味着历史的真正开端，更为重要的是，标志着思想作为人类历史的基本价值的确立。此后的历史，虽然在程度上更为丰富，在细节上更为丰满，在情境上更为复杂，但是，构成历史的基本要件，或者说指引历史发展的基本精神价值，已然由这个时期所确立。从这个意义上来说，如何去评价轴心时期的价值都不会显得过分。

三　中国思想的突破

轴心时期对于中国思想的突破而言，同样具有着不可忽视的重要地位。如果我们把中国思想的最大特点归结为人间性，或者说人文主义传统，那么这个传统就是在这一时期确定的。

轴心时期以前的中国思想，一如其他民族的文化形态一样，都是处于蒙昧的宗教氛围之中，原始宗教中的万物有灵的观念，及由此延伸而来的祖先、鬼神崇拜，成为了支撑人们日常生活的精神力量。泛宗教信仰的浓郁氛围，使得巫觋在中国文化的早期历史中具有着非常关键的影响，从某种意义上来说，他们是中国早期的知识精英，掌握了教育和文化的传承，由此而形成了中国早期文化形态的重要传统——巫史传统，并直接影响着中国文化的基本样态（关于巫史传统，李泽厚有非常详细的论述，可供参考。）在一定意义上来说，姬氏所建立的周代对于中国文化的早期形态有着积极而深远的影响，其重要的贡献即在于在强大的宗教信仰氛围之外强调了人类道德行为的重要意义，即以德配天的观念的形成和完善。帝、天、命、天命等一系列在后来中国文化的历史中有着深远影响的观念，在这个时期逐渐形成了其固定思想内涵。这些改变的迹象表明，此时人们已经开始进入了人间性的思考维度，或者说，已经开始从人的角度出发来讨论现实存在的合理性问题，而不是完全从属于天的意志（或者说宗教的权威）。但这仅仅是改变的开始，从总体上来说，宗教信仰的维度还是占据了主导的层面。

如果我们赞同把思想作为指引历史演进的基本动力的话，而思想的变革在很大意义上则取决于教育制度的改变。中国轴心时期思想的突破，也直接取决于教育制度的重大变革，即由学在官府的状态被社会的急剧变革所打破，而代之以私学的迅速发展。一直到周代为止，传统的教育体制是由政府所掌控的，贵族垄断了知识，成为各级官员，有具体而又明确的分工，教育被限制在贵族的系统之内，这也就是传统所谓的王官之学。王官之学，因其事实的需要有着不同的层次，乡里（“夏曰校，殷曰庠，周曰序”），为地方教育，供普通低级贵族子弟上学。在诸侯一级则称“泮宫”，而天子一级称“辟雍”。此外，其教育的形式不仅有小学，还有大学。王官之学是为了培养贵族子弟进入官员系统，所以，其教育的内容大抵都与现实的政治需要有着密切的关系。概而言之，王官之学的教育是以六艺为中心的，培养的是六种基本的政治素养，严格地来说，有小学六艺和大学六艺之差异（小学六艺：礼、乐、射、御、书、数；大学六艺：诗、书、礼、乐、易、春秋）。其教育体系的基本特征是学在官府，王官之学，官师合一。然而，西周末期社会起了急剧的变化，周平王东迁，中原文化动荡不安，周天子权威下降，种种冲击原来所确立的政治权威的现象都由此而产生了（礼乐征伐自天子——诸侯出，天子九鼎，诸侯七，卿大夫五，元士三——卿大夫九鼎，与雅乐相对立的女乐的兴起），如此等等，都对既定的政治权威产生了较大的冲击，社会开始处在一种动荡的状态之中，所谓的礼崩乐坏，就是对于这个时期社会状况的最为恰当的描述。礼崩乐坏的后果就是，中央政府不再有力量对地方诸侯形成有效的控制，社会面临着分崩离析。由此而来，学在官府的状况无法维持，开始向民间转移，进而产生了诸子之学和百家争鸣的局面。

在这里，我们尤其需要注意的是私学的兴起，及其对于先秦学术思想的关键性影响。从孔夫子创办私学开始，诸子百家均是以私学的形式来传播其思想，扩大其影响的。私学是王官之学解体的必然产物，对于社会的有效控制来说，私学可能并不是一件好事，但对于思想文化的发展来说，则毫无疑问是一件具有深远影响的事件，其意义可以从两个方面予以说明。首先，私学的兴起意味着学术思想的自由。当官府无力再控制知识，而知识的迅速下移，并且得以暂时脱离了政治强势的限制，成为自由表达的一种方式，毫无疑问，思想的丰富性和自由性由此成为可能。其次，私学为各种思想的广泛传播和繁荣创造了可能。思想的传播需要的是自由的空间，而在这一时期，私学的兴起和官府控制的缺失，都促进了思想的广泛传播和繁荣发展。先秦诸子百家的兴盛，毫无疑问可以说明这样的一种教育形式对于思想的发展来说是多么重要的一种契机。如果以私学为中心来考察先秦诸子百家的发展，我们就会发现一个非常值得深思的现象，那就是先秦诸子思想的繁荣是以私学的兴起为开端的，其终结也是以私学的废除为结束的，这样的事实，多少提醒我们在考察思想形态的时候，应当给予教育制度本身以更多的关注，从某种意义上来说，思想就是教育的产物。

在另外一个方面，我们同样需要注意到的是，由于私学的兴起，同样也促进了学术思想的人间性特征的形成和发展。诸子百家出于现实生存状态的需要，其思想的基本要求是必须要解决现实中的问题，惟其如此，才能获得更多的现实支持和发展，于是，关注现实问题、关心人的基本生存状态，几乎成为了诸子百家时期中国思想者关注的焦点，这也与私学的现实存在状态有着密切的关系。

于是，伴随着王官之学的解体，知识分子下移到民间，私学得以兴盛发展，并最终在中国的历史上形成了叹为观止的百家争鸣的局面，无论是后世诸子百家的称谓也好，还是九流十家的称谓也好，都表明了这一时期中国思想的丰富程度。在这样的丰富思想背景下，中国思想实现了其轴心时期的突破，并由此而确立了中国传统思想的基本精神价值，从而影响国人的精神世界。

四 文献选读

（一）雅斯贝尔斯《历史的起源与目标·轴心时期》（节选）

在西方世界，基督教信仰缔造了历史哲学。从圣·奥古斯汀到黑格尔的一系列鸿篇巨著中，这一信仰通过历史而具体化为上帝的活动。上帝的启示活动相当于决定性的分界线。因此，黑格尔仍能说，全部历史都来自耶稣基督，走向耶稣基督。上帝之子的降临是世界历史的轴心。我们的年表天天都在证明这个基督教的历史结构。

但是，基督教仅是其教徒的信仰，而非全人类的信仰。因此，这一普遍历史观的毛病在于：它只能为虔诚的基督徒所承认。然而在西方，基督徒经验主义历史观也并不受其信仰的束缚。信仰不等于对现实历史过程的经验的洞察。对于基督徒来说，《圣经》记载的历史和世俗的历史因为意义不同，它们是分开的。虔诚的基督徒甚至能像检验其他以经验为根据的研究对象一样，去检验基督教传统本身。

倘若存在这样的世界历史轴心的话，它就必须在经验上得到发现，也必须包括基督徒在内的所有人都能够接受的那种事实。这个轴心要位于对于人性的形成最卓有成效的历史之点。自它以后，历史产生了人类所能达到的一切。它的特征即使在经验上不必是无可辩驳和明显确凿的，也必须是能使人领悟和信服的，以便引出一个为所有民族——不计特殊的宗教信条，包括西方人、亚洲人和地球上一切人——进行历史自我理解的共同框架。看来要在公元前500年左右的时期内和在公元前800年至200年的精神发展历程中，找到这个历史轴心。正是在那里，我们同最深刻的历史分界线相遇，我们今天所了解的人开始出现。我们可以把它简称为“轴心期”（Axial Period）。

1　轴心期之特征

最不平常的时间集中在这一时期。在中国，孔子和老子非常活跃，中国所有的哲学流派，包括墨子、庄子、列子和诸子百家，都出现了。像中国一样，印度出现了《奥义书》（Upanishads）和佛陀，探究了一直到怀疑主义、唯物主义、诡辩派和虚无主义的全部范围的哲学可能性。伊朗的琐罗亚斯德传授一种挑战性的观点，认为人世生活就是一场善与恶的斗争。在巴勒斯坦，从伊莱贾经由以赛亚和杰里迈亚（Jeremiah）到以赛亚第二（Deutero—Isaiah），先知们纷纷涌现。希腊贤哲如云，其中有荷马，哲学家巴门尼德、赫拉克利特和柏拉图，许多悲剧作者，以及修昔底德和阿基米德。在这数世纪内，这些名字所包含的一切，几乎同时在中国、印度和西方这三个互不知晓的地区发展起来。

这个时代的新特点是，世界上所有三个地区的人类全部开始意识到整体的存在、自身和自身的限度。人类体验到世界的恐怖和自身的软弱。他探询根本性的问题。面对空无，他力求解放和拯救。通过在意识上认识自己的限度，他为自己树立了最高目标。他在自我的深奥和超然存在的光辉中感受绝对。

这一切皆由反思产生。意识再次意识到自身，思想成为它自己的对象。人们试图通过交流思想、理智和感受而说服别人，与此同时就产生了精神冲突。人们尝试了各种最矛盾的可能性。讨论，派别的形成，以及精神王国的分裂为仍互相保持关系的对立面，造成了濒临精神混乱边缘的不宁和运动。

这个时代产生了直至今天仍是我们思考范围的基本范畴，创立了人类赖以存活的世界宗教之源端。无论在何种意义上，人类都已迈出了走向普遍性的步伐。

这一过程的结果是，以前无意识接受的思想、习惯和环境，都遭到审查、探究和清理。一切皆被卷入漩涡。至于仍具有生命力和现实性的传统实体，其表现形式被澄清了，因此也就发生了变质。

神话时代及其宁静和明白无误，都一去不返。像先知们关于上帝的思想一样，希腊、印度、中国哲学家的重要见识并不是神话。理性和理性地阐明的经验向神话发起一场斗争（理性反对神话），斗争进一步发展为普天归一的上帝之超然存在，反对不存在的恶魔，最后发生了反对诸神不真实形象的伦理的反抗。宗教伦理化了，神性的威严因此而增强。另一方面，神话成为语言的材料，用以表达与原意极不相同的含义：它转变为寓言。在此转变过程中，神话得到改造，并在新的深度上被理解。它是在旧神话整个儿毁灭之际，按照新样式创造的神话。旧神话世界渐渐被湮没，但通过芸芸众生代代相传的信仰，它作为整体背景而保存下来（并且后来能在广大地区占据优势）。

这一人性的全盘改变可称为精神化。对生命公认的解释动摇了，截然相反的事物间的平静，变成了对立和矛盾的不宁。人不再封闭在自身之中。他变得不能确定自己，因此向新的无限的可能性开放。他能听见和理解以前无人探询和表明的东西。前所未闻的事物变得明显起来。人渐而感到上帝的存在、他自身和他所处的世界，但不知道结局，问题依然存在。

哲学家首次出现了。人敢于依靠个人自身。中国的隐士和云游哲人，印度的苦行者，希腊的哲学家和以色列的先知，尽管其信仰、思想内容和内在气质迥然不同，但都统统属于哲学家之列。人证明自己有能力，从精神上将自己和整个宇宙进行对比。他在自身内部发现了将他提高到自身和世界之上的本原。

人在理论思辨中把自己一直提高到上帝本身，他把这理解为双重性因主客体的消失而对立面的相合而不复存在。他以模糊而易误解的、具体的理论思辨形式，表达了精神凌空翱翔的体验，它宛如在上帝体内的苏醒，宛如合二为一的神秘珠蚌，宛如与上帝同在，宛如上帝意志的工具。

特殊的人性被束缚和藏匿在人的躯体之内，它被本能所羁绊，只能朦胧地意识到自己。它渴望解放与拯救，它向着理念飞升，它平心静气地顺从，它全神贯注地反思，它了解作为大我的自身和世界，它体验“涅槃”与“道”相一致，它服从上帝的意志。在此过程中，它已经能在此岸世界获得解救。这些信念和教义虽然途径不同，但有一点是共同的，即人能够仅仅独自一人踩出这些途径，他通过存在体内不断地意识到自己而超越自己。他可能放弃一切尘世财物，避居荒漠、森林和山岭，作为隐士而发现孤寂的创造力，然后也可能作为智者、贤哲和先知而重新入世。在轴心期，首次出现了后来所谓的理智和个性。

个人获得的成就绝没有传授给大众。人性潜力（Potentiality）的顶峰和芸芸众生之间的鸿沟变得异常之大。然而，个人的变化间接地改变了大众。人性整体进行了一次飞跃。

我们发现，与这个新的精神世界相一致，上述三个地区发生出类似的社会学情景。那里有大量的小国和城邦，有国家对国家，城邦对城邦的斗争，然而这首先要有惊人的繁荣和财富、力量的发展。中国的诸侯列国和城市在周朝软弱无力的帝国统治下，获得了独立自主的生活。政治进程包括诸侯列国通过征服其他小国而得到的扩展。在希腊和近东，一些小城邦国，在某种程度上，甚至包括被波斯所征服的城邦，都享有独立地位。在印度，有许多邦国和城市。

相互交流在这三个地区分别建立了精神传播运动。孔子、墨子和其他的中国哲学家们，游历中原，到处赢得促进精神生活的佳誉，并奠定了汉学家们所说的各学派，希腊的诡辩家和哲学家同样到处漫游，而佛陀则在各地云游中度过一生。

过去，这三个地区的精神状况一直比较持久。任凭灾祸迭起，一切仍重复发生，它们被禁锢在静止滞缓的精神运动范围之内。这种精神运动没有进入意识，因此得不到领悟，现在正相反，作用力增强了，它引起了狂潮奔涌的运动。

这一运动获得了意识。人类的存在作为历史而成为反思的对象。人们感知到某种非凡之举已在自己的现存开始。但是，正是这种意识同时使人认识到，这个现存是以无限的过去为先导的。就在人类特殊精神的觉醒之初，人得到记忆的支撑，意识到此世是属于时代的晚期，甚至属于衰微的时代。

人们明白自己面临灾难，并感到要以改革、教育和洞察力来进行挽救。他们制定计划，努力控制事件的进程，并第一次要恢复或创建良好的环境。历史在总体上被看作是世界表现形式的序列，它或是不断衰落的过程，或是循环运动，或者是上升发展。人们殚精竭虑地寻求人类能最和睦地共同生活、实行最佳统治管理的方法，改革的观念支配了实践活动。哲学家们周游列国，成为智囊和导师。他们或者遭到蔑视，或者得到追随。他们投入讨论，并互相抗争。在孔子受挫于卫国和柏拉图在锡拉丘兹的失败之间，在培养未来国士的孔子学塾和服务于同一目的的柏拉图学园之间，可以找出社会学的类似现象。

不能把这个经历了所有这些跨越世纪的发展的时代，看作是一个简单的上升运动。它是一个既创造又毁灭的时代。它并没有达到最终的尽善尽美。个别贤哲实现的最高思想潜力及其实际表达，没有成为共同的财富，因为大多数人跟不上他们的步伐。因自由意向而开始的运动，结果却变成无政府状态。当这一时代丧失其创造力时，三个文化区就都出现了教条僵化和水平下降。在日益不堪忍受的混乱中，一种通过重建持久环境而寻求新关系的努力产生了。

结局起初是政治性的。在中国（秦始皇帝）、印度（孔雀王朝）和西方（希腊帝国和罗马帝国），几乎同时兴起了主要靠征服起家的强大帝国。每一处旧秩序崩溃的最初结果即是工业技术和组织规划秩序的建立。

但是，处处保留着与先前存在的事物的精神联系。过去成为崇拜的典范和对象。过去的成就和伟人仍清晰地留在人们的记忆中，并提供了学习和教育的内容（孔子的儒家思想在汉朝的发展，阿育王对佛教的推动，以及奥古斯都时代有意识地建立的希腊－罗马文化教育）。

轴心期末期出现的各世界性帝国，自以为奠定了永久的基础，但其稳定只是表面的。尽管与轴心期的国家形成比起来，它们延续了很长的时间，但最终都式微衰败，分崩离析。随后的数千年里，大量的变化产生了。从某种观点看来，大帝国的瓦解和重建成了轴心期结束以来的历史，正如欣欣向荣的古代文明曾构成数千年历史一样。但是，在前数千年中，历史具有不同的意义，它缺乏后来轴心期首次感受到的精神作用力，这种作用力此后一直起着作用，它探究人类的全部活动，赋予历史以新的意义。

（二）班固《汉书·艺文志》（节选）

【总序】

昔仲尼没而微言绝，七十子丧而大义乖。故《春秋》分为五，《诗》分为四，《易》有数家之传。战国从衡，真伪纷争，诸子之言纷然淆乱。至秦患之，乃燔灭文章，以愚黔首。汉兴，改秦之败[①]，大收篇籍，广开献书之路。迄孝武世，书缺简脱，礼坏乐崩，圣上喟然而称曰："朕甚闵焉！"于是建藏书之策，置写书之官，下及诸子传说，皆充秘府。至成帝时，以书颇散亡，使谒者陈农求遗书于天下。诏光禄大夫刘向校经传诸子诗赋，步兵校尉任宏校兵书，太史令尹咸校数术，侍医李柱国校方技。每一书已，向辄条其篇目，撮[②]其指意，录而奏之。会向卒，哀帝复使向子侍中奉车都尉歆卒父业。歆于是总群书而奏其《七略》，故有《辑略》，有《六艺略》，有《诸子略》，

① 败，弊病，指秦始皇焚书坑儒。

② 撮（cuō），摘取。

有《诗赋略》，有《兵书略》，有《术数略》，有《方技略》。今删其要，以备篇籍。

【六艺略】

《易》曰："宓戏氏仰观象于天，俯观法于地，观鸟兽之文，与地之宜，近取诸身，远取诸物，于是始作八卦，以通神明之德，以类万物之情。"至于殷、周之际，纣在上位，逆天暴物，文王以诸侯顺命而行道，天人之占可得而效，于是重《易》六爻，作上下篇。孔氏为之《彖》《象》《系辞》《文言》《序卦》之属十篇。故曰《易》道深矣，人更三圣，世历三古。及秦燔书，而《易》为筮卜之事，传者不绝。汉兴，田何传之。讫于宣、元，有施、孟、梁丘、京氏列于学官，而民间有费、高二家之说，刘向以中《古文易经》校施、孟、梁丘经，或脱去"无咎""悔亡"，唯费氏经与古文同。

《易》曰："河出图，洛出书，圣人则之。"故《书》之所起远矣，至孔子纂焉，上断于尧，下讫于秦，凡百篇，而为之序，言其作意。秦燔书禁学，济南伏生独壁藏之。汉兴亡失，求得二十九篇，以教齐鲁之间。讫孝宣世，有《欧阳》、《大小夏侯氏》，立于学官。《古文尚书》者，出孔子壁中。武帝末，鲁共王坏孔子宅，欲以广其宫。而得《古文尚书》及《礼记》《论语》《孝经》凡数十篇，皆古字也。共王往入其宅，闻鼓琴瑟钟磬之音，于是惧，乃止不坏。孔安国者，孔子后也，悉得其书，以考二十九篇，得多十六篇。安国献之。遭巫蛊事，未列于学官。刘向以中古文校欧阳、大小夏侯三家经文，《酒诰》脱简一，《召诰》脱简二。率简二十五字者，脱亦二十五字，简二十二字者，脱亦二十二字，文字异者七百有余，脱字数十。《书》者，古之号令，号令于众，其言不立具，则听受施行者弗晓。古文读应尔雅，故解古今语而可知也。

《书》曰："诗言志，歌咏言。"故哀乐之心感，而歌咏之声发。诵其言谓之诗，咏其声谓之歌。故古有采诗之官，王者所以观风俗，知得失，自考正也。孔子纯取周诗，上采殷，下取鲁，凡三百五篇，遭秦而全者，以其讽诵，不独在竹帛故也。汉兴，鲁申公为《诗》训故，而齐辕固、燕韩生皆为之传。或取《春秋》，采杂说，咸非其本义。与不得已，鲁最为近之。三家皆列于学官。又有毛公之学，自谓子夏所传，而河间献王好之，未得立。

《易》曰："有夫妇父子君臣上下，礼义有所错。"而帝王质文世有损益，至周曲为之防，事为之制，故曰："礼经三百，威仪三千。"及周之衰，诸侯将逾法度，恶其害己，皆灭去其籍，自孔子时而不具，至秦大坏。汉兴，鲁高堂生传《士礼》十七篇。讫孝宣世，后仓最明。戴德、戴圣、庆普皆其弟子，三家立于学官。《礼古经》者，出于鲁淹中及孔氏，与十七篇文相似，多三十九篇。及《明堂阴阳》、《王史氏记》所见，多天子、诸侯、卿、大夫之制，虽不能备，犹愈仓等推《士礼》而致于天子之说。

《易》曰："先王作乐崇德，殷荐之上帝，以享祖考。"故自黄帝下至三代，乐各有名。孔子曰："安上治民，莫善于礼；移风易俗，莫善于乐。"二者相与并行。周衰俱坏，乐尤微眇，以音律为节，又为郑、卫所乱，故无遗法。汉兴，制氏以雅乐声律，世在乐官，颇能纪其铿锵鼓舞，而不能言其义。六国之君，魏文侯最为好古，孝文时得其乐人窦公，献其书，乃《周官·大宗伯》之《大司乐》章也。武帝时，河间献王好儒，与毛生等共采《周官》及诸子言乐事者，以作《乐记》，献八佾之舞，与制氏不相远。其内史丞王定传之，以授常山王禹。禹，成帝时为谒者，数言其义，献二十四卷记。刘向校书，得《乐记》二十三篇。与禹不同，其道浸以益微。

古之王者世有史官。君举必书，所以慎言行，昭法式也。左史记言，右史记事，事为《春秋》，言为《尚书》，帝王靡不同之。周室既微，载籍残缺，仲尼思存前圣之业，乃称曰："夏礼吾能言之，杞不足征也；殷礼吾能言之，宋不足征也。文献不足故也，足则吾能征之矣。"以鲁周公之国，礼文备物，史官有法，故与左丘明观其史记，据行事，仍人道，因兴以立功，就败以成罚，假日月以定历数，借朝聘以正礼乐。有所褒讳贬损，不可书见，口授弟子，弟子退而异言。丘明恐弟子各安其意，以失其真，故论本事而作传，明夫子不以空言说经也。《春秋》所贬损大人当世君臣，有威权势力，其事实皆形于传，是以隐其书而不宣，所以免时难也。及末世口说流行，故有《公羊》《谷梁》《邹》《夹》之《传》。四家之中，《公羊》《谷梁》立于学官，邹氏无师，夹氏未有书。

《论语》者，孔子应答弟子时人及弟子相与言而接闻于夫子之语也。当时弟子各有所记。夫子既卒，门人相与辑而论纂，故谓之《论语》。汉兴，有齐、鲁之说。传《齐论》者，昌邑中尉王吉、少府宋畸、御史大夫贡禹、尚书令五鹿充宗、胶东庸生，唯王阳名家。传《鲁论语》者，常山都尉龚奋、长信少府夏侯胜、丞相韦贤、鲁扶卿、前将军萧望之、安昌侯张禹，皆名家。张氏最后而行于世。

《孝经》者，孔子为曾子陈孝道也。夫孝，天之经，地之义，民之行也。举大者言，故曰《孝经》。汉兴，长孙氏、博士江翁、少府后仓、谏大夫翼奉、安昌侯张禹传之，各自名家。经文皆同，唯孔氏壁中古文为异。“父母生之，续莫大焉”“故亲生之膝下”，诸家说不安处，古文字读皆异。

《易》曰：“上古结绳以治，后世圣人易之以书契，百官以治，万民以察，盖取诸《夬》。”“夬，扬于王庭”，言其宣扬于王者朝廷，其用最大也。古者八岁入小学，故《周官》保氏掌养国子，教之六书，谓象形、象事、象意、象声、转注、假借，造字之本也。汉兴，萧何草律，亦着其法，曰：“太史试学童，能讽书九千字以上，乃得为史。又以六体试之，课最者以为尚书、御史、史书令史。吏民上书，字或不正，辄举劾。”六体者，古文、奇字、篆书、隶书、缪篆、虫书，皆所以通知古今文字，摹印章，书幡信也。古制，书必同文，不知则阙，问诸故老，至于衰世，是非无正，人用其私。故孔子曰：“吾犹及史之阙文也，今亡矣夫！”盖伤其浸不正。《史籀篇》者，周时史官教学童书也，与孔氏壁中古文异体。《苍颉》七章者，秦丞相李斯所作也；《爰历》六章者，车府令赵高所作也；《博学》七章者，太史令胡母敬所作也；文字多取《史籀篇》，而篆体复颇异，所谓秦篆者也。是时始造隶书矣，起于官狱多事，苟趋省易，施之于徒隶也。汉兴，闾里书师合《苍颉》《爰历》《博学》三篇，断六十字以为一章，凡五十五章，并为《苍颉篇》。武帝时司马相如作《凡将篇》，无复字。元帝时黄门令史游作《急就篇》，成帝时将作大匠李长作《元尚篇》，皆《苍颉》中正字也。《凡将》则颇有出矣。至元始中，征天下通小学者以百数，各令记字于庭中。扬雄取其有用者以作《训纂篇》，顺续《苍颉》，又易《苍颉》中重复之字，凡八十九章。臣复续扬雄作十三章，凡一百二章，无复字，六艺群书所载略备矣。《苍颉》多古字，俗师失其读，宣帝时征齐人能正读者，张敞从受之，传至外孙之子杜林，为作训故，并列焉。

六艺之文：《乐》以和神，仁之表也；《诗》以正言，义之用也；《礼》以明体，明者着见，故无训也；《书》以广听，知之术也；《春秋》以断事，信之符也。五者，盖五常之道，相须而备，而《易》为之原。故曰"《易》不可见，则乾坤或几乎息矣"，言与天地为终始也。至于五学，世有变改，犹五行之更用事焉。古之学者耕且养，三年而通一艺，存其大体，玩经文而已，是故用日少而畜德多，三十而五经立也。后世经传既已乖离，博学者又不思多闻阙疑之义，而务碎义逃难，便辞巧说，破坏形体；说五字之文，至于二三万言。后进弥以驰逐，故幼童而守一艺，白首而后能言；安其所习，毁所不见，终以自蔽。此学者之大患也。序六艺为九种。

【诸子略】

儒家者流，盖出于司徒之官，助人君顺阴阳明教化者也。游文于六经之中，留意于仁义之际，祖述尧舜，宪章文武，宗师仲尼，以重其言，于道最为高。孔子曰："如有所誉，其有所试。"唐、虞之隆，殷、周之盛，仲尼之业，已试之效者也。然惑者既失精微，而辟者又随时抑扬，违离道本，苟以哗众取宠。后进循之，是以《五经》乖析，儒学浸衰，此辟儒之患。

道家者流，盖出于史官，历记成败存亡祸福古今之道，然后知秉要执本，清虚以自守，卑弱以自持，此君人南面之术也。合于尧之克攘，《易》之嗛嗛，一谦而四益，此其所长也。及放者为之，则欲绝去礼学，兼弃仁义，曰独任清虚可以为治。

阴阳家者流，盖出于羲和之官，敬顺昊天，历象日月星辰，敬授民时，此其所长也。及拘者为之，则牵于禁忌，泥于小数，舍人事而任鬼神。

法家者流，盖出于理官。信赏必罚，以辅礼制。《易》曰"先王以明罚饬法"，此其所长也。及刻者为之，则无教化，去仁爱，专任刑法而欲以致治，至于残害至亲，伤恩薄厚。

名家者流，盖出于礼官。古者名位不同，礼亦异数。孔子曰："必也正名乎！名不正则言不顺，言不顺则事不成。"此其所长也。及警者为之，则苟钩𫓧析乱而已。

墨家者流，盖出于清庙之守。茅屋采椽，是以贵俭；养三老五更，是以兼爱；选士大射，是以上贤；宗祀严父，是以右鬼；顺四时而行，是以非命；以孝视天下，是以上同；此其所长也。及蔽者为之，见俭之利，因以非礼，推兼爱之意，而不知别亲疏。

纵横家者流，盖出于行人之官。孔子曰："诵《诗》三百，使于四方，不能专对，虽多亦奚以为？"又曰："使乎，使乎！"言其当权事制宜，受命而不受辞。此其所长也。及邪人为之，则上诈谖而弃其信。

杂家者流，盖出于议官。兼儒、墨，合名、法，知国体之有此，见王治之无不贯，此其所长也。及荡者为之，则漫羡而无所归心。

农家者流，盖出于农稷之官。播百谷，劝耕桑，以足衣食，故八政，一曰食，二曰货。孔子曰“所重民食”，此其所长也。及鄙者为之，以为无所事圣王，欲使君臣并耕，悖上下之序。

小说家者流，盖出于稗官。街谈巷语，道听途说者之所造也。孔子曰：“虽小道，必有可观者焉，致远恐泥，是以君子弗为也。”然亦弗灭也。闾里小知者之所及，亦使缀而不忘。如或一言可采，此亦刍荛狂夫之议也。

诸子十家，其可观者九家而已。皆起于王道既微，诸侯力政，时君世主，好恶殊方，是以九家之术蜂出并作，各引一端，崇其所善，以此驰说，取合诸侯。其言虽殊，辟犹水火，相灭亦相生也。仁之与义，敬之与和，相反而皆相成也。《易》曰：“天下同归而殊途，一致而百虑。”今异家者各推所长，穷知究虑，以明其指，虽有蔽短，合其要归，亦《六经》之支与流裔。使其人遭明王圣主，得其所折中，皆股肱之材已。仲尼有言：“礼失而求诸野。”方今去圣久远，道术缺废，无所更索，彼九家者，不犹愈于野乎？若能修六艺之术。而观此九家之言，舍短取长，则可以通万方之略矣。

【诗赋略】

传曰：“不歌而诵谓之赋，登高能赋可以为大夫。”言感物造端，材知深美，可与图事，故可以为列大夫也。古者诸侯卿大夫交接邻国，以微言相感，当揖让之时，必称《诗》以谕其志，盖以别贤不肖而观盛衰焉。故孔子曰“不学《诗》，无以言”也。春秋之后，周道寖坏，聘问歌咏不行于列国，学《诗》之士逸在布衣，而贤人失志之赋作矣。大儒孙卿及楚臣屈原离谗忧国，皆作赋以风，咸有恻隐古诗之义。其后宋玉、唐勒。汉兴，枚乘、司马相如，下及扬子云，竞为侈丽宏衍之词，没其风谕之义。是以扬子悔之，曰：“诗人之赋丽以则，辞人之赋丽以淫。如孔氏之门人用赋也，则贾谊登堂，相如入室矣，如其不用何！”自孝武立乐府而采歌谣，于是有代赵之讴，秦楚之风，皆感于哀乐，缘事而发，亦可以观风俗，知薄厚云。

【兵书略】

权谋者，以正守国，以奇用兵，先计而后战，兼形势，包阴阳，用技巧者也。

形势者，雷动风举，后发而先至，离合背乡，变化无常，以轻疾制敌者也。

阴阳者，顺时而发，推刑德，随斗击，因五胜，假鬼神而为助者也。

技巧者，习手足，便器械，积机关，以立攻守之胜者也。

兵家者，盖出古司马之职，王官之武备也。《洪范》八政，八曰师。孔子曰为国者“足食足兵”“以不教民战，是谓弃之”，明兵之重也。《易》曰：“古者弦木为弧，剡木为矢，弧矢之利，以威天下”，其用上矣。后世耀金为刃，割革为甲，器械甚备。下及汤、武受命，以师克乱而济百姓，动之以仁义，行之以礼让，《司马法》是其遗事也。自春秋至于战国，出奇设伏，变诈之兵并作。汉兴，张良、韩信序次兵法，凡百八十二家，删取要用，定著三十五家。诸吕用事而盗取之。武帝时，军政杨仆捃摭遗逸，纪奏兵录，犹未能备。至于孝成，命任宏论次兵书为四种。

【数术略】

天文者，序二十八宿，步五星日月，以纪吉凶之象，圣王所以参政也。《易》曰：“观乎天文，以察时变。”然星事凶悍，非湛密者弗能由也。夫观景以谴形，非明王亦不能服听也。以不能由之臣，谏不能听之王，此所以两有患也。

历谱者，序四时之位，正分至之节，会日月五星之辰，以考寒暑杀生之实。故圣王必正历数，以定三统服色之制，又以探知五星日月之会。凶恶之患，吉隆之喜，其术皆出焉。此圣人知命之术也，非天下之至材，其孰与焉！道之乱也，患出于小人而强欲知天道者，坏大以为小，削远以为近，是以道术破碎而难知也。

五行者，五常之形气也。《书》云：“初一曰五行，次二曰羞用五事”，言进用五事以顺五行也。貌、言、视、听、思心失，而五行之序乱，五星之变作，皆出于律历之数而分为一者也。其法亦起五德终始，推其极则无不至。而小数家因此以为吉凶，而行于世，渐以相乱。

蓍龟者，圣人之所用也。《书》曰："女则有大疑，谋及卜筮。"《易》曰："定天下之吉凶，成天下之亹亹者，莫善于蓍龟。""是故君子将有为也，将有行也，问焉而以言，其受命也如向，无有远近幽深，遂知来物。非天下之至精，其孰能与于此！"及至衰世，解于齐戒，而娄烦卜筮，神明不应。故筮渎不告，《易》以为忌；龟厌不告，《诗》以为刺。

杂占者，纪百事之象，候善恶之征。《易》曰："占事知来。"众占非一，而梦为大，故周有其官。而《诗》载熊罴虺蛇众鱼旐旟之梦，着明大人之占，以考吉凶，盖参卜筮。《春秋》之说訞也，曰："人之所忌，其气焰以取之，訞由人兴也。人失常则訞兴，人无衅焉，訞不自作。"故曰："德胜不祥，义厌不惠。"桑谷共生，大戊以兴；雊雉登鼎，武丁为宗。然惑者不稽诸躬，而忌訞之见，是以《诗》刺"召彼故老，讯之占梦"，伤其舍本而忧末，不能胜凶咎也。

形法者，大举九州之势以立城郭室舍形，人及六畜骨法之度数、器物之形容以求其声气贵贱吉凶。犹律有长短，而各征其声，非有鬼神，数自然也。然形与气相首尾，亦有有其形而无其气，有其气而无其形，此精微之独异也。

数术者，皆明堂羲和史卜之职也。史官之废久矣，其书既不能具，虽有其书而无其人。《易》曰："苟非其人，道不虚行。"春秋时鲁有梓慎，郑有裨灶，晋有卜偃，宋有子韦。六国时楚有甘公，魏有石申夫。汉有唐都，庶得粗觕。盖有因而成易，无因而成难，故因旧书以序数术为六种。

【方技略】

医经者，原人血脉经落骨髓阴阳表里，以起百病之本，死生之分，而用度箴石汤火所施，调百药齐和之所宜。至齐之得，犹磁石取铁，以物相使。

拙者失理，以愈为剧，以生为死。

经方者，本草石之寒温，量疾病之浅深，假药味之滋，因气感之宜，辩五苦六辛，致水火之齐，以通闭解结，反之于平。及失其宜者，以热益热，以寒增寒，精气内伤，不见于外，是所独失也。故谚曰："有病不治，常得中医。"

房中者，情性之极，至道之际，是以圣王制外乐以禁内情，而为之节文。传曰："先王之作乐，所以节百事也。"乐而有节，则和平寿考。及迷者弗顾，以生疾而陨性命。

神仙者，所以保性命之真，而游求于其外者也。聊以荡意平心，同死生之域，而无怵惕于胸中。然而或者专以为务，则诞欺怪迂之文弥以益多，非圣王之所以教也。孔子曰："索隐行怪，后世有述焉，吾不为之矣。"

方技者，皆生生之具，王官之一守也。太古有岐伯、俞拊，中世有扁鹊、秦和，盖论病以及国，原诊以知政。汉兴有仓公。今其技术晻昧，故论其书，以序方技为四种。

五　延伸阅读书目

1. 卡尔·西奥多·雅斯贝尔斯 《轴心时代》，孙艳燕、白彦兵译，海口：海南出版社，2010 年。

2. 汤一介 《新轴心时代与中国文化的建构》，南昌：江西人民出版社，2007 年。

3. 张远山 《寓言的密码：轴心时代的中国思想探源》，上海：复旦大学出版社，2005 年。

4. 卡尔·西奥多·雅斯贝尔斯 《雅斯贝尔斯哲学自传》，王立权译，上海：上海译林出版社，1989 年。

5. 徐克谦 《轴心时代的中国思想》，合肥：安徽文艺出版社，2000 年。

6. 钱穆 《先秦诸子系年》，北京：商务印书馆，2001 年。

7. 黄克剑 《由"命"而"道"——先秦诸子十讲》，北京：线装书局，2006 年。

8. 章太炎 《国学概论》，北京：中华书局，2009 年。

9. 吕思勉 《先秦学术概论》，北京：中国人民大学出版社，2011 年。

10. 梁启超 《梁启超论诸子百家》，北京：商务印书馆，2012 年。

第二讲　孔子与儒家的形成

一　儒家的道德传统

在中国思想文化的历史中，儒家有着举足轻重的意义，在一定程度上说，儒家思想就代表了传统中国人的基本精神价值和行为准则。尤其是自汉武帝独尊儒术以来，儒学由于成为主导的意识形态，从而掌控了传统的教育和候补文官的培养和选拔，这使得儒家的教化通过现实政治利益和政治需求而得到强化，成为整个社会的价值和行为的基础。学术与政治的联姻，对于儒学和中国传统政治来说，是双方互惠的一种自然选择，由此，政治具有了儒家伦理规范的理论基础，而儒家则获得了意识形态的地位，从而掌控了思想文化的主导话语。这样发展的结果就是，当我们在讨论中国传统政治社会的时候，我们不可能回避儒家思想的重要影响。同样，当我们在讨论儒家思想的时候，我们也决不能离开传统中国政治社会环境这一基本事实。从这个意义上来说，儒家代表了中国传统。

其实很多时候，对于儒家和儒学在中国传统社会中具有重要意义这一点基本上是不存在争议的，因为历史的事实毋庸置疑地表明了这一点。然而，在很长一段时间之内，对于什么是儒却有着非常持久而又复杂的争论，尤其是近代以来。当然，如果我们仔细去考察一下的话，其实古人对于儒就有着并不相同的看法。《淮南子·要略》称“孔子修成康之道，述周公之训，以教七十子，使服其衣冠，修其篇籍，故儒者之学生焉”，《史记·太史公自序》则说“儒者以六艺为法”，而《汉书·艺文志》则称“儒家者流，盖出于司徒之官，助人君顺阴阳教化者也。游文于六经之中，留意于仁义之际，祖述尧舜，宪章文武，宗师仲尼，以重其言，于道最为高”，按照许慎《说文解字》的解释“儒，柔也。术士之称”。这些解释侧重的角度不同，或者从起源，或者从含义，或者从功能，但是，都试图从不同的角度来解释儒家和儒学这样的一种社会现象和思想形态，基本的概念指向大体是与孔子和仁义道德密切相关的。在传统的社会之中，这样的解释并没有太多的争论，虽然在事实上这些解释的差异还是比较明显的。这可能是由于我们的传统不太重视对概念本身进行明确界定，而更重视的是在现实的日常行为中将伦理的、道德的要求实践出来。从这个意义上来说，只要是在日常行为中坚持人伦道德，实践道德理想，就是坚持了儒家的仁义之道，也即是坚持了儒学的精神。儒家和儒学是通过人的具体行为方式具象化表达出来的，而主要不是通过概念的诠释来达到的。

但是，近代以来，由于社会政治环境的巨变，以及由此而来的学术思想系统的变迁，西洋的知识系统进入中国，并且占据了主导的地位。西洋的思想体系与中国传统思想系统最大的差异乃在于前者是建立在逻辑论证的基础之上的，而后者则依靠的是经验直觉。建立在逻辑论证的基础之上，则必然要求概念清晰，论证严密；而建立在经验直觉的基础之上，则无须推理论证，只需依靠个体的直觉体悟，当下呈现。而既然强调逻辑论证，则必须建立在清晰明确的基础之上，而对于清晰明确来说，概念本身的清晰性自然是毫无疑问的。当西洋的知识系统传入并主导中国近代学术发展的时候，一些在传统的话语系统中并不那么重要的问题，因为具体情境的改变而受到了较为集中的关注。由于学术近代化的需要，也出于与西洋学术对话的需要，对于传统的学术进行近代的研究（以西洋的知识系统来研究中国的传统）也成为了在新的时代下的必然。

在这样的背景下，对于传统概念的重新审视、讨论，也成为了必然。而近代学者对于“儒”的关注，也大致与这样的学术转移的背景有着密切的关系。于是，只要我们大概地考察一下近代以来的思想学术史，我们就会发现，对于“儒”的解释有了很多近代化的、概念化的描述倾向，从这样的角度出发，力图说明什么是儒。从章太炎（《国故论衡·原儒》）开始，傅斯年、钱穆、胡适、冯友兰、郭沫若等中国近代学术史上的大家们，都对儒的内涵问题有过诠释，尤其是胡适（《说儒》）与郭沫若（《驳说儒》）之间的论争，更是成为了关于儒的讨论的高潮。按照胡适的观点，最初的儒都是殷的遗民，穿戴殷的旧衣冠，实行殷的古礼，是从殷的祝宗卜史转化而来，在西周及春秋以治丧相礼为职业。而郭沫若则以其甲骨文、考古学的训练，认为称术士为儒，是秦汉以后对儒名的滥用，而古之术士并非素有儒之称，秦以前术士称儒的证据是没有的，巫医自古不称儒，儒本是邹鲁之士缙绅先生的专号，虽在孔子以前已有，但是春秋时代的产物，儒的来源是祝宗卜史，认为春秋时代社会阶层分化，权力重心转移，官职改革，祝史等零落式微，于是产生了儒的职业。这一争论到了二十世纪七十年代，才告一段落。1975 年徐中舒先生发表《甲骨文中所见的儒》一文，认为商代已有“卿士”，而卿士中主相礼事务之官即为“儒”，甲骨文写作“需”或“儒”。他认为，儒字造字意图指“斋戒沐浴”，德是儒的初文。根据这种说法，儒在商代是一种宗教性职官，与巫祝相近。（《四川大学学报》1975．4）“儒”字根据徐中舒的考证，出于甲骨文……最初的写法，象征一位教士（儒者）在沐浴。甲骨文中有“子需”者，即是子儒，他是殷商时代武丁时期的一位主持祭祖、宾祭的教士。过去有所谓“儒事祖先，交通人鬼”的说法，如此看来，“儒”本就是半人半神的人。孔子在春秋末期所创儒学，也继承了殷商之“儒”的职业特点，擅长祭祖、祀天，除了有人文的理念外，也残留有神秘主义。这是儒学始终保持自己宗教性的一个历史渊源。从这个意义上来说，当年胡适在《说儒》当中以宗教性的根源来说明儒的产生具有非常敏锐的观念，虽然胡适本人就像郭沫若所说的那样并不懂甲骨文，但是，他的学术敏感性还是值得肯定的。

二 孔子与儒家的确立

其实，不管我们以何种方式去认识儒家和儒学，有一点是不可以跨越的，那就是无论以何种视角来解释，孔子都会是任何一种诠释的中心，换而言之，我们在讨论儒家和儒学的时候，是无法跨越孔子的。儒并非是孔子所创造的，因为按照既有的研究，在孔夫子之前即有作为职业而存在的儒，孔子自己也曾有君子儒、小人儒的说法，但是，作为儒家学派——即以某种核心的价值精神而形成一个思想流派——则是从孔夫子开始的。

如果说对于一个思想流派来说，最为重要的是其精神价值。那么对于孔夫子所创立的儒家学派来说，其最为基本的精神价值又是什么呢？从《论语》出发的种种既有的研究表明，人们或者试图把孔夫子的基本观念归结为“仁”，或者归结为“礼”，或者是仁礼并举。但我们以为，虽然仁和礼在孔子的思想体系中都有着极为重要的意义，然而作为一种核心的价值观念来说，应当是以仁最为基本。仁在孔夫子这里代表着一种精神生命的价值和体验，表达的是建立在个体道德实践基础之上的生命境界，这成为孔夫子对于人的日常行为的核心要求，在这个意义上，仁才成为诸德之总称，由仁的生命境界出发，可以直接引导出人们日常生活的种种道德规范、要求。可以说，正是因为仁，人类的道德生活才具有了扎实的基础和切实的可行性。在《论语》中，“仁”字出现了一百余次，这也直观地表明了孔夫子本人对于“仁”的重视程度。

“仁”最早在铜器铭文中出现，本义是指两个人，即指人与人之间的关系。“仁，亲也，从人，从二”（《说文解字》），“仁者人也，言人必及仁”（《国语》），孔夫子仁学的思想系统，关注的是人与人之间的关系，强调“能近取譬”，亦即依靠主体的实践由近及远、由己及人去实践“仁”的内涵。首先是血缘关系（父母与子女），这层意义上的关系孔子称之为孝、悌，“孝悌也者，其为人之本与？”子女对于父母的孝，兄弟之间悌。其次是君臣关系（上下级关系），则为“忠”，但并不是要求“愚忠”，“忠”是有前提的，“君使臣以礼，臣事君以忠”。再次是普通的人与人之间的关系（平级的个体之间），孔子称为“恕”，孔子最强调这一点，“恕”有两层含义：就积极而言，孔子强调“己欲立而立人，己欲达而达人”；就消极的层面而言，孔子强调“己所不欲，勿施于人”。最后，是个人和整个民族的关系，孔子强调要知人论事，亦即要根据事情的本身来评价人物，比如管仲，在孔子看来，管仲是不知礼的，但是，他对于民族有大功，是个大仁人（经与权），这一点在后世的儒家学者那里得到了非常重要的发挥（尤其是在易代之际的前朝遗民那里），这个基本原则被归纳为夷夏之辨而受到了不断的关注。

“仁者爱人”，这是孔子对于“仁”的基本规定，并且以“恕”贯于整个体系之中。但是爱人是有原则的，“唯仁者能好人，能恶人”，好与恶的前提是仁者，亦即要符合礼的要求。“君子之道有三：仁者不忧，知者不惑，勇者不惧”，知、勇、仁是孔子所认为君子应当具备的三种品格，也是孔子的人格理想所在。“知之为知之，不知为不知，是知也”，“知者乐水，仁者乐山；知者动，仁者静；知者乐，仁者寿”。在孔子这里，仁是最高的道德标准，但是不能够忽视知识的学习，“好仁不好学，其蔽也愚”。道德的修养是不能代替学习知识的。勇是与道德意志相联系的，非匹夫之勇，盲目之勇，“三军可夺帅也，匹夫不可夺志也”。勇强调的是个人对于道德目标的强烈的渴望和坚忍的意志。仁是核心，“仁者必勇，勇者不必仁”，知是仁、勇的前提条件，知是为仁服务的，体现的是仁的要求，同时，勇是建立在知的基础之上的。仁为最高的道德标准，那么如何才能达到仁？这也是孔夫子所极为重视的问题，在孔子看来，仁的实现取决于主体的自觉。读书为学均是为己之学，目的是要使自己实现仁知勇统一的境界，同时使主体达到精神上的享受，实现心理上的愉悦。孔子认为为仁不是个人能不能的问题，是愿不愿、想不想的问题，“己欲立而立人，己欲达而达人”，仁的境界是能够达到的，其方式就是能近取譬，将心比心。换而言之，道德之学没有外在的目的，是纯粹为己的，当物质利益与道德发生矛盾的时候，个体应当恪守道德——义利之辨（追求财富，摆脱贫困必须有道德的原则，承认这一点是君子和小人的区别：“君子喻于义，小人喻于利”）。

三　孔子的意义

孔夫子作为儒家学派的创始人而受到了中国历代知识分子的推崇，其在中国历史上的影响力是毋庸多言的。体现其思想观念的《论语》，亦由此被视为中国人的圣经，而为历代知识分子所诵读。在某种意义上，是孔夫子确立了中国传统的道德价值和生命意义，传统的道德维度是由孔夫子开启的，由此确立了一种独特的文明形态的基本价值内涵和思维特质，从这个意义上来说，如何赞扬孔子及其思想观念都不为过。

从孔夫子开始的思想传统，极大地影响（塑造或者束缚）了后世中国思想的基本特质。因过分地强调现实、人事和实用，从而轻视了抽象和思辨的纯理论体系，缺乏了纯粹学术的追求和兴趣，往往将人事和学术结合，认为这才是真正重要的东西——世事洞明皆学问，人情练达即文章。于是，中国文化具有审美的精神境界，而缺乏科学精神境界。由于过分强调义务，缺少了个人权利的空间，这使得道德论述具有了更多的理想化和浪漫主义的倾向。孔夫子的理论核心是关于人的学问，即关于人的存在，其关注的重点是现实的人、世，对于超越层面是“存而不论”，这在一定程度上造成了宗教（严格意义上）的缺失。

当然，如果我们要以简单的方式来评价孔夫子的意义的话，那么，我们可以说，孔夫子在中国思想史上第一次将道德的重要意义给予了中华民族，即以道德作为人类社会的基础予以重视。从这个角度出发，当时社会之所以出现种种悖乱的现象，根本原因就在于道德不复存在。而孔夫子所要进行的改变，是将道德之根重新在现实中培植起来。在“知其不可而为之”的执著背后，所透露出来的无疑是道德理想的崇高性。孔夫子试图将道德的原则确立为人类社会的基础，并为之付出毕生的努力。

四　文献选读

（一）《论语》论“仁”

1. 有子曰：“其为人也孝弟，而好犯上者，鲜矣；不好犯上，而好作乱者，未之有也。君子务本，本立而道生。孝弟也者，其为仁之本与！”（《论语·学而》）

2. 子曰：“巧言令色，鲜矣仁！”（《论语·学而》）

3. 子曰：“弟子入则孝，出则弟，谨而信，泛爱众而亲仁。行有余力，则以学文。”（《论语·学而》）

4. 子曰：“人而不仁，如礼何？人而不仁，如乐何？”（《论语·八佾》）

5. 子夏问曰：“‘巧笑倩兮，美目盼兮，素以为绚兮。’何谓也？”子曰：

“绘事后素。”曰：“礼后（于仁）乎？”子曰：“起予者商也！始可与言诗已矣。”（《论语·八佾》）

6. 子曰：“里仁为美。择不处仁，焉得知？”（《论语·里仁》）

7. 子曰：“不仁者不可以久处约，不可以长处乐。仁者安仁，知者利仁。”（《论语·里仁》）

8. 子曰：“唯仁者能好人，能恶人。”（《论语·里仁》）

9. 子曰：“苟志于仁矣，无恶也。”（《论语·里仁》）

10. 子曰：“富与贵是人之所欲也，不以其道得之，不处也；贫与贱是人之所恶也，不以其道得之，不去也。君子去仁，恶乎成名？君子无终食之间违仁，造次必于是，颠沛必于是。”（《论语·里仁》）

11. 子曰：“我未见好仁者，恶不仁者。好仁者，无以尚之；恶不仁者，其为仁矣，不使不仁者加乎其身。有能一日用其力于仁矣乎？我未见力不足者。盖有之矣，我未之见也。”（《论语·里仁》）

12. 子曰：“人之过也，各于其党。观过，斯知仁矣。”（《论语·里仁》）

13. 或曰：“雍也仁而不佞。”子曰：“焉用佞？御人以口给，屡憎于人。不知其仁，焉用佞？”（《论语·公冶长》）

14. 孟武伯问：“子路仁乎？”子曰：“不知也。”又问。子曰：“由也，千乘之国，可使治其赋也，不知其仁也。”“求也何如？”子曰：“求也，千室之邑，百乘之家，可使为之宰也，不知其仁也。”“赤也何如？”子曰：“赤也，束带立于朝，可使与宾客言也，不知其仁也。”（《论语·公冶长》）

15. 子张问曰：“令尹子文三仕为令尹，无喜色；三已之，无愠色。旧令尹之政，必以告新令尹。何如？”子曰：“忠矣。”曰：“仁矣乎？”曰：“未知，焉得仁？”“崔子弑齐君，陈文子有马十乘，弃而违之。至于他邦，则曰：‘犹吾大夫崔子也。’违之。之一邦，则又曰：‘犹吾大夫崔子也。’违之。何如？”子曰：“清矣。”曰：“仁矣乎？”曰：“未知。焉得仁？”（《论

语·公冶长》)

16. 子曰:“回也,其心三月不违仁,其余则日月至焉而已矣。”(《论语·雍也》)

17. 樊迟问知。子曰:“务民之义,敬鬼神而远之,可谓知矣。”问仁。曰:“仁者先难而后获,可谓仁矣。”(《论语·雍也》)

18. 子曰:“知者乐水,仁者乐山;知者动,仁者静;知者乐,仁者寿。”(《论语·雍也》)

19. 宰我问曰:“仁者,虽告之曰:‘井有仁焉。’其从之也?”子曰:“何为其然也?君子可逝也,不可陷也;可欺也,不可罔也。”(《论语·雍也》)

20. 子贡曰:“如有博施于民而能济众,何如?可谓仁乎?”子曰:“何事于仁,必也圣乎!尧舜其犹病诸!夫仁者,己欲立而立人,己欲达而达人。能近取譬,可谓仁之方也已。”(《论语·雍也》)

21. 子曰:“志于道,据于德,依于仁,游于艺。”(《论语·述而》)

22. 冉有曰:“夫子为卫君乎?”子贡曰:“诺。吾将问之。”入,曰:“伯夷、叔齐何人也?”曰:“古之贤人也。”曰:“怨乎?”曰:“求仁而得仁,又何怨。”出,曰:“夫子不为也。”(《论语·述而》)

23. 子曰:“仁远乎哉?我欲仁,斯仁至矣。”(《论语·述而》)

24. 子曰:“若圣与仁,则吾岂敢?抑为之不厌,诲人不倦,则可谓云尔已矣。”公西华曰:“正唯弟子不能学也。”(《论语·述而》)

25. 子曰:“恭而无礼则劳,慎而无礼则葸,勇而无礼则乱,直而无礼则绞。君子笃于亲,则民兴于仁;故旧不遗,则民不偷。”(《论语·泰伯》)

26. 曾子曰:“士不可以不弘毅,任重而道远。仁以为己任,不亦重乎?死而后已,不亦远乎?”(《论语·泰伯》)

27. 子曰:“好勇疾贫,乱也。人而不仁,疾之已甚,乱也。”(《论语·泰伯》)

28. 子罕言利,与命,与仁。(《论语·子罕》)

29. 子曰："知者不惑，仁者不忧，勇者不惧。"(《论语·子罕》)

30. 颜渊问仁。子曰："克己复礼为仁。一日克己复礼，天下归仁焉。为仁由己，而由人乎哉？"颜渊曰："请问其目。"子曰："非礼勿视，非礼勿听，非礼勿言，非礼勿动。"颜渊曰："回虽不敏，请事斯语矣。"(《论语·颜渊》)

31. 仲弓问仁。子曰："出门如见大宾，使民如承大祭。己所不欲，勿施于人。在邦无怨，在家无怨。"仲弓曰："雍虽不敏，请事斯语矣。"(《论语·颜渊》)

32. 司马牛问仁。子曰："仁者其言也讱。"曰："其言也讱，斯谓之仁已乎？"子曰："为之难，言之得无讱乎？"(《论语·颜渊》)

33. 子张问："士何如斯可谓之达矣？"子曰："何哉，尔所谓达者？"子张对曰："在邦必闻，在家必闻。"子曰："是闻也，非达也。夫达也者，质直而好义，察言而观色，虑以下人。在邦必达，在家必达。夫闻也者，色取仁而行违，居之不疑。在邦必闻，在家必闻。"(《论语·颜渊》)

34. 樊迟问仁。子曰："爱人。"问知。子曰："知人。"樊迟未达。子曰："举直错诸枉，能使枉者直。"樊迟退，见子夏。曰："乡也吾见于夫子而问知，子曰，'举直错诸枉，能使枉者直'，何谓也？"子夏曰："富哉言乎！舜有天下，选于众，举皋陶，不仁者远矣。汤有天下，选于众，举伊尹，不仁者远矣。"(《论语·颜渊》)

35. 曾子曰："君子以文会友，以友辅仁。"(《论语·颜渊》)

36. 子曰："如有王者，必世而后仁。"(《论语·子路》)

37. 樊迟问仁。子曰："居处恭，执事敬，与人忠。虽之夷狄，不可弃也。"(《论语·子路》)

38. 子曰："刚毅木讷，近仁。"(《论语·子路》)

39. 宪问耻。子曰："邦有道，穀；邦无道，穀，耻也。""克、伐、怨、欲不行焉，可以为仁矣？"子曰："可以为难矣，仁则吾不知也。"子曰："士而

怀居，不足以为士矣。”（《论语·宪问》）

40. 子曰：“有德者必有言。有言者不必有德。仁者必有勇。勇者不必有仁。”（《论语·宪问》）

41. 子曰：“君子而不仁者有矣夫，未有小人而仁者也。”（《论语·宪问》）

42. 子路曰：“桓公杀公子纠，召忽死之，管仲不死。”曰：“未仁乎？”子曰：“桓公九合诸侯，不以兵车，管仲之力也。如其仁！如其仁！”（《论语·宪问》）

43. 子贡曰：“管仲非仁者与？桓公杀公子纠，不能死，又相之。”子曰：“管仲相桓公，霸诸侯，一匡天下，民到于今受其赐。微管仲，吾其被发左衽矣。岂若匹夫匹妇之为谅也，自经于沟渎而莫之知也。”（《论语·宪问》）

44. 子曰：“君子道者三，我无能焉：仁者不忧，知者不惑，勇者不惧。”子贡曰：“夫子自道也。”（《论语·宪问》）

45. 子曰：“志士仁人，无求生以害仁，有杀身以成仁。”（《论语·卫灵公》）

46. 子贡问为仁。子曰：“工欲善其事，必先利其器。居是邦也，事其大夫之贤者，友其士之仁者。”（《论语·卫灵公》）

47. 子曰：“知及之，仁不能守之；虽得之，必失之。知及之，仁能守之，不庄以莅之，则民不敬。知及之，仁能守之，庄以莅之，动之不以礼，未善也。”（《论语·卫灵公》）

48. 子曰：“民之于仁也，甚于水火。水火，吾见蹈而死者矣，未见蹈仁而死者也。”（《论语·卫灵公》）

49. 子曰：“当仁不让于师。”（《论语·卫灵公》）

50. 阳货欲见孔子，孔子不见，归孔子豚。孔子时其亡也，而往拜之，遇诸涂。谓孔子曰：“来！予与尔言。”曰：“怀其宝而迷其邦，可谓仁乎？”曰：“不可。”“好从事而亟失时，可谓知乎？”曰：“不可。”“日月逝矣，岁不我

与。”孔子曰：“诺。吾将仕矣。”(《论语·阳货》)

51. 子张问仁于孔子。孔子曰：“能行五者于天下，为仁矣。”请问之。曰：“恭、宽、信、敏、惠。恭则不侮，宽则得众，信则人任焉，敏则有功，惠则足以使人。”(《论语·阳货》)

52. 子曰：“由也，女闻六言六蔽矣乎？”对曰：“未也。”“居！吾语女。好仁不好学，其蔽也愚；好知不好学，其蔽也荡；好信不好学，其蔽也贼；好直不好学，其蔽也绞；好勇不好学，其蔽也乱；好刚不好学，其蔽也狂。”(《论语·阳货》)

53. 子曰：“巧言令色，鲜矣仁。”(《论语·阳货》)

54. 宰我问：“三年之丧，期已久矣。君子三年不为礼，礼必坏；三年不为乐，乐必崩。旧谷既没，新谷既升，钻燧改火，期可已矣。”子曰：“食夫稻，衣夫锦，于女安乎？”曰：“安。”“女安则为之！夫君子之居丧，食旨不甘，闻乐不乐，居处不安，故不为也。今女安，则为之！”宰我出。子曰：“予之不仁也！子生三年，然后免于父母之怀。夫三年之丧，天下之通丧也。予也有三年之爱于其父母乎？”(《论语·阳货》)

55. 子夏曰：“博学而笃志，切问而近思，仁在其中矣。”(《论语·子张》)

56. 子游曰：“吾友张也，为难能也。然而未仁。”(《论语·子张》)

57. 子张问于孔子曰：“何如斯可以从政矣？”子曰：“尊五美，屏四恶，斯可以从政矣。”子张曰：“何谓五美？”子曰：“君子惠而不费，劳而不怨，欲而不贪，泰而不骄，威而不猛。”子张曰：“何谓惠而不费？”子曰：“因民之所利而利之，斯不亦惠而不费乎？择可劳而劳之，又谁怨？欲仁而得仁，又焉贪？君子无众寡，无小大，无敢慢，斯不亦泰而不骄乎？君子正其衣冠，尊其瞻视，俨然人望而畏之，斯不亦威而不猛乎？”子张曰：“何谓四恶？”子曰：“不教而杀谓之虐；不戒视成谓之暴；慢令致期谓之贼；犹之与人也，出纳之吝，谓之有司。”(《论语·尧曰》)

（二）《论语》论“君子”

1. 子曰：“学而时习之，不亦说乎？有朋自远方来，不亦乐乎？人不知而不愠，不亦君子乎？”（《论语·学而》）

2. 有子曰：“其为人也孝弟，而好犯上者，鲜矣；不好犯上，而好作乱者，未之有也。君子务本，本立而道生。孝弟也者，其为仁之本与！”（《论语·学而》）

3. 子曰：“君子不重则不威，学则不固。主忠信。无友不如己者，过则勿惮改。”（《论语·学而》）

4. 子曰：“君子食无求饱，居无求安，敏于事而慎于言，就有道而正焉，可谓好学也已。”（《论语·学而》）

5. 子曰：“君子不器。”（《论语·为政》）

6. 子贡问君子。子曰：“先行其言而后从之。”（《论语·为政》）

7. 子曰：“君子周而不比，小人比而不周。”（《论语·为政》）

8. 子曰：“君子无所争，必也射乎！揖让而升，下而饮，其争也君子。”（《论语·八佾》）

9. 仪封人请见。曰：“君子之至于斯也，吾未尝不得见也。”从者见之。出曰：“二三子，何患于丧乎？天下之无道也久矣，天将以夫子为木铎。”（《论语·八佾》）

10. 子曰：“富与贵是人之所欲也，不以其道得之，不处也；贫与贱，是人之恶也，不以其道得之，不去也。君子去仁，恶乎成名？君子无终食之间违仁，造次必于是，颠沛必于是。”（《论语·里仁》）

11. 子曰：“君子之于天下也，无适也，无莫也，义之与比。”（《论语·里仁》）

12. 子曰：“君子怀德，小人怀土；君子怀刑，小人怀惠。”（《论语·里仁》）

13. 子曰：“君子喻于义，小人喻于利。”《论语·里仁》

14. 子曰："君子欲讷于言而敏于行。"（《论语·里仁》）

15. 子谓子贱，"君子哉若人！鲁无君子者，斯焉取斯？"（《论语·公冶长》）

16. 子谓子产，"有君子之道四焉：其行己也恭，其事上也敬，其养民也惠，其使民也义。"（《论语·公冶长》）

17. 子华使于齐，冉子为其母请粟。子曰："与之釜。"请益。曰："与之庾。"冉子与之粟五秉。子曰："赤之适齐也，乘肥马，衣轻裘。吾闻之也，君子周急不继富。"（《论语·雍也》）

18. 子谓子夏曰："女为君子儒，无为小人儒。"（《论语·雍也》）

19. 子曰："质胜文则野，文胜质则史。文质彬彬，然后君子。"（《论语·雍也》）

20. 宰我问曰："仁者，虽告之曰：'井有仁焉。'其从之也？"子曰："何为其然也？君子可逝也，不可陷也；可欺也，不可罔也。"（《论语·雍也》）

21. 子曰："君子博学于文，约之以礼，亦可以弗畔矣夫！"（《论语·雍也》）

22. 子曰："圣人，吾不得而见之矣；得见君子者，斯可矣。"子曰："善人，吾不得而见之矣；得见有恒者，斯可矣。亡而为有，虚而为盈，约而为泰，难乎有恒矣。"（《论语·述而》）

23. 陈司败问昭公知礼乎？孔子曰："知礼。"孔子退，揖巫马期进之，曰："吾闻君子不党，君子亦党乎？君取于吴为同姓，谓之吴孟子。君而知礼，孰不知礼？"巫马期以告。子曰："丘也幸，苟有过，人必知之。"（《论语·述而》）

24. 子曰："文，莫吾犹人也。躬行君子，则吾未之有得。"（《论语·述而》）

25. 子曰："君子坦荡荡，小人长戚戚。"（《论语·述而》）

26. 君子笃于亲，则民兴于仁；故旧不遗，则民不偷。（《论语·泰伯》）

27. 曾子言曰："鸟之将死，其鸣也哀；人之将死，其言也善。君子所贵乎道者三：动容貌，斯远暴慢矣；正颜色，斯近信矣；出辞气，斯远鄙倍矣。

笾豆之事，则有司存。”（《论语·泰伯》）

28. 曾子曰：“可以托六尺之孤，可以寄百里之命，临大节而不可夺也。君子人与？君子人也。”（《论语·泰伯》）

29. 子闻之，曰：“大宰知我乎？吾少也贱，故多能鄙事。君子多乎哉？不多也。”（《论语·子罕》）

30. 子曰：“君子居之，何陋之有？”（《论语·子罕》）

31. 君子不以绀緅饰。红紫不以为亵服。当暑，袗絺绤，必表而出之。（《论语·乡党》）

32. 子曰：“先进于礼乐，野人也；后进于礼乐，君子也。如用之，则吾从先进。”（《论语·先进》）

33. 子张问善人之道。子曰：“不践迹，亦不入于室。”子曰：“论笃是与，君子者乎？色庄者乎？”（《论语·先进》）

34. 子路曰：“卫君待子而为政，子将奚先？”子曰：“必也正名乎！”子路曰：“有是哉，子之迂也！奚其正？”子曰：“野哉由也！君子于其所不知，盖阙如也。名不正，则言不顺；言不顺，则事不成；事不成，则礼乐不兴；礼乐不兴，则刑罚不中；刑罚不中，则民无所措手足。故君子名之必可言也，言之必可行也。君子于其言，无所苟而已矣！”（《论语·子路》）

35. 子曰：“君子和而不同，小人同而不和。”（《论语·子路》）

36. 子曰：“君子易事而难说也：说之不以道，不说也；及其使人也，器之。小人难事而易说也：说之虽不以道，说也；及其使人也，求备焉。”（《论语·子路》）

37. 子曰：“君子泰而不骄，小人骄而不泰。”（《论语·子路》）

38. 南宫适问于孔子曰：“羿善射，奡荡舟，俱不得其死然；禹、稷躬稼，而有天下。”夫子不答，南宫适出。子曰：“君子哉若人！尚德哉若人！”（《论语·宪问》）

39. 子曰："君子而不仁者有矣夫，未有小人而仁者也！"（《论语・宪问》）

40. 子曰："君子上达，小人下达。"（《论语・宪问》）

41. 曾子曰："君子思不出其位。"（《论语・宪问》）

42. 子曰："君子耻其言而过其行。"（《论语・宪问》）

43. 子曰："君子道者三，我无能焉。仁者不忧，知者不惑，勇者不惧。"子贡曰："夫子自道也。"（《论语・宪问》）

44. 子路问君子。子曰："修己以敬。"曰："如斯而已乎？"曰："修己以安人。"曰："如斯而已乎？"曰："修己以安百姓。修己以安百姓，尧、舜其犹病诸！"（《论语・宪问》）

45. 在陈绝粮。从者病，莫能兴。子路愠见曰："君子亦有穷乎？"子曰："君子固穷；小人穷斯滥矣。"（《论语・卫灵公》）

46. 子曰："直哉史鱼！邦有道，如矢；邦无道，如矢。君子哉蘧伯玉！邦有道，则仕；邦无道，则可卷而怀之。"（《论语・卫灵公》）

47. 子曰："君子义以为质，礼以行之，孙以出之，信以成之。君子哉！"（《论语・卫灵公》）

48. 子曰："君子病无能焉，不病人之不己知也。"（《论语・卫灵公》）

49. 子曰："君子疾没世而名不称焉。"（《论语・卫灵公》）

50. 子曰："君子求诸己，小人求诸人。"（《论语・卫灵公》）

51. 子曰："君子矜而不争，群而不党。"（《论语・卫灵公》）

52. 子曰："君子不以言举人，不以人废言。"（《论语・卫灵公》）

53. 子曰："君子谋道不谋食。耕也，馁在其中矣；学也，禄在其中矣。君子忧道不忧贫。"（《论语・卫灵公》）

54. 子曰："君子不可小知，而可大受也；小人不可大受，而可小知也。"（《论语・卫灵公》）

55. 子曰："君子贞而不谅。"（《论语・卫灵公》）

56. 孔子曰："侍于君子有三愆：言未及之而言谓之躁，言及之而不言谓之隐，未见颜色而言谓之瞽。"(《论语·季氏》)

57. 孔子曰："君子有三戒；少之时，血气未定，戒之在色；及其壮也，血气方刚，戒之在斗；及其老也，血气既衰，戒之在得。"(《论语·季氏》)

58. 孔子曰："君子有三畏：畏天命，畏大人，畏圣人之言。小人不知天命而不畏也，狎大人，侮圣人之言。"(《论语·季氏》)

59. 孔子曰："君子有九思：视思明，听思聪，色思温，貌思恭，言思忠，事思敬，疑思问，忿思难，见得思义。"(《论语·季氏》)

60. 陈亢问于伯鱼曰："子亦有异闻乎？"对曰："未也。尝独立，鲤趋而过庭。曰：'学《诗》乎？'对曰：'未也。''不学《诗》，无以言。'鲤退而学《诗》。他日又独立，鲤趋而过庭。曰：'学《礼》乎？'对曰：'未也。''不学《礼》，无以立。'鲤退而学《礼》。闻斯二者。"陈亢退而喜曰："问一得三，闻《诗》，闻《礼》，又闻君子之远其子也。"(《论语·季氏》)

61. 子之武城，闻弦歌之声，夫子莞尔而笑，曰："割鸡焉用牛刀？"子游对曰："昔者偃也闻诸夫子曰：'君子学道则爱人，小人学道则易使也。'"子曰："二三子！偃之言是也。前言戏之耳。"《(论语·阳货》)

62. 宰我问："三年之丧，期已久矣。君子三年不为礼，礼必坏；三年不为乐，乐必崩。旧谷既没，新谷既升，钻燧改火，期可已矣。"子曰："食夫稻，衣夫锦，于女安乎？"曰："安。""女安，则为之！夫君子之居丧，食旨不甘，闻乐不乐，居处不安，故不为也。今女安，则为之！"宰我出。子曰："予之不仁也！子生三年，然后免于父母之怀。夫三年之丧，天下之通丧也。予也有三年之爱于其父母乎？"(《论语·阳货》)

63. 子路曰："君子尚勇乎？"子曰："君子义以为上。君子有勇而无义为乱，小人有勇而无义为盗。"(《论语·阳货》)

64. 子贡曰："君子亦有恶乎？"子曰："有恶：恶称人之恶者，恶居下流而讪上者，恶勇而无礼者，恶果敢而窒者。”曰：“赐也亦有恶乎？”“恶徼以为知者，恶不孙以为勇者，恶讦以为直者。”（《论语·阳货》）

65. 子路从而后，遇丈人，以杖荷蓧。子路问曰：“子见夫子乎？”丈人曰：“四体不勤，五谷不分。孰为夫子？”植其杖而芸。子路拱而立。止子路宿，杀鸡为黍而食之，见其二子焉。明日，子路行以告。子曰：“隐者也。”使子路反见之。至则行矣。子路曰：“不仕无义。长幼之节，不可废也；君臣之义，如之何其废之？欲洁其身，而乱大伦。君子之仕也，行其义也。道之不行，已知之矣！”（《论语·微子》）

66. 周公谓鲁公曰：“君子不施其亲，不使大臣怨乎不以。故旧无大故，则不弃也。无求备于一人。”（《论语·微子》）

67. 子夏之门人问交于子张。子张曰：“子夏云何？”对曰：“子夏曰：‘可者与之，其不可者拒之。’”子张曰：“异乎吾所闻：君子尊贤而容众，嘉善而矜不能。我之大贤与，于人何所不容？我之不贤与，人将拒我，如之何其拒人也？”（《论语·子张》）

68. 子夏曰：“虽小道，必有可观者焉；致远恐泥，是以君子不为也。”（《论语·子张》）

69. 子夏曰：“百工居肆以成其事，君子学以致其道。”（《论语·子张》）

70. 子夏曰：“君子有三变：望之俨然，即之也温，听其言也厉。”（《论语·子张》）

71. 子夏曰：“君子信而后劳其民，未信则以为厉己也；信而后谏，未信则以为谤己也。”（《论语·子张》）

72. 子夏闻之，曰：“噫！言游过矣！君子之道，孰先传焉？孰后倦焉？譬诸草木，区以别矣。君子之道，焉可诬也？有始有卒者，其惟圣人乎！”（《论语·子张》）

73. 子贡曰：“纣之不善，不如是之甚也。是以君子恶居下流，天下之恶

皆归焉。”(《论语·子张》)

74. 子贡曰：“君子之过也，如日月之食焉：过也，人皆见之；更也，人皆仰之。”(《论语·子张》)

75. 子贡曰：“君子一言以为知，一言以为不知，言不可不慎也。夫子之不可及也，犹天之不可阶而升也。夫子之得邦家者，所谓立之斯立，道之斯行，绥之斯来，动之斯和。其生也荣，其死也哀，如之何其可及也！”(《论语·子张》)

76. 子曰：“君子惠而不费，劳而不怨，欲而不贪，泰而不骄，威而不猛。”(《论语·尧曰》)

77. 子曰：“因民之所利而利之，斯不亦惠而不费乎？择可劳而劳之，又谁怨？欲仁而得仁，又焉贪？君子无众寡，无小大，无敢慢，斯不亦泰而不骄乎？君子正其衣冠，尊其瞻视，俨然人望而畏之，斯不亦威而不猛乎？”(《论语·尧曰》)

78. 子曰：“不知命，无以为君子也。不知礼，无以立也。不知言，无以知人也。”(《论语·尧曰》)

五 延伸阅读书目

1. 朱熹 《四书章句集注》，北京：中华书局，2011 年。

2. 赫伯特·芬格莱特 《孔子：即凡而圣》，南京：江苏人民出版社，2010 年。

3. 钱穆 《孔子传》，北京：生活 . 读书 . 新知三联书店，2012 年。

4. 倪培民 《孔子：人能弘道》，上海：上海人民出版社，2013 年。

5. 梁启超 《孔子》，长春：吉林出版集团，2012 年。

6. 伍晓明 《吾道一以贯之：重读孔子》，北京：北京大学出版社，2013 年。

7. 蔡仁厚 《孔子的生命境界：儒学的反思与开展》，长春：吉林出版集团，2010 年。

8. 施忠连 《世界眼光中的孔子》，北京：中华书局，2010 年。

9. 张涛 《孔子在美国：1849 年以来孔子在美国报纸上的形象变迁》，北京：北京大学出版社，2011 年。

10. 李硕 《贵族的黄昏：孔子与他的时代》，北京：现代出版社，2010 年。

11. 陈来 《孔夫子与现代世界》，北京：北京大学出版社，2011 年。

12. 李零 《丧家狗：我读〈论语〉》，太原：山西人民出版社，2007 年。

第三讲　孟子与人性本善

一　思孟学派及其意义

孔夫子出现的最大意义即在于确立了道德对于人类社会的意义，由此而来，一个个体的完善程度直接和他的道德行为密切相关，而一个社会的完善程度则取决于这个社会是否以道德作为基础。此后中国社会的基本发展面向，就是建立在这种对于道德的要求之上的，从这个角度来说，我们可以说，是孔夫子确定了传统中国社会发展的基本脉络和基本精神价值。

然而，孔夫子的观念，就儒学自身发展的逻辑脉络而言，存在着一个亟需解决的问题。如果说孔夫子确立的是道德对于人类社会的意义的话，那么这个亟待解决的问题直接指向的是道德本身。即，当孔夫子将道德作为社会基本的价值确立下来的时候，我们所能看到的是道德作为一种价值原则在社会运作中可能具有的良好结果。然而，如果要使得道德真正被社会接受，切实在社会现实中发挥积极作用，需要解决的基本问题是，何以道德可以成为人类社会的基础？换而言之，为什么人类社会需要的是道德而不是其他的东西，道德与人类社会的连接点在哪里？

孔子死后，其弟子及再传弟子各自从不同的角度继承和发挥孔子的思想，形成了不同的学派。韩非子说“儒”分为八，其中包括子张之儒、子思之儒、颜氏之儒、孟氏之儒、漆雕氏之儒、仲良氏之儒、乐正氏之儒、孙氏之儒。从儒学的历史发展来说，最具有影响力的，后来被认为是儒学正脉的是通常所说的思孟学派。当然，关于思孟学派从荀子开始即有着争论，即便到今日，也很难说有非常一致的结论。一般认为思孟学派是战国时期儒家的重要学派之一，孟子曾受业于子思的学生，并将子思的思想学说加以很好的阐发，遂形成儒家中颇为独特的一派。此派的特征是注重人的内心省察之修养功夫，主张“性善”“尽心知性知天”“诚”“思诚”等观点，《中庸》和《孟子》就是代表此派思想学说的主要著作。此派的思想学说对宋代开始出现的理学具有重大的影响。而近来由于郭店竹简的出土，特别是其中的《五行》《语丛》《性自命出》等儒家文献，对于梳理孔孟之间儒学的发展提供了新的内容，对于传统思孟学派的建构也提供了更为深入探讨的可能。

思孟学派在历史上受到重视，与宋儒的推崇分不开，而宋儒之所以重视思孟学派（尤其是孟子），则主要是出于应对佛学挑战的需要而对于心性问题的重视。心性问题基本的理论意趣即在于将道德的根基归之于人心，即道德的根据不是外在于人的，而是原本就具足于人之心性，从这个意义上来说，道德就是人之为人的基本属性。孟子为这一思路做出了极为完善的理论阐释，性善论就是其论述的核心所在。由性善而确立道德乃是人之为人的基础，从而道德的行为也是对于人在社会之中的行为规范的最为基本的要求。社会乃是由人而构成的，人是以性善为本质特征的，于是，社会亦必然是要建立在道德的基础之上的。由性善论的基本设定出发，孟子以内求诸己的方式确立了道德的根据不在于任何外在的权威，而在于人之为人的内在规定性。由此，作为社会秩序基础的道德乃是以人自身作为依托的，这样，社会秩序的完善也就完全取决于个体道德的完善，道德教化的目的不仅是个体本身的完善，更是确立社会秩序建设的基础，于是孔夫子所言的“为政以德”的理想也才具有了实现的可能。

二 孟子与人性本善

在具体讨论孟子之前，我们需要对于孟子论述所涉及的诸多观念做一番梳理，以便更好地理解性善论。心、性、命、情、才，乃是孟子讨论中所涉及的几个基本的概念，这些概念在孟子的理论系统中是非常清晰的，这种清晰或许与孟子善于论辩有关，因为唯有清晰明确，才能使辩论成为可能。心，在孟子这里，不是情识之心，即不是感情、认识、欲望之心，而是道德之心，所谓“恻隐之心，羞恶之心、是非之心，辞让之心”，即孟子所谓的“本心”。换句话说，心是具有道德价值的，故其论性善实际上是从心善而言的。性，在孟子这里，性为道德性，是内在于人的一种必然性。也就是人与禽兽相较所具有的“几希”之别，即为仁义礼智之端，是善的。命，是人天生所具有的，“口之于味，目之于色，耳之于声，鼻之于臭，四肢之于安佚”，是人生来所具有的自然欲望，(这在常人看来就是性)，但是这些是外在于人的。性与命本无不同，都是就其对于人而言是不可回避的一种必然性而言，是人所固有的，即为分定，也即言其莫之致而至。但是孟子对二者做了区分，性是以理言，命是以数言。换言之，性是内在于人，命是在人之外的，即命运。情，人的情感，侧重于人的道德情感。在孟子这里，指的是由心所展示出来的一种本来的、真实的状态，即恻隐之情、羞恶之情等。才，材质，亦即使性得以实现的能力。心、性、情、才的关系，心为本心，是孟子立论的根本，心往上推即为性，所以心善可以证明性善。心往下落实，亦即在现实中体现出来，即为情。而情之所以是可能的，原因在于才。所以，在孟子这里可以说是“心统性、情、才”。

孟子认为仁、义、礼、智乃德之四端，即每个人与生俱来的四种优良的品德，“恻隐之心，仁之端也；羞恶之心，义之端也；辞让之心，礼之端也；是非之心，智之端也。”因为它是人们先天所具有的质量，故而称为“良知良能”。如果人们能够自觉地扩展自己这种与生俱来的“四端”，就会形成“四德”，从而成为明是非、讲礼义的“仁人义士。”四端说，实际上就是孟子人性论——性善论——最为直接的表述。在孟子生活的那个时代，人性论已经有四种观点：一是孟子的性善论，二是告子的性无善无不善，三是有性善有性不善，四是性可以为善可以为不善。一三是先天人性论，二四是后天人性论。孟子认为：“仁义礼智，非由外铄我也，我固有之也。”（《告子上》）即仁义礼智这四种美德不是从外部强加给人们的，而是每个人与生俱来、先天就有的。这就是后人所说的“人之初，性本善”的理论。那么社会上为什么会有好人、坏人之分，劳心者与劳力者的区别呢？这是因为人们出生之后“庶人去之，君子存之”。庶人受外界干扰、引诱，丢掉了原来的善性；君子经过学习修养，不为外物所动，保存并发扬了自己先天就有的善性。经过反省改正自己的错误，于是就不断提高自己的道德水平。“万物皆备于我”，人们只要“存诚尽性”就可以成为一个道德上的完人。这是孟子仁政学说和主张加强教育的理论与思想基础。

三　孟子的论辩

孟子以好辩而闻名，其性善论即是在与告子辩论的基础上得以确立的，杞柳桮棬、湍水之喻、生之谓性、仁内义外等辩论都很清楚地表现出其性善论的基本立场。如果说与告子的论辩是其性善论立场的确立的话，人禽之辨、义利之辨和王霸之辨则是其性善论在不同层面的体现。

“人之所以异于禽兽者几希，庶民去之，君子存之。”（《离娄下》）这是孟子著名的“人禽之辨”，他认为，人之所以异于禽兽，就在于人有得之于天的“四心”，即“恻隐之心”、“羞恶之心”、“辞让之心”、“是非之心”。孟子曰：“人皆有不忍人之心。先王有不忍人之心，斯有不忍人之政矣。以不忍人之心，行不忍人之政，治天下可运之掌上。所以谓人皆有不忍人之心者，今人乍见孺子将入于井，皆有怵惕恻隐之心。非所以内交于孺子之父母也，非所以要誉于乡党朋友也，非恶其声而然也。由是观之，无恻隐之心，非人也；无羞恶之心，非人也；无辞让之心；非人也；无是非之心，非人也”（《公孙丑上》）。人与禽兽之间最大的不同在于人是有道德属性的，而这也就是性善。

“鱼，我所欲也；熊掌，亦我所欲也。二者不可得兼，舍鱼而取熊掌者也。生，亦我所欲也；义，亦我所欲也，二者不可得兼，舍生而取义者也。”（《告子上》）这是孟子对义利关系的阐述，义利观即儒家对义利关系的基本看法。在儒家看来，所谓“义”，是指为他人、为社会所需而致力的一种德性。“义者，宜也。”它以客观需要、合乎时宜为依归，不是主观的认识，而是客观的需要。孔子认为义为立身之本，“君子之仕也，行其义也”，“君子义以为质”，强调君子出来做官，目的是为了行义，因此“义”是最重要的。一个人如果一味追求私利，那就不符合“义”的准则。故而孔子提出了“君子喻于义，小人喻于利”的命题，后来发展为“义利之辨”。孟子继承并发挥了孔子的思想，主张用仁义指导自己的行动，一切以“义”为准绳。在“义”与“利”发生矛盾时，他主张重义轻利、贵义贱利、见利思义。他甚至提出：“大人者，言不必信，行不必果，唯义所在。”（《离娄下》）他认为，义不仅重于利，而且重于生命，假如“义”与生命二者不能兼得，则应该毫不犹豫地“舍生以取义”。荀子也认为“义”比“利”更为重要：“先义后利者荣，先利后义者辱。”“义胜利为治世，利胜义为乱世。”义利之辨是性善论在具体实践中的表现，亦即既然人性本善，那么在具体生活实践中人应该如何做、在“义”和

“利”上该如何取舍就不言自明了。

“以力假仁者霸，霸必有大国；以德行仁者王，王不待大。汤以七十里，文王以百里。以力服人者，非心服也，力不赡也；以德服人者，中心悦而诚服也，如七十子之服孔子也。”(《公孙丑上》)在这一段文句当中，孟子说得很清楚，所谓的“有大国”与“不待大”，是条件问题，而不是结果问题。霸道的实践，讲究“以力假仁”，需有外在条件的配合，一个欲行霸道的君主，必须先有一个在财力、国力均足以支持其武力行动的大国；王道的实践，则在于“以德行仁”，外在条件如何并不重要，重要的是君主个人的品德与意愿。(孟子这一大段话，是糅合了条件论与结果论来看王霸之辨：就条件论言，王道需要的条件比霸道简单，所以王道优于霸道；就结果论言，王道能达到的效果也优于霸道，所以王道更优于霸道。所以，孟子主张王道而不主张霸道。)王霸之辨是性善论在现实政治上的运用。

四　王道仁政

儒家对于道德的提倡，绝不是仅停留在个人的层面而已的，儒家的这种道德是在现实的政治结构中可以而且必须实现出来的。对于孟子的性善论来说，确立道德内在于人的本性之说只是理论的第一步，更为重要的是，这种道德性也必须通过现实的政治运作而呈现出来，从而成为整个社会的价值规范和行为准则。前面王霸之辨的时候就提到，孟子对于王道和霸道的区分，就是其性善论在现实政治中的直接应用。正是在性善论的基础上，孟子在政治上主张王道，反对霸道，即主张实行尧舜禹文武周公孔子所倡导的所谓圣人之道。因此他又主张“法先王”，反对“法后王”，即主张效法先王，以先王作为自己的学习榜样。但他所说的“法先王”，并不是原封不动地恢复周礼，而是借周礼的名义“托古改制”。他说，春秋五霸是先王的罪人，战国时的诸侯是五霸的罪人，总之是一代不如一代。要平治天下，必须遵从他所说的“先王之道”。

那么紧接着的问题是，王道仁政为什么是可能的？在孟子看来，这种可能性就在于人心，“人皆有不忍人之心。先王有不忍人之心，斯有不忍人之政矣。以不忍人之心，行不忍人之政，治天下可运之掌上。”(《公孙丑上》)以不忍人之心行不忍人之政，即是王道政治，换而言之，性善论是王道仁政得以可能的基础。

孟子认为王道的核心是“行仁政”，“不以仁政，不能平治天下”。(《离娄上》)什么叫“仁政”？其一，“夫仁政必自经界始”，即在经济上实行井田制。将一块土地按井字形分为九块，中间一块是公田，周围八块为八家的私田，使每家有百亩之田，五亩之宅，八家同养公田，实行九一而助，相当于联产承包和劳役地租制。孟子认为，实行这种制度有几大好处：首先是制民之产，使民有恒产，即让人民拥有一定数量的生产、生活资料，“仰足以事父母，俯足以蓄妻子，乐岁终身饱，凶年免于死亡。”(《梁惠王上》)民有恒产才能有恒心，这是实行王道政治的物质基础。其次可以建立良好的邻里关系，“死徙无出乡，乡田同井。出入相友，守望相助，疾病相扶持，则百姓亲睦。”(《滕文公上》)第三，人民既种好地，又搞好家庭副业，如种桑养蚕、饲养家畜家禽等，就可以过上平安富足的日子了。五十可以衣帛，七十可以食肉，做到丰衣足食，家给人足。其二，主张“省刑罚，薄税敛”，“使民以时”。他呼吁当权者要“施仁政于民，省刑罚，薄税敛，深耕易耨。”(《梁惠王上》)他说：“易其田畴，薄其税敛，民可使富也。”(《尽心上》)“使民以时，谷不可胜食也。”(《梁惠王上》)谷不可胜食，物不可胜用，“是使民养生丧死无憾也。养生丧死无憾，王道之始也。”(《梁惠王上》)所谓“省刑罚”则是“以不忍人之心，行不忍人之政”，实行了这种仁政，“治天下可运之掌上”。(《公孙丑上》)以上两点主要讲的是要实行“富民”政策。这是典型的平均主义和农业社会主义，在当时只能是一种空想。其三，在民富之后，则主张教民。“谨庠序之教，申之以孝悌之义”（《梁惠王上》），即“设立庠序学校以教之”。孟子认为：“善政不如善教之得民也，善政得民财，善教得民心。”（《尽心上》）他的理想是学习孔子，“得天下英才而教育之”。（《尽心上》）其四，主张“分田制禄”，即恢复分田制禄的宗亲分封制。他说：“亲亲，仁也”，“未有仁而遗其亲者也”。（《梁惠王上》）虽然他也讲过“尊贤使能”，但又主张在“亲亲”的圈子里用人。他指出：“为政不难，不得罪于巨室。”（《离娄上》）建议执政者不要侵犯贵族们的利益。其五，主张“民为贵，社稷次之，君为轻”（《尽心下》），主张建立一种新型的君民君臣关系。他认为，对于国家和君主来说，人民的地位是最重要的，国家和君主都可以改变，国家的民众却不可以改变。国君只有得到人民的拥护才能够当天子、当国君，如果暴虐其民，失去民心，轻则“身危国削”，重则身死国亡。他认为无论哪一国的国君，只要接受他的政治主张，就可以取周天子而代之，成为天下共主。他论证了新的君臣关系，反映了战国时期君臣关系的变化，他说：“君之视臣如手足，则臣视君如腹心；君之视臣如犬马，则臣视君如国人；君之视臣如土芥，则臣视君如寇仇。”（《离娄下》）他提出，对不行仁政的暴君可以流放，可以诛杀。周武王讨伐商纣王，不是弑君，而是诛一独夫！这就是说，不仅人民比君主重要，臣与君也具有同样的人格。其六，反对一切战争和改革。“善战者服上刑，连诸侯者次之，辟草莱、任土地者次之。”（《离娄上》）

五　孟子的意义

如果从儒学自身的逻辑发展来说，孟子出现的意义在于他完善了孔夫子所提出的道德理想。这种完善表现在两个方面：第一，以性善论确立了道德是人的本质属性，因此，实行道德也就成为了人之为人的内在要求，道德行为是必须在现实中得到呈现的；第二，以王道仁政的主张具体地呈现出了道德政治所应该具有的面向，由此使得道德理想不仅仅只是美好的理想而已，在现实中也应当可以被实现出来。

孟子以极其雄辩的口才将其理论一气呵成，在当时的情境下，几乎是无人能敌。但是，有时候雄辩的背后并不一定是论理的透彻。比如，在孟子的性善论中，我们发现，如果我们把本善作为一个最高的规定来考察的时候，实际上我们很难解释既然是性本善的，那么恶究竟是从哪里来的？孟子试图以后天环境以及人的自暴自弃来解释，但这样的解释毕竟是不圆满的，因为恶也是需要有所本自的。这个问题直到宋儒提出天命之性和气质之性才得以妥善解决。此外，孟子的论证方式乃是建立在经验之上的，比如人看见孩童要掉入井中，必然会产生怵惕恻隐之心，这种恻隐之心不是为了任何功利目的，而完全是情感的真实流露，这就是天生的善性的体现。虽然按照孟子的逻辑，或许可以得出以上的结论。但是经验的推论实际上也容易在经验中被否定，正如在与告子的论辩过程中所显示出来的那样。经验的不究竟性，从根本上决定了说理的不严密性，同时，也无法真正为道德确定一个形而上的根基。

但是，即便如此，我们仍然不能否认孟子的意义。很多人对孟子颇有微词，甚至以为孟子的性善论几近于无稽之谈（甚至认为性善论是中国传统社会腐败和堕落的根源）。在这些人看来，我们所生存的世界已经表明人有很多恶的行为，人性有种种弊端呈现在现实的生活之中，我们怎么可能对这些现象视而不见，然后依旧以性本善来论之呢？于是，从这样的角度出发，孟子似乎显得非常荒谬和不堪一击。但是，平心而论，以孟子处于礼崩乐坏的时代而言，对于所谓的人性之恶，其体验无疑更为深切、直接，然而即便在那样的事实面前，孟子依然要说人性本善，其用意何在？从这个角度来说，性善论实际上是对于人类的一种更为深切的关怀，提出人性本善亦并非要从事实而言，实际上是从价值上来说的，即人之为人应当有着更高的价值的追求，应当以道德作为自身行为的标准，不应该自暴自弃、自甘堕落而沉溺于现实的蝇营狗苟之中。换而言之，虽然现实是礼崩乐坏、是卑鄙不堪的，但是作为人，我们天生的善性要求我们必须超越这无可理喻的现实，而回归我们本然之善。这就意味着，即便现实生活是如此的平凡，甚至是不堪，人之为人的伟大即在于他有着理想的力量，可以超越现实，从而显示出其生活的神圣的一面。这就是孟子所积极追求的，我们也可以视其为孟子的精神价值所在。从这个意义上来说，道德之对于现实人生的意义并不仅仅在于它的被实现程度，而在于作为一种精神力量它所具有的对于现实人生提升的意义。由世俗而超越，这样的路径可能有很多，但是，孔孟所指出的乃是经由道德的方式所实现的价值的超越。

六　文献选读

（一）孟子与告子关于人性的论辩

告子曰："性，犹杞柳也；义，犹桮棬[①]也。以人性为仁义，犹以杞柳为桮棬。"

孟子曰："子能顺杞柳之性而以为桮棬乎？将戕贼杞柳而后以为桮棬也？如将戕贼杞柳而以为桮棬，则亦将戕贼人以为仁义与？率天下之人而祸仁义者，必子之言夫！"

告子曰："性犹湍水也，决诸东方则东流，决诸西方则西流。人性之无分于善不善也，犹水之无分于东西也。"

孟子曰："水信无分于东西。无分于上下乎？人性之善也，犹水之就下

① 桮（bēi）棬（juàn）：桮，同"杯"；棬，曲木做的饮器。

也。人无有不善，水无有不下。今夫水，搏而跃之，可使过颡；激而行之，可使在山，是岂水之性哉？其势则然也。人之可使为不善，其性亦犹是也。”

告子曰：“生之谓性。”

孟子曰：“生之谓性也，犹白之谓白与？”

曰：“然。”

“白羽之白也，犹白雪之白；白雪之白，犹白玉之白与？”

曰：“然。”

“然则犬之性，犹牛之性；牛之性，犹人之性与？”（《告子上》）

（二）“仁内义外”的论辩

告子曰：“食色，性也。仁，内也，非外也；义，外也，非内也。”

孟子曰：“何以谓仁内义外也？”

曰：“彼长而我长之，非有长于我也；犹彼白而我白之，从其白于外也，故谓之外也。”

曰：“异于白马之白也，无以异于白人之白也；不识长马之长也，无以异于长人之长与？且谓长者义乎？长之者义乎？”

曰：“吾弟则爱之，秦人之弟则不爱也，是以我为悦者也，故谓之内。长楚人之长，亦长吾之长，是以长为悦者也，故谓之外也。”

曰：“耆秦人之炙，无以异于耆吾炙。夫物则亦有然者也，然则耆炙亦有外与？”

孟季子问公都子曰：“何以谓义内也？”

曰：“行吾敬，故谓之内也。”

“乡人长于伯兄一岁，则谁敬？”

曰：“敬兄。”

“酌则谁先？”

曰：“先酌乡人。”

“所敬在此，所长在彼，果在外，非由内也。”

公都子不能答，以告孟子。

孟子曰：“敬叔父乎？敬弟乎？彼将曰：‘敬叔父。’曰：‘弟为尸[①]，则谁敬？’彼将曰：‘敬弟。’子曰：‘恶在其敬叔父也？’彼将曰：‘在位故也。’子亦曰：‘在位故也。庸敬在兄，斯须之敬在乡人。’”

季子闻之，曰：“敬叔父则敬，敬弟则敬，果在外，非由内也。”

公都子曰：“冬日则饮汤，夏日则饮水，然则饮食亦在外也？”（《告子上》）

（三）关于人性本善

所以谓人皆有不忍人之心者，今人乍见孺子将入于井，皆有怵惕恻隐之心。非所以内交于孺子之父母也，非所以要誉于乡党朋友也，非恶其声而然也。由是观之，无恻隐之心，非人也；无羞恶之心，非人也；无辞让之心；非人也；无是非之心，非人也。恻隐之心，仁之端也；羞恶之心，义之端也；辞让之心，礼之端也；是非之心，智之端也。人之有是四端也，犹其有四体也。有是四端而自谓不能者，自贼者也；谓其君不能者，贼其君者也。凡有四端于我者，知皆扩而充之矣，若火之始然，泉之始达。苟能充之，足以保四海；苟不充之，不足以事父母。（《公孙丑上》）

公都子曰：“告子曰：‘性无善无不善也。’或曰：‘性可以为善，可以为不善；是故文武兴，则民好善；幽厉兴，则民好暴。’或曰：‘有性善，有性不善；是故以尧为君而有象；以瞽瞍为父而有舜；以纣为兄之子且以为君，而

① 尸：古代祭祀时，代死者受祭、象征死者神灵的人，以臣下或死者的晚辈充任。后世改为用神主、画像。

有微子启、王子比干。’今曰：‘性善’，然则彼皆非与？”

孟子曰：“乃若其情，则可以为善矣，乃所谓善也。若夫为不善，非才之罪也。恻隐之心，人皆有之；羞恶之心，人皆有之；恭敬之心，人皆有之；是非之心，人皆有之。恻隐之心，仁也；羞恶之心，义也；恭敬之心，礼也；是非之心，智也。仁义礼智，非由外铄我也，我固有之也，弗思耳矣。故曰，‘求则得之，舍则失之。’或相倍蓰而无算者，不能尽其才者也。《诗》曰：‘天生烝民，有物有则。民之秉彝，好是懿德。’孔子曰：‘为此诗者，其知道乎！故有物必有则；民之秉彝也，故好是懿德。’”

孟子曰：“富岁，子弟多赖；凶岁，子弟多暴。非天之降才尔殊也，其所以陷溺其心者然也。今夫麰麦，播种而耰之，其地同，树之时又同，浡然而生，至于日至之时，皆孰矣。虽有不同，则地有肥硗，雨露之养，人事之不齐也。故凡同类者，举相似也，何独至于人而疑之？圣人与我同类者。故龙子曰：‘不知足而为屦，我知其不为蒉也。’屦之相似，天下之足同也。口之于味，有同耆也，易牙先得我口之所耆者也。如使口之于味也，其性与人殊，若犬马之与我不同类也，则天下何耆皆从易牙之于味也？至于味，天下期于易牙，是天下之口相似也。惟耳亦然。至于声，天下期于师旷，是天下之耳相似也。惟目亦然。至于子都，天下莫不知其姣也。不知子都之姣者，无目者也。故曰：口之于味也，有同耆焉；耳之于声也，有同听焉；目之于色也，有同美焉。至于心，独无所同然乎？心之所同然者何也？谓理也，义也。圣人先得我心之所同然耳。故理义之悦我心，犹刍豢之悦我口。”

孟子曰：“牛山之木尝美矣，以其郊于大国也，斧斤伐之，可以为美乎？是其日夜之所息，雨露之所润，非无萌蘖之生焉，牛羊又从而牧之，是以若彼濯濯也。人见其濯濯也，以为未尝有材焉，此岂山之性也哉？虽存乎人者，岂无仁义之心哉？其所以放其良心者，亦犹斧斤之于木也，旦旦而伐之，可以为美乎？其日夜之所息，平旦之气，其好恶与人相近也者几希，则其旦昼之所为，有梏亡之矣。梏之反复，则其夜气不足以存；夜气不足以存，则其违禽兽不远矣。人见其禽兽也，而以为未尝有才焉者，是岂人之情也哉？故苟得其养，无物不长；苟失其养，无物不消。孔子曰：'操则存，舍则亡；出入无时，莫知其乡。'惟心之谓与？"（《告子上》）

（四）关于王道仁政

"今王发政施仁，使天下仕者皆欲立于王之朝，耕者皆欲耕于王之野，商贾皆欲藏于王之市，行旅皆欲出于王之涂，天下之欲疾其君者，皆欲赴愬于王。其若是，孰能御之？"

王曰："吾惛，不能进于是矣。愿夫子辅吾志，明以教我。我虽不敏，请尝试之。"

曰："无恒产而有恒心者，惟士为能。若民，则无恒产，因无恒心。苟无恒心，放辟，邪侈，无不为已。及陷于罪，然后从而刑之，是罔民也。焉有仁人在位，罔民而可为也？是故明君制民之产，必使仰足以事父母，俯足以畜妻子，乐岁终身饱，凶年免于死亡。然后驱而之善，故民之从之也轻。"

"今也制民之产，仰不足以事父母，俯不足以畜妻子，乐岁终身苦，凶年不免于死亡。此惟救死而恐不赡，奚暇治礼义哉？王欲行之，则盍反其本矣。五亩之宅，树之以桑，五十者可以衣帛矣；鸡豚狗彘之畜，无失其时，七十者可以食肉矣；百亩之田，勿夺其时，八口之家可以无饥矣；谨庠序之教，申之以孝悌之义，颁白者不负戴于道路矣；老者衣帛食肉，黎民不饥不寒，然而不王者，未之有也。"（《梁惠王上》）

齐宣王问曰："汤放桀，武王伐纣，有诸？"

孟子对曰："于传有之。"

曰："臣弑其君，可乎？"

曰："贼仁者谓之'贼'，贼义者谓之'残'。残贼之人谓之'一夫'。闻诛一夫纣矣，未闻弑君也。"（《梁惠王下》）

孟子曰："以力假仁者霸，霸必有大国；以德行仁者王，王不待大。汤以七十里，文王以百里。以力服人者，非心服也，力不赡也；以德服人者，中心悦而诚服也，如七十子之服孔子也。《诗》云：'自西自东，自南自北，无思不服。'此之谓也。"（《公孙丑上》）

孟子曰："鱼，我所欲也，熊掌，亦我所欲也；二者不可得兼，舍鱼而取熊掌者也。生，亦我所欲也，义，亦我所欲也；二者不可得兼，舍生而取义者也。生亦我所欲，所欲有甚于生者，故不为苟得也；死亦我所恶，所恶有甚于死者，故患有所不辟也。如使人之所欲莫甚于生，则凡可以得生者，何不用也？使人之所恶莫甚于死者，则凡可以辟患者，何不为也？由是则生而有不用也，由是则可以辟患而有不为也。是故所欲有甚于生者，所恶有甚于死者，非独贤者有是心也，人皆有之，贤者能勿丧耳。一箪食，一豆羹，得之则生，弗得则死。呼尔而与之，行道之人弗受；蹴尔而与之，乞人不屑也。万钟则不辨礼义而受之。万钟于我何加焉？为宫室之美、妻妾之奉、所识穷乏者得我与？乡为身死而不受，今为宫室之美为之；乡为身死而不受，今为妻妾之奉为之；乡为身死而不受，今为所识穷乏者得我而为之，是亦不可以已乎？此之谓失其本心。"（《告子上》）

孟子曰："民为贵，社稷次之，君为轻。是故得乎丘民而为天子，得乎天子为诸侯，得乎诸侯为大夫。诸侯危社稷，则变置。牺牲既成，粢盛既洁，祭祀以时，然而旱干水溢，则变置社稷。"（《尽心下》）

七　延伸阅读书目

1. 蒙培元　《蒙培元讲〈孟子〉》，北京：北京大学出版社，2006 年。

2. 杨国荣　《孟子的哲学思想》，上海：华东师范大学出版社，2009 年。

3. 康有为　《孟子二十讲》，北京：华夏出版社，2008 年。

4. 杨泽波　《孟子评传》，南京：南京大学出版社，2011 年。

5. 梁涛　《孟子解读》，北京：中国人民大学出版社，2010 年。

6. 张明凯　《孟子思想与中国文化》，北京：商务印书馆，1985 年。

7. 黄俊杰　《中国孟学诠释史论》，北京：社会科学文献出版社，2004 年。

8. 信广来（Kwong-Loi Shun）　*Mencius and Early Chinese Thought*，Stanford, Calif. : Stanford University Press, 1997 年。

9. 刘鄂培　《孟子大传》，北京：清华大学出版社，1998 年。

10. 徐洪兴　《〈孟子〉精读》，上海：复旦大学出版社，2010 年。

第四讲　荀子与儒家的现实主义

一　荀子与他的时代

在儒学发展的历史上，荀子是一个非常特殊的符号。他的特殊性表现在两个方面，首先，在儒家的经典传承系统中，荀子有着最为重要的作用。儒家经典在先秦两汉之际的传播，与荀子有着极为重要的关系，如果没有荀子，可能后来很多儒家经典的流传都会受到极大影响，由此，儒学发展的面貌可能也会完全不同。其次，荀子在历史上受到的重视程度与孟子相比，可谓有天壤之别，尤其近世以来，孟子成为了亚圣，俨然是儒学的正脉，而荀子则受到了非常严重的批判（尤其是近代转型以来），如谭嗣同所谓“两千年来之政，秦政也，皆大盗也；两千年来之学，荀学也，皆乡愿也。唯大盗利用乡愿，唯乡愿工媚大盗。”（《仁学》）似乎传统中一切弊端都和荀学有关。这样的现象值得我们深思，当然，从我们今天的角度来看待的时候，我们需要做的不是简单地去称赞或者批判，而是应该较为客观地去看待古人的思想。很多时候，陈寅恪先生所说的“了解之同情”是我们在理解古人思想观念时，所应当具有的态度。对于我们来说，重要的不是古人究竟说了什么，而应当是在当时的情境下，他为什么会有类似的表述。如果对于思想的研究，只是停留在具体的观念层面，那么思想作为一种精神的力量就始终无法真正进入我们生活的本身。对于古人的观念的理解，尤其应当注意“了解之同情”，亦即要明白古人在当时的情境下为什么会这样阐述，如果我们在当时情势下又会做怎样的应对。当我们设身处地地去思考问题的时候，我们自然会发现古人的思考方式对于我们今日依旧有着积极的作用，古人的精神追求必然会内化为我们自身应对当前生活情形的思想武器。

荀子生活于战国晚期，那个时代已经与孔夫子的时代有了较大的改观，不仅是政治社会的结构与春秋时期有了较大的差异，学术思想也获得了更为纵深的发展，各种思想自由碰撞和交融的态势已然呈现。在这里，我们有必要提到的是与荀子生活氛围有着密切关系的稷下学宫。稷下学宫，是战国时期由齐国官方创办的一个学术文化中心兼政治咨询中心。稷下学宫设置在战国时齐国的都城临淄（今山东省淄博市）稷门（西边南首门）附近地区，故得名“稷下学宫”。过去部分学者对稷下学宫有一种错误的说法，即将之称为“稷下学派”。实际上，稷下学宫并不是哪个学派所专有的，而是聚集了当时诸多学派学者的一个议学、议政的活动中心。稷下学宫创建于齐桓公（公元前374—前357年在位）时期，齐宣王（公元前319—前301年在位）时期，稷下学宫达到其鼎盛阶段。稷下学宫在其兴盛时期，曾容纳了当时“诸子百家”中的几乎所有学派，其中主要的如道、儒、法、名、兵、农、阴阳等诸家，作为一个学术思想极其自由的地方，稷下学宫吸引了当时著名的学者如孟子、淳于髡、邹衍、田骈、慎到、尹文、荀子等等，尤其是荀子，曾三次担任过学宫的“祭酒”（学宫之长），由此也可以看出荀子在当时思想界的影响力。齐国的统治者，对于当时在稷下学宫的学者们给予了极为优厚的待遇，封了不少著名学者为“上大夫”，并“受上大夫之禄”，即拥有相应的爵位和俸养，允许他们“不治而议论”（《史记·田敬仲完列传》），“不任职而论国事”(《盐铁论·论儒》)。这在一定程度上推进了战国时期学术思想的自由发展，为百家争鸣局面的出现奠定了基础。

这样自由、活跃的学术背景也就成就了荀子思想的丰富性，如果简单地说，我们可以毫无疑问地确定荀子是儒家思想的代表人物，但是，与孔夫子时代的儒家思想相比，这个时候出现的儒家思想已经有了较大的改观。荀子的儒家思想如果从源头上来追溯，大概与孔子弟子仲弓（冉雍）一派有着密切的关系，儒学思想成为荀子最主要的思想来源。但是除此之外，由于稷下学宫丰富的思想资源，荀子的观念也表现出了较为明显的融合的特点，其实这也是在当时的情形下所必然出现的现象。荀子的思想受到了淳于髡（“淳于髡久与处，时有得善言”）、老子以及法家思想的影响，表现出以儒家基本道德观念为基础的兼容并包的思想形态。就当时思想发展的基本态势来说，唯有融合才能适合时代的需求，并指引时代的发展，从这个角度来说，荀子的思想确实起到了这样的特殊作用，可能也是因为如此，所以在当时的思想界，荀子最为老师、三为祭酒，成为举足轻重的思想者。从这个角度来说，任何关于荀子的简单化评价，都无法呈现荀子在历史上所具有的真正的价值。

二　天人相分

如果我们可以把对于“天”的认识和理解作为传统思想的一个重要来源的话，荀子对于“天”的理解之中，有了明显的改变传统的“天”具有意志和目的的基本设定。在荀子这里，当然并未完全脱离这一面，比如在《礼论》中所描述的作为“生之本”的“天”显然是有意志的、人格神意义的存在，但这样的“天”在荀子那里毕竟不是最为主要的，而在《天论》中所揭示出来的自然之天，应当被视为是荀子思想中最有价值的地方之一，这种价值当然不是所谓的朴素唯物主义的观念可以涵盖的。荀子认定天为自然之天，所谓“列星随旋，日月递照，四时代御，阴阳大化，风雨博施，万物各得其和以生，各得其养以成，不见其事而见其功，夫是之谓神。皆知其所以成，莫知其无形，夫是之谓天。”（《天论》）由此而延伸出荀子著名的天人相分的观念：“天行有常，不为尧存，不为桀亡。应之以治则吉，应之以乱则凶。强本而节用，则天不能贫；养备而动时，则天不能病；修道而不贰，则天不能祸。故水旱不能使之饥，寒暑不能使之疾，祆怪不能使之凶。本荒而用侈，则天不能使之富；养略而动罕，则天不能使之全；倍道而妄行，则天不能使之吉。故水旱未至而饥，寒暑未薄而疾，祆怪未至而凶。受时与治世同，而殃祸与治世异，不可以怨天，其道然也。故明于天人之分，则可谓至人矣。”（《天论》）于是在荀子这里，天是自然之天，天有天之职，人有人之职，天人但各尽其职，由是天人不再像传统的观念一样是纠缠在一起的，而是有了明显的分际。

天与人相分，并不是荀子最终的目标，他要做的是通过这种区分从而确定人之为人的尊严。“水火有气而无生，草木有生而无知，禽兽有知而无义，人有气、有生、有知，亦且有义，故最为天下贵也。”“力不若牛，走不若马，而牛马为用，何也？曰：人能群，彼不能群也。人何以能群？曰：分。分何以能行？曰：义。故义以分则和，和则一，一则多力，多力则强，强则胜物，故宫室可得而居也。故序四时，裁万物，兼利天下，无它故焉，得之分，义也。”（《王制》）人的独特的价值和意义是通过天人相分这一基本的事实得以确立的。从这个角度来说，天地万物之中，唯有人才是最贵的，由此，人的生存也并非是完全从属于天命，而是可以根据自身的需求，制天命以用之，“大天而思之，孰与物畜而制之？从天而颂之，孰与制天命而用之？”（《天论》）因此，在荀子看来，与其尊崇天而思慕它，哪里比得上把天当作物一样蓄养起来而控制着它呢？与其顺从天而赞美它，哪里比得上控制自然的变化规律而利用它呢？人作为价值的核心，从荀子这些论述中得到了非常明显的表达。所以，荀子认为“唯圣人不求知天”（《天论》），天就是自然，人不应追求与天相关的形上学的和自然科学的知识，重要的是知天人之分，从天人相分的基本事实出发来确立人事的意义。“天有其时，地有其财，人有其治，夫是之谓能参。”（《天论》）参，即参赞化育，人应该积极融入整个造化的过程，发挥自身的优势和特点。“天地者，生之始也；礼义者，治之始也；君子者，礼义之始也。为之，贯之，积重之，致好之者，君子之始也。故天地生君子，君子理天地。君子者，天地之参也，万物之总也，民之父母也。”（《王制》）在人、天、地三者鼎足之中，凸现人之为人的尊严、价值。“专心一志，思索孰察，加日县久，积善而不息，则通于神明，参于天地矣。”（《性恶》）

人何以是独特的？这是因为人天生具有认识、判断的能力：“凡以知，人之性也；可以知，物之理也。”（《解蔽》）“所以知之在人者谓之知，知有所合谓之智。智所以能之在人者谓之能，能有所合谓之能。”（《正名》）人是“形具而神生”（《天论》），天生就具有认识能力，可以用以认识周遭事物。这种与生俱来的认识能力，则被归结为人心的功能，“心也，形之君也，而神明之主也”，“心不使焉，则黑白在前而目不见，雷鼓在侧而耳不闻。”（《解蔽》）心是认识的主宰，但是人的认识具有主观性和片面性，即“蔽”，“蔽”的形式很多，有：“欲为蔽，恶为蔽，始为蔽，终为蔽，远为蔽，近为蔽，博为蔽，浅为蔽，古为蔽，今为蔽。凡万物异则莫不相为蔽，此心术之公患也。”（《解蔽》）认识的过程就是要发挥心的解蔽作用，以达到正确的认识，获得正确的知识。“人何以知道？曰：心。心何以知，曰：虚壹而静。……人生而有知，知而有志。志也者，藏也。然而有所谓虚，不以所已藏害所将受之谓虚。”荀子以为：要获得“道”，必须“虚壹而静”。荀子所谓“虚”，指不以已有的认识妨碍再去接受新的认识；“壹”，指思想专一；“静”，指思想宁静。

三　性恶与化性起伪

在荀子的思想体系中，通过天人相分，确立了人之为人的价值和意义。

人是具有独特性的存在，同时，人具有天生的认识和判断能力。由这种具有独特的存在物所组成的社会应该如何进行有效的统治和管理，这就需要对于人之性有清晰的认识。从这个角度出发，荀子提出了其影响深远的性恶论。

在荀子这里，所谓的“性”就是人天生所具有的自然属性，“凡性者，天之就也，不可学，不可事”（《性恶》），“生之所以然者谓之性”（《正名》），所以与孟子将道德属性作为人之本性不同，荀子是将人的自然属性界定为性。这种自然属性可以表现为感官能力，“今人之性，目可以见，耳可以听”（《性恶》）；也可以表现为生理本能，“饥而欲饱，寒而欲暖，劳而欲休，此人之情性也”（《性恶》）；或者表现为人的欲望、情感，“目好色、耳好声、口好味、心好利、骨体肤理好愉佚，是皆生于人之情性者也”（《性恶》）。凡此种种，均为人天生所具有的，在荀子看来这就是人的本性。

> 今人之性，生而有好利焉，顺是，故争夺生而辞让亡焉；生而有疾恶焉，顺是，故残贼生而忠信亡焉；生而有耳目之欲，有好声色焉，顺是，故淫乱生而礼义文理亡焉。然则从人之性，顺人之情，必出于争夺，合于犯分乱理而归于暴。故必将有师法之化、礼义之道，然后出于辞让，合于文理，而归于治。用此观之，然则人之性恶明矣，其善其伪也。（《性恶》）

这段话是荀子对于性恶论最为基本的阐述，在这里，荀子的论述是从经验设定出发的，结合《性恶》的论述，我们可以发现，荀子对于性恶论讨论的逻辑层次是非常清晰的：人都是有欲望的，人的欲望是相同且趋多的，而社会物资却相对匮乏，人的本质是群居的。这些可以视为荀子界定人性恶的基本前提，如果我们单独地考虑这些前提，实际上均不构成恶的结果，但是，当这些条件结合在一起的时候，就必然会产生恶的后果：群居在一起的是一些物欲膨胀的人，而社会又不能提供足够多的物资，只有掠夺才能满足己欲，于是战乱四起，“欲恶同物，欲多而物寡，寡则必争矣”。从这个角度来说，所谓的恶，乃是基于人的生存事实而产生的一种必然结果。因此，上文论述中的“顺是”二字在荀子人性理论中非常重要，“顺”即“从人之性，顺人之情”之“从”，是顺从、由着之意；“是”即“好利”“疾恶”“耳目之欲”“好声色”等“人之性”“人之情”。由此，原本并无善恶倾向的生存事实有了恶的后果（“故”）：“争夺生而辞让亡”“残贼生而忠信亡”“淫乱生而礼义文理亡”“必出于争夺，合于犯分乱理而归于暴”。

荀子所说的人性就是“好利”“疾恶”等等天生的欲望，“纵人之性，顺人之情”就会导致社会秩序混乱，那么，应该如何避免社会混乱局面的产生呢？荀子认为“苟无之中者，必求于外”“苟有之于中者，必不及于外”（《性恶》），既然人的本性中并无道德属性，而只是天生的欲望，那么，就必须要通过外在的道德教化和法律制度来改变人的自然本性，这就是所谓的“化性起伪”。“礼义者，圣人之所生也，人之所学而能，所事而成者也。不可学、不可事、而在人者，谓之性；可学而能、可事而成之在人者，谓之伪；是性伪之分也。”（《性恶》）“故圣人化性而起伪，伪起而生礼义，礼义生而制法度；然则礼义法度者，是圣人之所生也。故圣人之所以同于众，其不异于众者，性也；所以异而过众者，伪也。”（《性恶》）为了避免人性恶的结果，就需要以礼义法度的约束来培养善性，改变为恶的可能。化性起伪的途径有二：1）学习，“今人之性恶，必将待师法而后正，得礼义然后治”，学习对于人改变其恶的本性具有重要的意义。如何学？“学不可以已”；学要有次序，“其数则始乎诵经，终乎读礼；其义则始乎为士，终乎为圣人”；要有正确的学习方法，要有良师益友。2）修身养性。学习是明理，修身则是履道，要求人顺从礼义，尊师教诲，以达到心志专一。

四　隆礼重法与儒家的现实主义

为了应对可能出现的恶的状态，礼义师法在荀子的系统中显得尤为重要，唯有如此才能确定良好的社会秩序。由于人是群居的，而且都是有欲望的，所以必须以礼义来做分别，要确定度量分界。“礼起于何也？曰：人生而有欲，欲而不得，则不能无求。求而无度量分界，则不能不争；争则乱，乱则穷。先王恶其乱也，故制礼义以分之，以养人之欲，给人之求。使欲必不穷于物，物必不屈于欲。两者相持而长，是礼之所起也。”（《礼论》）荀子对于礼的产生的论述，与契约论的方式相类似。换而言之，礼之所以重要是出于社会共同利益的需要，为了良好的社会秩序，保障社会的良性发展，就必须在欲望和社会财富之间确定一个度量分界的标准，在此标准之下，每个人都可以使自己的欲望得到适度的满足，但并不会导致社会纷争甚至混乱。所以，礼的产生所建立的前提是每个人都约束自己的本能欲望，以合乎度量分界的要求，从而维持社会的整体发展。由此，礼的功能也就非常清楚了，“故礼者，养也。刍豢稻粱，五味调香，所以养口也；椒兰芬苾，所以养鼻也；雕琢刻镂，黼黻文章，所以养目也；钟鼓管磬琴瑟竽笙，所以养耳也；疏房、檖貌、越席、床第、几筵，所以养体也。故礼者，养也。”（《礼论》）养，就是适度满足人的欲望。这种欲望的满足，是必须在一定的限制之内的，“故礼者，养也。君子既得其养，又好其别。曷谓别？曰：贵贱有等，长幼有差，贫富轻重皆有称者也。”（《礼论》）别，实际上就是产生等级制度，人与人之间在“礼”的基础上是有差别的。

与此前的儒者相比较，荀子的政治视野更为开阔，他并不只是强调礼义道德对于社会的重要性，同样也强调了法治的重要作用。这除了与当时特定的时代背景相关之外，也与荀子本人游秦的经历有关，在秦国对于法治结果的直接体验，无疑给了荀子以极大的震撼，荀子称之为“治之至”。当然，礼治本身的缺陷，在当时的情境下也非常明显地呈现了出来。占人口大多数的这一社会群体中存在着物、欲的矛盾，他们往往会因此而采取极端的行为以表达其不满，如何让性本恶的众庶百姓做安居乐业的顺民，仅仅依靠礼治是不够的。礼治缺乏强制性，并且在“礼崩乐坏”的时代背景之下，单一地强调礼势必显得不具有说服力。所以，必须在礼的基础上引入法的观念。

因此，隆礼重法成为了荀子政治思想的基本特点，当然，在荀子这里法与礼的效用是有区别的，“由士以上则必以礼乐节之，众庶百姓则必以法数制之。”（《富国》）法之所以可能的根据，亦在于圣王之制。荀子以隆礼作为治国的最高原则，认为只有尊重礼，将礼作为基本的标准，才能建立上古三代的那种王业。但是，在当时的情境下，这是很难做到的，因而他也做出了退一步的要求，即通过重法来建立霸业，“德虽未至也，义虽未济也，然而天下之理略奏矣，刑赏已诺信乎天下矣，臣下晓然皆知其可要也”。（《王霸》）从这些论述中所透露出来的，无疑是一种非常现实的关怀。从《荀子》之中，我们可以非常明显地感觉到一个儒家的现实主义者对于现实政治的基本架构，由这些架构出发，儒家的道德观念具有了切实可行的基础，或许由于这个因素，刘向在《荀卿新书叙录》中说：“人君能用孙卿，庶几王矣。”

五 荀子的地位

如果我们把孟子和荀子在儒学发展史上的地位做一个历史的考察，也许有一些非常有意义的现象就会出现。司马迁在《史记·孟子荀卿列传》中，对于两人都给予了重视，认为两者“咸遵夫子之业而润色之，以学显于当世”，而此后荀子始终未出现在人们关注的中心，对于其著作的注解也只是到了唐代的杨倞才开始（孟子则在汉代即有赵岐注），在杨倞的《荀子注序》中，对于儒学史上荀子的地位进行了非常详细的梳理：

> 至于战国，于是申商苛虐，孙吴变诈，以族论罪，杀人盈城，谈说者又以慎墨苏张为宗，则孔氏之道，几乎息矣！有志之士，所为痛心疾首也。故孟

轲阐其前，荀卿振其后，观其立言指事，根极理要，敷陈往古，掎挈当世，拨乱兴理，易如反掌，真名世之士，王者之师。又其书亦所以羽翼六经，增光孔氏，非徒诸子之言也。盖周公作之，仲尼祖述之，荀孟赞成之，所以胶故王道，至深至备，虽春秋之四夷交侵，战国之三纲弛绝，斯道竟不坠矣。倞以末宦之暇，颇窥篇籍，窃感炎黄之风未洽于圣代，谓荀孟有功于时政，尤所耽慕。而孟子有赵氏章句，汉氏（代）亦尝立博士，传习不绝，故今之君子多好其书，独荀子未有注解，亦复编简烂脱，传写谬误，虽好事者时亦览之，至于文义不通，屡掩卷焉。夫理晓则惬心，文舛则忤意，未知者谓异端不览，览者以脱误不终，所以荀氏之书千载而未光焉。

在杨倞这里，实际上看到了荀子在儒学史上的重要意义，虽然梁启超在《中国学术思想变迁之大势》中以批判的角度陈述了其对于荀子在儒学史上的看法，但所呈现出来的依然是荀子对于儒学发展史所具有的无可置疑的意义，梁氏曰：“孟子既没，公孙丑、万章之徒，不克负荷，其道无传。荀子身虽不见用，而其弟子韩非、李斯等，大显于秦，秦人之政，壹宗非斯，汉世六经家法，强半为荀子所传，而传经诸老师，又多故秦博士。故自汉以后，名虽为昌明孔学，实则所传者，仅荀学一支派而已，此真孔学之大不幸也。”

伴随着宋学的兴起，关于孟荀之间评价的差别日益明显，韩愈在《原道》中说：“轲之死，不得传焉。荀与扬（雄）也，择焉而不精，语焉而不详。”而程子则直言“荀子极偏驳，只一句性恶，大本已失”（《河南程氏遗书》卷十九），其后朱子编《四书》，《孟子》由此确定了其在儒学思想中无可置辩的正统地位。而《荀子》则几乎被彻底排除在了正统儒学之外，虽然有很多理学家的思想事实上与荀子之间有着千丝万缕的关系。

是否就是因为性善和性恶的不同主张才导致了孟荀在儒学史上所得到的评价截然不同？在《非十二子》中，荀子曾经对思孟学派有过非常严厉的批判："略法先王而不知其统，然而犹材剧志大，闻见杂博。案往旧造说，谓之五行，甚僻违而无类，幽隐而无说，闭约而无解。案饰其辞而祗敬之曰：此真先君子之言也。子思唱之，孟轲和之，世俗之沟犹瞀儒，嚾嚾然不知其所非也，遂受而传之，以为仲尼、子游为兹厚于后世，是则子思、孟轲之罪也。"而后来儒学发展的脉络，恰恰是由荀子所深刻批判的子思、孟子所确定，这对于荀子来说，多少有些无奈的意味。

六　文献选读

（一）劝学（节选）

君子曰：学不可以已。青，取之于蓝而青于蓝；冰，水为之而寒于水。木直中绳，輮以为轮，其曲中规，虽有槁暴，不复挺者，輮使之然也。故木受绳则直，金就砺则利，君子博学而日参省乎己，则知明而行无过矣。

故不登高山，不知天之高也；不临深溪，不知地之厚也；不闻先王之遗言，不知学问之大也。干、越、夷、貉之子，生而同声，长而异俗，教使之然也。《诗》曰："嗟尔君子，无恒安息。靖共尔位，好是正直。神之听之，介尔景福。"神莫大于化道，福莫长于无祸。

吾尝终日而思矣，不如须臾之所学也；吾尝跂而望矣，不如登高之博见也。登高而招，臂非加长也，而见者远；顺风而呼，声非加疾也，而闻者彰。假舆马者，非利足也，而致千里；假舟楫者，非能水也，而绝江河。君子生非异也，善假于物也。

南方有鸟焉，名曰蒙鸠，以羽为巢而编之以发，系之苇苕①，风至苕折，卵破子死。巢非不完也，所系者然也。西方有木焉，名曰射干②，茎长四寸，

① 苕（tiáo）：芦苇的花穗。
② 射（yè）干：一种草本植物。

生于高山之上而临百仞之渊；木茎非能长也，所立者然也。蓬生麻中，不扶而直。白沙在泥，与之俱黑。兰槐之根是为芷，其渐[①]之滫[②]，君子不近，庶人不服，其质非不美也，所渐者然也。故君子居必择乡，游必就士，所以防邪僻而近中正也。

物类之起，必有所始。荣辱之来，必象其德。肉腐出虫，鱼枯生蠹。怠慢忘身，祸灾乃作。强自取柱[③]，柔自取束。邪秽在身，怨之所构。施薪若一，火就燥也；平地若一，水就湿也。草木畴[④]生，禽兽群焉，物各从其类也。是故质的张而弓矢至焉，林木茂而斧斤至焉，树成荫而众鸟息焉，醯[⑤]酸而蜹聚焉。故言有召祸也，行有招辱也，君子慎其所立乎！

积土成山，风雨兴焉；积水成渊，蛟龙生焉；积善成德，而神明自得，圣心备焉。故不积跬步，无以至千里；不积小流，无以成江海。骐骥一跃，不能十步；驽马十驾，功在不舍。锲而舍之，朽木不折；锲而不舍，金石可镂。蚓无爪牙之利，筋骨之强，上食埃土，下饮黄泉，用心一也；蟹六跪而二螯，非蛇鳝之穴无可寄托者，用心躁也。是故无冥冥之志者无昭昭之明，无惛惛之事者无赫赫之功。行衢道者不至，事两君者不容。目不能两视而明，耳不能两听而聪。螣蛇无足而飞，鼫鼠五技而穷。《诗》曰："尸鸠在桑，其子七兮。淑人君子，其仪一兮。其仪一兮，心如结兮。"故君子结于一也。

昔者瓠巴[⑥]鼓瑟而流鱼出听，伯牙鼓琴而六马仰秣。故声无小而不闻，行无隐而不形；玉在山而草木润，渊生珠而崖不枯。为善不积邪，安有不闻者乎？

学恶乎始？恶乎终？曰：其数则始乎诵经，终乎读礼；其义则始乎为

---

① 渐(jiān)：浸。
② 滫(xiǔ)：尿液。
③ 柱：通"祝"，折断。
④ 畴：通"俦"，类。
⑤ 醯(xī)：醋。
⑥ 瓠(hù)巴：楚国人，善于弹瑟。

士，终乎为圣人。真积力久则入，学至乎没而后止也。故学数有终，若其义则不可须臾舍也。为之，人也；舍之，禽兽也。故《书》者，政事之纪也；《诗》者，中声之所止也；《礼》者，法之大分、类之纲纪也，故学至乎《礼》而止矣。夫是之谓道德之极。《礼》之敬文也，《乐》之中和也，《诗》、《书》之博也，《春秋》之微也，在天地之间者毕矣。君子之学也，入乎耳，箸[①]乎心，布乎四体，形乎动静，端[②]而言，蝡而动，一可以为法则。小人之学也，入乎耳，出乎口。口耳之间则四寸耳，曷足以美七尺之躯哉！古之学者为己，今之学者为人。君子之学也，以美其身；小人之学也，以为禽犊。故不问而告谓之傲，问一而告二谓之囋[③]。傲，非也；囋，非也；君子如向矣。

学莫便乎近其人。《礼》、《乐》法而不说，《诗》、《书》故而不切，《春秋》约而不速。方[④]其人之习君子之说，则尊以遍矣，周于世矣。故曰学莫便乎近其人。

学之经莫速乎好其人，隆礼次之。上不能好其人，下不能隆礼，安特将学杂识志，顺《诗》、《书》而已耳，则末世穷年，不免为陋儒而已。将原先王，本仁义，则礼正其经纬蹊径也。若挈裘领，诎[⑤]五指而顿之，顺者不可胜数也。不道礼宪，以《诗》、《书》为之，譬之犹以指测河也，以戈舂黍也，以锥飡壶也，不可以得之矣。故隆礼，虽未明，法士也；不隆礼，虽察辩，散儒也。

（二）天论（节选）

天行有常，不为尧存，不为桀亡。应之以治则吉，应之以乱则凶。强本

---

① 箸：通“着”，附着。
② 端：通“喘”，微言。
③ 囋（zá）：多言。
④ 方：通“仿”，仿效。
⑤ 诎（qū）：通“屈”，弯曲。

而节用，则天不能贫；养备而动时，则天不能病；修道而不贰，则天不能祸。故水旱不能使之饥，寒暑不能使之疾，祆怪不能使之凶。本荒而用侈，则天不能使之富；养略而动罕，则天不能使之全；倍道而妄行，则天不能使之吉。故水旱未至而饥，寒暑未薄而疾，祆怪未至而凶。受时与治世同，而殃祸与治世异，不可以怨天，其道然也。故明于天人之分，则可谓至人矣。

不为而成，不求而得，夫是之谓天职。如是者，虽深，其人不加虑焉；虽大，不加能焉；虽精，不加察焉，夫是之谓不与天争职。天有其时，地有其财，人有其治，夫是之谓能参。舍其所以参而愿其所参，则惑矣。

列星随旋，日月递炤，四时代御，阴阳大化，风雨博施，万物各得其和以生，各得其养以成，不见其事而见其功，夫是之谓神。皆知其所以成，莫知其无形，夫是之谓天功。唯圣人为不求知天。

（三）礼论（节选）

礼起于何也？曰：人生而有欲，欲而不得，则不能无求；求而无度量分界，则不能不争；争则乱，乱则穷。先王恶其乱也，故制礼义以分之，以养人之欲，给人之求，使欲必不穷于物，物必不屈于欲。两者相持而长，是礼之所起也。

故礼者，养也。刍豢稻粱，五味调香，所以养口也；椒兰芬苾，所以养鼻也；雕琢刻镂，黼黻文章，所以养目也；钟鼓管磬，琴瑟竽笙，所以养耳也；疏房檖貌，越席床笫几筵，所以养体也。故礼者，养也。

君子既得其养，又好其别。曷谓别？曰：贵贱有等，长幼有差，贫富轻重皆有称者也。故天子大路越席，所以养体也；侧载睪芷，所以养鼻也；前有错衡，所以养目也；和鸾之声，步中武象，趋中韶护，所以养耳也；龙旗九斿，所以养信也；寝兕、持虎、蛟韅、丝末、弥龙，所以养威也；故大路之马必倍至教顺，然后乘之，所以养安也。孰知夫出死要节之所以养生也！孰知夫出费制用之所以养财也！孰知夫恭敬辞让之所以养安也！孰知夫礼义文理之所以养情也！故人苟生之为见，若者必死；苟利之为见，若者必害；苟怠惰偷懦之为安，若者必危；苟情说之为乐，若者必灭。故人一之于礼义，则两得之矣；一之于情性，则两丧之矣。故儒者将使人两得之者也，墨者将使人两丧之者也，是儒、墨之分也。

礼有三本：天地者，生之本也；先祖者，类之本也；君师者，治之本也。无天地恶生？无先祖恶出？无君师恶治？三者偏亡，焉无安人。故礼，上事天，下事地，尊先祖而隆君师，是礼之三本也。

（四）性恶（节选）

人之性恶，其善者伪①也。

今人之性，生而有好利焉，顺是，故争夺生而辞让亡焉；生而有疾恶焉，顺是，故残贼生而忠信亡焉；生而有耳目之欲，有好声色焉，顺是，故淫乱生而礼义文理亡焉。然则从②人之性，顺人之情，必出于争夺，合于犯分乱理而归于暴。故必将有师法之化、礼义之道，然后出于辞让，合于文理，而归于治。用此观之，然则人之性恶明矣，其善者伪也。

故枸木必将待檃栝③、烝、矫然后直，钝金必将待砻、厉④然后利。今人之性恶，必将待师法然后正，得礼义然后治。今人无师法，则偏险而不正；无礼义，则悖乱而不治。古者圣王以人之性恶，以为偏险而不正，悖乱而不治，是以为之起礼义，制法度，以矫饰人之情性而正之，以扰化人之情性而导之也。始皆出于治，合于道者也。今之人，化师法、积文学、道礼义者为君子；纵性情、安恣睢、而违礼义者为小人。用此观之，然则人之性恶明矣，其

① 伪，人为。
② 从，通“纵”，放纵。
③ 檃（yǐn）栝：矫正竹木邪曲的工具。揉曲叫檃，正方称栝。
④ 砻（lóng）厉：磨。

善者伪也。

……

问者曰："人之性恶，则礼义恶生？"应之曰：凡礼义者，是生于圣人之伪，非故生于人之性也。故陶人埏埴[①]而为器，然则器生于陶人之伪，非故生于人之性也。故工人斫木而成器，然则器生于工人之伪，非故生于人之性也。圣人积思虑，习伪故，以生礼义而起法度，然则礼义法度者，是生于圣人之伪，非故生于人之性也。若夫目好色，耳好声，口好味，心好利，骨体肤理好愉佚[②]，是皆生于人之情性者也，感而自然，不待事而后生之者也。夫感而不能然，必且待事而后然者也，谓之生于伪。是性、伪之所生，其不同之征也。

故圣人化性而起伪，伪起而生礼义，礼义生而制法度。然则礼义法度者，是圣人之所生也。故圣人之所以同于众，其不异于众者，性也；所以异而过众者，伪也。夫好利而欲得者，此人之情性也。假之人有弟兄资财而分者，且顺情性，好利而欲得，若是，则兄弟相拂夺矣；且化礼义之文理，若是则让乎国人矣。故顺情性则弟兄争矣，化礼义则让乎国人矣。

凡人之欲为善者，为性恶也。夫薄愿厚，恶愿美，狭愿广，贫愿富，贱愿贵，苟无之中者，必求于外；故富而不愿财，贵而不愿埶[③]，苟有之中者，必不及于外。用此观之，人之欲为善者，为性恶也。今人之性，固无礼义，故强学而求有之也；性不知礼义，故思虑而求知之也。然则生而已，则人无礼义，不知礼义。人无礼义则乱，不知礼义则悖。然则生而已，则悖乱在己。用此观之，人之性恶明矣，其善者伪也。

---

① 埏（shān）埴：调和黏土。

② 佚，通"逸"。

③ 埶（shì），权势。

七　延伸阅读书目

1. 王楷　《天然与修为：荀子道德哲学的精神》，北京：北京大学出版社，2011 年。

2. 林庆彰　《战国时期道家与法家“道－法”思想研究：荀子的人性论与理想社会研究》，台北：花木兰出版社，2011 年。

3. 东方朔　《合理性之寻求：荀子思想研究论集》，台北：“国立”台湾大学出版社，2011 年。

4. 王军　《荀子思想研究》，北京：中国社会科学出版社，2010 年。

5. 韩德民　《荀子与儒家的社会理想》，济南：齐鲁书社，2001 年。

6. 郭志坤　《旷世大儒——荀况》，石家庄：河北人民出版社，2001 年。

7. 马积高　《荀学源流》，上海：上海古籍出版社，2000 年。

8. 储昭华　《明分之道——从荀子看儒家文化与民主政道融通的可能性》，北京：商务印书馆，2005 年。

9. 陆建华　《荀子礼学研究》，合肥：安徽大学出版社，2004 年。

10. 陈荣庆　《荀子与战国学术思潮》，北京：中国社会科学出版社，2012 年。

11. 牟宗三　《名家与荀子》，长春：吉林出版集团有限责任公司,2010 年。

12. 刘腾升　《荀子的哲学思想：一个道统天人的观点》，台北：花木兰出版社，2012 年。

13. 林宏星　《〈荀子〉精读》，上海：复旦大学出版社，2011 年。

第五讲　老子与道家

一　朦胧的老子

在中国思想史上，老子应该说是一个非常神奇的符号，这种神奇不仅是因为传说中关于他的离奇的身世，也包括集中体现在五千言之中的超越的思想形态。在很多时候，我们甚至很难接近老子这个人或者他的观念，李约瑟在其巨著《中国科学技术史》中称老子为“朦胧的老子”。这种略带诗意的概括，恰恰可以从某种侧面反映出老子在中国思想史上的形象。

说老子是朦胧的，首先是因为对于老子其人很难有确切的定位，虽然我们通常都会认为老子就是老聃。老聃，姓李名耳，楚国苦县（今河南省鹿邑）人，曾做过东周守藏史，是掌管国家图书馆的官吏。这种说法也在司马迁的《史记·老子列传》中得到过确认。但是，问题在于，同样在该传记中，司马迁又提出了早已存在的另外两种说法，一者主张老子是楚人老莱子，一者认为可能是周太史儋。究竟谁是确定意义上的老子，自先秦以来，莫知其然。只是在通常的研究中，我们选择了最大的可能性，即老子是李耳。即便如此，又有附加在老子身上的种种神奇的传说，比如老子得名的由来，这些传说使得附加在老子身上的神秘色彩愈发浓郁，更不要说后来道教对于老子的种种神化了。据说老子见闻广博、知识丰富，孔子亦曾向老子请教过礼的问题，而老子对孔子的行为似多有微词（《礼记·曾子问》中记载孔子四次向老子问礼，《史记·老子列传》中也记载了孔子问礼的情形），而司马迁在《史记》中的这段记载颇为生动有趣：

> 孔子适周，将问礼于老子。老子曰："子所言者，其人与骨皆已朽矣，独其言在耳。且君子得其时则驾，不得其时则蓬累而行。吾闻之，良贾深藏若虚，君子盛德容貌若愚。去子之骄气与多欲，态色与淫志，是皆无益于子之身。吾所以告子，若是而已。"孔子去，谓弟子曰："鸟，吾知其能飞；鱼，吾知其能游；兽，吾知其能走。走者可以为罔，游者可以为纶，飞者可以为矰。至于龙，吾不能知，其乘风云而上天。吾今日见老子，其犹龙邪！"

从这段描述中，我们至少可以看出老子对于孔子的行为不甚赞许，而孔子对于老子推崇备至，留下了"老子犹龙"的评价。"犹龙"即无从评价、判断，从某种意义上说，也就是朦胧的意思。以至于到了近代的时候，关于《老子》的产生时间有了比较多的争论，甚至认为其出现要晚于庄子（如钱穆），这在一定程度上也向我们透露出老子身份之复杂程度。

老子的朦胧还表现在其观念诠释层面。在中国思想史上，老子应该说是第一位进行思辨性思考的思想者（这一点在黑格尔的《哲学史讲演录》中也可以得到印证），《老子》五千言，其蕴究竟何指？几千年来，众说纷纭，莫衷一是。或以其为哲学家，或以其为政治家，或以其为宗教家，各种定位，应有尽有。或以其为形上思想的诠释，或以其为君人南面之术的倡导，或以其为炼丹术的阐释，或以其为运气导引之术的揭示，种种诠释，层出不穷。五千字的简约，与后世种种解释的繁复，这样的对比，让我们在感到老子的深邃的同时，也不禁迷惘，到底《老子》所要表达的是怎样的观念？朦胧的老子思想背后所透露出来的是深邃的思想光芒，简约的语言蕴含着无限的诠释的可能性。也许每一种解释中，我们都看到了老子的某一种面向，但又不是老子本身。或者根本就不存在所谓的老子本身，老子只是在思想的诠释中才不断地向我们呈现出来的。

最后，《老子》文本也向我们呈现出一种朦胧的态势。通行的《老子》一书，分上下两篇，上篇为《道篇》，下篇为《德篇》，汉代以后人们又把《老子》一书称为《道德经》。全书共八十一章，约五千言，用韵文形式写成。据历代学者考证，《老子》书可能是道家后学根据老子的思想言论记述整理而成，约在战国初年成书。《老子》在战国及秦汉之际有不同版本流传。1973年长沙马王堆汉墓中发现了帛书《老子》甲、乙两种写本，约成书于战国后期。帛书《老子》与今本《老子》的不同之处在于：一是《德篇》在前，《道篇》在后；二是不分章。1993年荆门郭店楚墓又出土了三组竹简《老子》，约书写于战国中期，这是目前我们所能见到的最早的《老子》书，其内容比传世本要简略得多。这些出土文献表明，《老子》的成书有一个过程，在其流传过程中有过不同的抄写本。不同版本的《老子》之间所存在的差异，有的时候是非常大的，甚至会明显影响到思想诠释。这些状况的出现，也使得我们有的时候会感到迷惘，究竟原本的《老子》是怎样的？

当然，在种种朦胧的背后，毕竟呈现出一种大致可以确认的情形，即存在着深刻影响中国思想文化发展基本面向的老子及《老子》。而我们今天所能依据的，大概也就是从通行的《老子》出发，来尽量呈现老子思想的内涵。

二　老子论道

在中国哲学史上，老子是第一个真正意义的哲学家，首次从学理上探讨宇宙的起源、世界的本原，以“道”作为宇宙起源变化的根据。“道”在中国传统的论域中具有非常重要的意义，其原意就是路，延伸而论，“天体运行”之道，即为“天道”，“人类生活”之道即为“人道”，而关于天道与人道之间的种种论述，则在某种意义上构成了中国传统思想的重要内容。老子的哲学观念，即是以对“道”的形而上诠释作为基础的。

老子赋予“道”以宇宙论、本体论的意义，这两个面向的讨论在对老子文字进行诠释的时候都可以非常清晰地看到。所谓宇宙论的进路，追究的是宇宙生成、演化之根本的学说，它关注的是在时间序列上的生成问题，“有物混成，先天地生，寂兮寥兮，独立不改，周行不殆，可以为天下母，吾不知其名，字之曰‘道’”（这是从概念的角度来解释“道”）；“道生一，一生二，二生三，三生万物，万物负阴而抱阳，冲气以为和。”（第四十二章）（这是对由道而至天地万物产生过程的描述，从“道”中产生出统一的“气”，“气”又分化为对立的阴阳二气，阴阳交合，产生万物。）从这个角度的诠释来看，道是一种元气，从自我中分化出来，出现对立循环，“和”是产生万物的根源，这样，由“道”而“气”而万物，在宇宙论的生成序列中，道作为最初起点的意义得以确立。关于道的本体论解释，实际上讨论的是道之作为天地万物的根据的问题，这种根据并非是时间序列的，而是在逻辑上万物之存在需要有一个根据，在这个意义上道先于万物，是逻辑优先和价值优先。本体论的诠释中，老子将“道”作为万物的总根源，万物以道为其存在、变化、发展的基础。这样的“道”显然是具有不同于天地万物的特点的，老子用了很多形容性的言词来说明“道”的这些不同于万物的特性，表达“道”与万物之间的差异性所在；“道之为物，唯恍唯忽。忽兮恍兮，其中有象；恍兮忽兮，其中有物；窈兮冥兮，其中有精；其精甚真，其中有信。”（第二十一章）“有物混成，先天地生。寂兮寥兮，独立而不改，周行而不殆，可以为天下母。”（第二十五章）这里的“忽兮恍兮”“恍兮忽兮”“窈兮冥兮”“寂兮寥兮”，都是形容“道”的特性，说明“道”与万物的不同。总之，在老子看来，要给“道”一个明确的规定和命名，无疑是相当困难的。在《老子》书的开篇就说得很清楚：“道可道，非常道；名可名，非常名。”（第一章）正是这样，老子又把万物称之为“有”，而把“道”称之为“无”，用“无”来表示“道”，他说：“天下万物生于有，有生于无。”（第四十章）当然，在老子这里，“无”并不是一无所有，而是“有”的根据和本源，只是因为它不是“有”，所以才被称为“无”，“有”“无”只是对于道的不同面向的描述而已，“有”意味着道之事实存在，“无”意味着道之所以能够存在的根据，它们从不同的角度描述了同样作为宇宙存在之根本的“道”。从这个意义上来说，“有”“无”都是“道”，若真要有所区别的话，“有”实际上是宇宙论序列上对于道的描述，而“无”则是本体论意义的确定。

“道”不仅是本原，同时也是万物存在的根本准则，老子认为，“道”不仅是世界万物的总根源，而且是世界万物的总规律。自然界和人类社会的运动变化，都是以“道”作为准则的。在老子看来，“道”所依据的是一种自然而然的法则，他说：“人法地，地法天，天法道，道法自然。”（第二十五章）这里的“自然”，指的是自然而然的状态。人与天地，都应当遵循这种自然而然的状态，以此作为自己存在的法则。这样一来，“道”一方面是无为的，不把自己的意志强加给世界万物；另一方面又是有为的，世界万物都必须遵循这种自然而然的法则。因此，“道常无为而无不为”（第三十七章）。也就是，“道”对于万物的作用是“生而不有，为而不恃，长而不宰。”（第十章）“道”具有本体论的意义，是万物之所以产生的根源，“道”是广泛的、无所不在的，万物依赖于“道”，但“道”并不占有万物，这样的“道”构成了天地万物和人类社会存在的基础。

那么，“道”在推动万事万物发展时运动的规律是什么？即在相对立矛盾状态下相互依存，相互转化。老子提出了五十多对范畴（大小、高下、前后、生死、难易、进退、古今、始终、正反、长短、智愚、巧拙、美丑、正奇、强弱、刚柔、与夺、有无、损益、阴阳、祸福等）来揭示自然界中的客观性、普遍性的东西，强调在思考问题的时候要注意否定性的方面，这是思考问题非常重要的方法："三十辐共一毂，当其无，有车之用。埏埴以为器，当其无，有器之用。凿户牖以为室，当其无，有室之用。有之以为利，无之以为用。"（第十一章）某个事物只有"有"是不行的，有和无同时作用才能呈现出来，车轮三十辐共一轴，车轴中是空的，才有车轮的作用；和土做陶器，陶器中是空的，才有陶器的作用；开门窗造房屋，房屋是空的，才有房屋的作用。由此可见，"有"给人的利益，正在于"无"的作用，"有"与"无"是统一的。对立面是事物存在的条件，对立面可以互相转化（需要一定的条件），"物壮则老"（第五十五章），"木强则折"（第七十六章）；在社会生活中，"兵强则灭"（第七十六章），"祸兮福之所倚，福兮祸之所伏。"（第五十八章）（以反求正，在不利的情况下争取有利的结果，"将欲弱之，必固强之"）。毫无疑问，老子之所以有这样的体悟，乃是出于他对于自然现象和人类历史的冷静的思考和客观的审查。正是在此基础上，老子发现了最为基本的相反相成的规律，在老子看来，万事莫不如此。

于是乎，基于对自然和人类社会事实的冷静观察和深刻领悟，老子发现了"道"在世间运行的基本规律，"反者道之动，弱者道之用"（第四十章），因为既然事物的基本运行的基本规律是"反"的，即相反相成的，这样就要求人在思考和处理问题的时候应当取反、用反，这种观念在老子思想中是经常出现的。"取反""用反"就意味着我们应当多注意相反的层面，而不是只注意到一个面向的存在，"后其身而身先，外其身而身存"（第七章），"将欲歙之，必固张之。将欲弱之，必固强之。将欲废之，必固兴之。将欲取之，必固与之"（第三十六章），"贵以贱为本，高以下为基"（第三十九章）等等，这样的论述在《老子》之中是随处可见的。取反和用反这样的基本观念，也就成为了“道”的“卑谦”“处下”的原则，这与老子基于自然现象的冷峻的思考是分不开的。“飘风不终朝，骤雨不终日。”（第二十三章）“人之生也柔弱，其死也坚强。草木之生也柔脆，其死也枯槁。故坚强者死之徒，柔弱者生之徒。是以兵强则灭，木强则折。强大处下，柔弱处上。”（第七十六章）“天下莫柔弱于水。而攻坚强者，莫之能胜。以其无以易之。弱之胜强。柔之胜刚。天下莫不知莫能行。”（第七十八章）这些论述中，无疑都可以呈现出老子反向思维的基本倾向。当然，对于这种思想的评价在历史上呈现出来的状态是截然不同的，赞许者认为这是对于人类社会本质最为深刻的揭示，批判者以为这是最为阴险的观念。对于这种评价，我们不做过多的讨论，需要指出一点的是，不管怎样，老子的这种思维方法至少提示我们，生活中其实具有着多种可能性（或者说至少有正反两种选择的可能），而我们生活于现实中的人之所以很多时候被限于困境之中，就在于我们往往只看到了现象的一个侧面，甚至将自己的视野只投注在这一侧面之上，这样，很多难题就产生了。如果顺从老子这样的思维方式，也许换一个侧面、换一种思路去思考、去生活的时候，我们的生存将会呈现出另外一种可能性。由此，我们不能否定这样的思维方式所带来的积极意义，而这可能性正是我们在现实生存中所需要的。

三　老子的批判哲学

老子与孔子、墨子不同，孔子主张行周礼，墨子主张用夏政，老子则主张对人类已有的文化发展和文明成果都持否定态度。在他看来，文化愈发展，文明愈进步，人的生活世界就愈混乱，人们的思想德性也就愈堕落。他说：“民多利器，国家滋昏；人多伎巧，奇物滋起；法令滋章，盗贼多有。”（第五十七章）“民之难治，以其智多”（第六十五章），“智慧出，有大伪”（第十八章），对于人类已经取得的物质文明和精神文明成果，老子表示出极端不满、坚决否定的态度，主张抛弃一切人类文明成果。这种态度与儒家正好形成一个鲜明的对比。在中国哲学史上，老子是第一个现存文明的批判者。

从这种对于人类文明的批判出发，老子描绘了他的理想国。老子所描绘的理想国，是一个“小国寡民”的社会，也是一个“搁置”一切文明成果的社会。在这个社会里，虽有各种器物，但都弃之不用。人们不需要舟车，不需要甲兵，不需要文字，不需要任何信息。“邻国相望，鸡犬之声相闻，民至老死不相往来。”（第八十章）同上述思想相应，老子认为只有使人民处于这种原始的状态，才是一种最好的统治状态。在老子看来，统治者要保持自己的统治，就必须“常使民无知无欲，使夫智者不敢为”（第三章），让民众没有过多的要求和欲望；另一方面，统治者也要学会“无为”“不争”，这样就可以在政治生活中处于主动地位。“为无为，则无不治。”（第三章）“以其不争，故天下莫能与之争。”（第六十六章）当然，需要指出的是，“无为”并不是什么都不做，当你把政治行为看成一种实践方式的时候，任何的一种政治行为模式在本质上都是“有为”的，所以，“无为”的恰当解释应该是不乱为，即要使自身的行为合乎“道”的要求，顺乎自然的基本规范，惟其如此，方能达到“无为而无不为”的状态，这也是老子所强调的“功成事遂，百姓皆谓我自然”（第十七章）的一种理想化的政治统治环境。

在老子的系统中，世界被区分为本体与现象界两个部分，他也把人对世界的认识活动分为两个部分，一是“为学”，另一是“为道”。追求具体事物的知识，称作“为学”；只有认识了作为世界万物的本原和准则的“道”，才是“为道”。“为学”与“为道”是相互对立的两种认识活动。他说：“为学日益，为道日损。”（第四十八章）这是说，关于具体事物的知识越多，就越难以认识、把握“道”。因此，要认识、把握“道”，就要摒除人们获得一般知识的认识能力和思维机制。由此，老子反对人们用感官接触各种客观事物，获得关于具体事物的感觉经验。他说，人们要塞住耳目口鼻的窍穴，关上感觉的门户，才能终身没有毛病；相反，如果积极去感知外界的事物，将是终身不可救药。感觉经验不可能提供真理，而只会造成感官的混乱，“五色令人目盲，五音令人耳聋，五味令人口爽。”（第十二章）要体认“天道”，完全不需要感觉经验。他说：“不出户，知天下；不規牖，见天道。其出弥远，其知弥少。”（第四十七章）在他看来，不出大门就可以知道天下大事，不望窗外就能认识支配万物的“天道”，愈是广泛地接触世界，所获得的真知就愈少。

老子认为，人们正常的理性思维能力，只能获得关于具体事物的认识；而这些知识正是认识、把握“道”的严重障碍，只有“损之又损，以至于无为”（第四十八章），才能认识“道”。因此，老子主张“绝圣弃智”（第十九章），取消人们的正常的思维能力，即强调不用过多的、过于强烈的主观意志来思考问题。在老子看来，人们对“道”的认识既不能靠感觉经验获得，也不能靠理性思维获得，而只能依赖一种直觉主义的认识方法。老子把这种方法称作“涤除玄览”（第十章）。所谓“涤除”，是静观的方法，就是要求人们把内心打扫得干干净净，像一面清澈幽深的镜子，这样万物就会呈现在面前。用老子的话说：“致虚极，守静笃，万物并作，吾以观复。”（第十六章）所谓“玄览”，是内心直观的方法，运用这种方法，就能在对万物的冷静观察中认识和把握万物的本根——“道”。老子的“涤除玄览”是一种直觉主义的认识论。在这里，他既看到感性认识和理性认识的相对性与有限性，试图超越两者追求一种能真正把握世界真实存在的认识方法，这在认识史上是一个前进的探索。老子的这种认识方法，虽然带有某些神秘主义色彩，但却含有主张观察的客观性的合理思想，是人类认识事物本质与规律的一种重要方法。后来稷下道家提出的“静因之道”、荀子提出的“虚壹而静”，就是对老子这些认识论思想的继承和改造。

四　老子的意义

在中国思想史上，老子的意义是非常明显的。这种意义当然不仅仅在于他开创了所谓的道家学派，更为重要的是，他提出了另外一种（区别于孔夫子）思维的方式，由此而确立思维世界和生活世界的新的可能性。就理论的创造性而言，老子“道”的系统具有鲜明的特点：

第一，在现象世界之外又开辟出一个“道”的世界，表明中国哲学的抽象思维水准有了进一步的提高，比之五行学说、阴阳思想对万物本源的说明是一个大的飞跃；

第二，“道”作为世界本源与准则，是对传统的“天命”观念及鬼神权威的一个有力的否定；

第三，老子的“道”又与巴门尼德的“存在”有不同的地方：一是“道”是真实的存在，现象界也是真实的存在，“域中有四大”：“道大，天大，地大，人亦大”（第二十五章）；二是“道”不是表现为一种纯实体形式，而同时表现为一种准则，与天地万物、社会治乱、百姓日用不可分割，“天得一以清”（第三十九章），“圣人抱一为天下式”（第二十二章）。因此，“道”不是一种纯粹的超验的存在，既高于万物，是万物之本，又与现实事物不可分离，存在于现实事物之中。中国古代本体论对本体与现象的区分，不及古代希腊哲学家那样绝对、那样明显。这是中国古代本体论的一个特点，而这个特点首先是由老子所赋予的。

当然，如果我们从历史的角度去考察老子及其观念的影响，我们会发现很多不同的评价（甚至是截然相反的），不管这些评价的具体内容如何，都从不同层面表达了对于老子及其思想内涵的关注。而从我们今天的情境再去理解老子（或者是其他古代的思想观念）的时候，对于我们来说，重要的是他所提供的思维方式的独特启发意义，以及他是否能够切入我们当下的生活情境，并且给我们的观念及生活事实带来某种程度的改观。思想的意义通常不仅仅在于其所阐述的内容本身，而在于能否在读者与文本之间产生良好的互动，从而确立其当下的意义。由此而论，历史上所有对于老子的不同的诠释、评价，都是基于不同的互动作用的结果，亦是从不同的侧面反映了老子及其思想所具有的深刻程度。

五　文献选读

《老子》论"道"

1. 道可道，非常道。名可名，非常名。无名天地之始，有名万物之母。故常无欲，以观其眇①；常有欲，以观其徼②。此两者同出而异名，同谓之玄，玄之又玄，众妙之门。（第一章）

2. 道冲而用之或不盈，渊兮似万物之宗③。挫其锐，解其纷，和其光，同其尘。湛兮似或存，吾不知谁之子，象帝之先。（第四章）

3. 谷神不死，是谓玄牝④，玄牝之门，是谓天地根。绵绵若存，用之不勤。（第六章）

4. 上善若水。水善利万物而不争，处众人之所恶，故几于道。居善地，心善渊，与善仁，言善信，正善治，事善能，动善时。夫唯不争，故无尤。（第八章）

5. 持而盈之，不如其已。揣而锐之，不可长保。金玉满堂，莫之能守。

---

① 眇（miǎo）：通"妙"，微妙的意思。

② 徼（jiào）：边际、边界，引申为端倪的意思。

③ "渊兮似万物之宗"，"道"是万物的内在本质，就像是万物发源的根源一样。"万物"也就是指世界上的一切事物。"宗"是指祖宗。"似"就是好像，而不真正的是。

④ "谷神不死，是谓玄牝（pìn）"：世间万物生机，生生不息，就好像一个神奇的母亲的存在一样，我们管它叫做"玄牝"，"玄牝"就是"道"。

富贵而骄，自遗其咎。功遂身退，天之道。（第九章）

6. 三十辐共一毂，当其无，有车之用。埏埴以为器，当其无，有器之用。凿户牖以为室，当其无，有室之用①。故有之以为利，无之以为用。（第十一章）

7. 视之不见名曰夷，听之不闻名曰希，搏之不得名曰微。此三者不可致诘，故混而为一。其上不皦，其下不昧，绳绳不可名，复归于无物，是谓无状之状、无物之象。是谓惚恍。迎之不见其首，随之不见其后。执古之道，以御今之有。能知古始，是谓道纪。（第十四章）

8. 古之善为士者，微妙玄通，深不可识。夫唯不可识，故强为之容。豫焉若冬涉川，犹兮若畏四邻，俨兮其若容，涣兮若冰之将释，敦兮其若朴，旷兮其若谷，混兮其若浊。孰能浊以静之徐清？孰能安以久动之徐生？保此道者不欲盈，夫唯不盈，故能蔽不新成。（第十五章）

9. 致虚极，守静笃，万物并作，吾以观复。夫物芸芸，各复归其根。归根曰静，是谓复命。复命曰常，知常曰明。不知常，妄作，凶。知常容，容乃公，公乃王，王乃天，天乃道，道乃久。没身不殆。（第十六章）

10. 大道废，有仁义；慧智出，有大伪；六亲不和，有孝慈；国家昏乱，有忠臣。（第十八章）

11. 绝圣弃智，民利百倍；绝仁弃义，民复孝慈；绝巧弃利，盗贼无有。此三者，以为文不足，故令有所属，见素抱朴，少私寡欲。（第十九章）

12. 绝学无忧。唯之与阿，相去几何？善之与恶，相去若何？人之所畏，不可不畏。荒兮其未央哉！众人熙熙，如享太牢，如春登台。我独泊兮其未兆，如婴儿之未孩。儽儽兮若无所归。众人皆有余，而我独若遗。我愚人之心也哉！沌沌兮！俗人昭昭，我独昏昏；俗人察察，我独闷闷。澹兮其若海，飂兮若无止。众人皆有以，而我独顽似鄙。我独异于人，而贵食母。（第

① “凿户牖以为室，当其无，有室之用”：开窗户造房子，当中是空的，所以可以放东西和住人，这样才有了房屋的作用。

二十章）

13. 孔德之容，惟道是从。道之为物，惟恍惟惚。惚兮恍兮，其中有象；恍兮惚兮，其中有物。窈兮冥兮，其中有精；其精甚真，其中有信。自古及今，其名不去，以阅众甫。吾何以知众甫之状哉？以此。（第二十一章）

14. 希言自然。故飘风不终朝，骤雨不终日。孰为此者？天地。天地尚不能久，而况于人乎？故从事于道者，道者同于道，德者同于德，失者同于失。同于道者，道亦乐得之；同于德者，德亦乐得之；同于失者，失亦乐得之。信不足，焉有不信焉。（第二十三章）

15. 有物混成，先天地生，寂兮寥兮，独立不改，周行而不殆，可以为天下母。吾不知其名，字之曰道，强为之名曰大。大曰逝，逝曰远，远曰反。故道大，天大，地大，王亦大。域中有四大，而王居其一焉。人法地，地法天，天法道，道法自然。（第二十五章）

16. 重为轻根，静为躁君，是以君子终日行不离辎重。虽有荣观，燕处超然。奈何万乘之主，而以身轻天下？轻则失本，躁则失君。（第二十六章）

17. 知其雄，守其雌，为天下溪。为天下溪，常德不离，复归于婴儿。知其白，守其黑，为天下式。为天下式，常德不忒，复归于无极。知其荣，守其辱，为天下谷。为天下谷，常德乃足，复归于朴。朴散则为器，圣人用之则为官长。故大制不割。（第二十八章）

18. 道常无名，朴虽小，天下莫能臣也。侯王若能守之，万物将自宾。天地相合以降甘露，民莫之令而自均。始制有名，名亦既有，夫亦将知止。知止可以不殆。譬道之在天下，犹川谷之于江海。（第三十二章）

19. 大道泛兮，其可左右。万物恃之以生而不辞，功成不名有，衣养万物而不为主。常无欲，可名于小；万物归焉而不为主，可名为大。以其终不自为大，故能成其大。（第三十四章）

20. 执大象，天下往；往而不害，安平太。乐与饵，过客止。道之出口，

淡乎其无味。视之不足见。听之不足闻，用之不足既。（第三十五章）

21. 道常无为，而无不为。侯王若能守之，万物将自化。化而欲作，吾将镇之以无名之朴。无名之朴，夫亦将无欲。不欲以静，天下将自定。（第三十七章）

22. 昔之得一者，天得一以清，地得一以宁，神得一以灵，谷得一以盈，万物得一以生，侯王得一以为天下贞。其致之。天无以清将恐裂。地无以宁将恐发，神无以灵将恐歇。谷无以盈将恐竭，万物无以生将恐灭，侯王无以贵高将恐蹶。故贵以贱为本，高以下为基。是以侯王自谓孤寡不谷。此非以贱为本邪？非乎？故致数與无與。不欲琭琭如玉、珞珞如石。（第三十九章）

23. 反者，道之动；弱者，道之用。天下万物生于有，有生于无。（第四十章）

24. 上士闻道，勤而行之；中士闻道，若存若亡；下士闻道，大笑之，不笑不足以为道。故建言有之：明道若昧，进道若退，夷道若纇。上德若谷，大白若辱，广德若不足，建德若偷，质真若渝。大方无隅，大器晚成，大音希声，大象无形。道隐无名，夫唯道善贷且成。（第四十一章）

25. 道生一，一生二，二生三，三生万物。万物负阴而抱阳，冲气以为和。人之所恶，唯孤寡不谷，而王公以为称。故物，或损之而益，或益之而损。人之所教，我亦教之。强梁者不得其死。吾将以为教父。（第四十二章）

26. 天下之至柔，驰骋天下之至坚，无有入无间，吾是以知无为之有益。不言之教，无为之益，天下希及之。（第四十三章）

27. 大成若缺，其用不弊：大盈若冲，其用不穷。大直若屈，大巧若拙，大辩若讷。躁胜寒，静胜热，清静为天下正。（第四十五章）

28. 天下有道，却走马以粪；天下无道，戎马生于郊。祸莫大于不知足，咎莫大于欲得，故知足之足，常足矣。（第四十六章）

29. 不出户，知天下；不窥牖，见天道。其出弥远，其知弥少。是以圣人

不行而知，不见而名，不为而成。（第四十七章）

30. 为学日益，为道日损。损之又损，以至于无为，无为而不为。取天下常以无事，及其有事，不足以取天下。（第四十八章）

31. 道生之，德畜之，物形之，势成之。是以万物莫不尊道而贵德。道之尊，德之贵，夫莫之命而常自然。故道生之，德畜之：长之、育之、亭之、毒之、养之、覆之。生而不有，为而不恃，长而不宰，是谓玄德。（第五十一章）

32. 天下有始，以为天下母。既得其母，以知其子；既知其子，复守其母，没身不殆。塞其兑，闭其门，终身不勤。开其兑，济其事，终身不救。见小曰明，守柔曰强。用其光，复归其明，无遗身殃，是为习常。（第五十二章）

33. 使我介然有知，行于大道，唯施是畏。大道甚夷，而民好径。朝甚除，田甚芜、仓甚虚。服文彩，带利剑，厌饮食，财货有余，是谓盗夸。非道也哉。（第五十三章）

34. 以正治国，以奇用兵，以无事取天下。吾何以知其然哉？以此。天下多忌讳，而民弥贫；民多利器，国家滋昏；人多伎巧，奇物滋起；法令滋彰，盗贼多有。故圣人云，我无为而民自化，我好静而民自正，我无事而民自富，我无欲而民自朴。（第五十七章）

35. 治人事天莫若啬。夫唯啬，是谓早服。早服谓之重积德。重积德则无不克，无不克则莫知其极，莫知其极，可以有国。有国之母，可以长久。是谓深根固柢，长生久视之道。（第五十九章）

36. 治大国若烹小鲜。以道莅天下，其鬼不神。非其鬼不神，其神不伤人；非其神不伤人，圣人亦不伤人。夫两不相伤，故德交归焉。（第六十章）

37. 道者万物之奥，善人之宝，不善人之所保。美言可以市，尊行可以加人。人之不善，何弃之有！故立天子，置三公，虽有拱璧以先驷马，不如坐进此道。古之所以贵此道者何？不曰以求得，有罪以免邪？故为天下贵。（第六十二章）

38. 为无为，事无事，味无味。大小多少，报怨以德。图难于其易，为大于其细。天下难事必作于易，天下大事必作于细，是以圣人终不为大，故能成其大。夫轻诺必寡信，多易必多难，是以圣人犹难之。故终无难矣。（第六十三章）

39. 其安易持，其未兆易谋，其脆易泮，其微易散。为之于未有，治之于未乱。合抱之木，生于毫末；九层之台，起于累土；千里之行，始于足下。为者败之，执者失之。是以圣人无为，故无败；无执，故无失。民之从事，常于几成而败之。慎终如始，则无败事。是以圣人欲不欲，不贵难得之货。学不学，复众人之所过，以辅万物之自然，而不敢为。（第六十四章）

40. 古之善为道者，非以明民，将以愚之。民之难治，以其智多。故以智治国，国之贼；不以智治国，国之福。知此两者，亦稽式。常知稽式，是谓玄德。玄德深矣，远矣，与物反矣。然后乃至大顺。（第六十五章）

41. 江海之所以能为百谷王者，以其善下之，故能为百谷王。是以圣人欲上民，必以言下之；欲先民，必以身后之。是以圣人处上而民不重，处前而民不害。是以天下乐推而不厌。以其不争，故天下莫能与之争。（第六十六章）

42. 天下皆谓我道大，似不肖。夫唯大，故似不肖。若肖，久矣其细也夫。我有三宝，持而保之。一曰慈，二曰俭，三曰不敢为天下先。慈，故能勇；俭，故能广；不敢为天下先，故能成器长。今舍慈且勇，舍俭且广，舍后且先，死矣！夫慈，以战则胜，以守则固。天将救之，以慈卫之。（第六十七章）

43. 吾言甚易知，甚易行，天下莫能知，莫能行。言有宗，事有君。夫唯无知，是以不我知。知我者希，则我者贵，是以圣人被褐怀玉。（第七十章）

44. 人之生也柔弱，其死也坚强。草木之生也柔脆，其死也枯槁。故坚强者死之徒，柔弱者生之徒。是以兵强则不胜，木强则兵。强大处下，柔弱处上。（第七十六章）

45. 天之道，其犹张弓与！高者抑之，下者举之；有余者损之，不足者补之。天之道，损有余而补不足。人之道则不然，损不足以奉有余。孰能有余以奉天下？唯有道者。是以圣人为而不恃，功成而不处，其不欲见贤。（第七十七章）

46. 天下莫柔弱于水，而攻坚强者莫之能胜，以其无以易之。弱之胜强，柔之胜刚，天下莫不知，莫能行。是以圣人云，受国之垢，是谓社稷主；受国不祥，是为天下王。正言若反。（第七十八章）

47. 信言不美，美言不信；善者不辩，辩者不善；知者不博，博者不知。圣人不积，既以为人，己愈有。既以与人，己愈多。天之道，利而不害。圣人之道，为而不争。（第八十一章）

六 延伸阅读书目

1. 林安梧 《道可道:〈老子〉译评》, 北京: 商务印书馆, 2013 年。

2. 刘笑敢 《老子古今》, 北京: 中国社会科学出版社, 2006 年。

3. 王博 《老子思想的史官特色》, 北京: 文津出版社, 1993 年。

4. 陈鼓应 《老子注释及评介》, 北京: 中华书局, 1984 年。

5. 罗安宪 《老庄论道》, 沈阳: 沈阳出版社, 2012 年。

6. 林语堂 《老子的智慧》, 西安: 陕西师范大学出版社, 2006 年。

7. 袁宝新 《老子哲学之诠释与重建》, 台北: 台北文津出版社, 1991 年。

8. 谭宝刚 《老子及其遗著研究》, 成都: 巴蜀书社, 2009 年。

9. 潘美月 《〈老子〉研究在美国》, 台北: 花木兰出版社, 2012 年。

10. 许抗生 《老子与道家》, 北京: 宗教文化出版社, 2012 年。

11. 黄朴民 《老子解读》, 北京: 中国人民大学出版社, 2011 年。

第六讲　庄子的精神世界

一　老庄差异

在通常的行文中，我们都会看到一些名词的连用，比如孔孟、比如老庄，很多时候由于这种出于习惯的连用，使得我们会不自觉地认为两者在思想表达上也是一致的。当然，这样的判断在最为肤浅的层面上也确乎如此，比如孔子和孟子都是儒家价值观念的代表人物，老子和庄子则代表道家的思想系统。

而经验事实告诉我们的是，通常情况下，这种非常简约的判断方式基本上是似是而非的。比如，孔子与孟子虽然都是儒家的重要代表人物，虽然从总体上来说他们的基本观念也非常接近，但是，他们在事实上的差异是比较明显的。而我们这里需要关注的老庄之间的差异更为明显。

老子和庄子通常被视为道家的创始人而受到关注，他们的思想在一定程度上也被视为是相近的，司马迁在《史记·老子韩非列传》中也说庄子“其学无所不窥，然其要本归于老子之言”。然而，在老子与庄子之间，实际上有着很大的差别。最大的差别即在于两者之间的思想倾向，虽然都是以道为本，强调自然无为，但是老子对于现实的政治仍有着极大的关注，希望以自身的批判和努力使得社会重新回归到无为而治的理想状态，换言之，老子有着非常浓厚的政治倾向、非常强烈的政治意图。而庄子对于政治事实上并没有太多的兴趣，身处乱世，庄子对于现实的混乱的政治局面看来是相当的失望，所以，不再关心政治的建构，而转向对于自我的心灵的重视，在他看来，唯有心灵的转化才能真正实现对于混乱不堪的现实的超越。于是，与老子相比，庄子关注的更多的是人类自我的精神完善，更多的是人的内在精神对于外在社会现实的超越。从这个意义上来说，如果老子倾向于是政治家、思想家的话，那么庄子的特征更像是一个充满着想象力的具有浪漫主义特质的文人。

比如在对“道”的基本认识上，庄子继承老子的“道”的观念，但是他并不像老子那样以“有”“无”来解释“道”，并且对于这种“有”“无”的解释方式提出了质疑：

> 有始也者，有未始有始也者，有未始有夫未始有始也者；有有也者，有无也者，有未始有无也者，有未始有夫未始有无也者。俄而有无矣，而未知有无之果孰有孰无也。(《齐物论》)

在这里，庄子实际上是对用“有”“无”来描述“道”的方式表示不满，在庄子看来，一旦用这样的语言来描述“道”就会产生问题，因为类似于“有”“无”这样的序列可以在逻辑上推至无限，试图以这种描述方式来认识作为本原的“道”的话，基本上是不可能的，由此“道”也成为了无法达致的、不可认识的（从宇宙论的角度）的东西，而用来描述的“有”和“无”也会因为这种状况的出现而变得混乱。所以，庄子希望采取新的方式来描述“道”，在庄子看来，道就是“一”：

> 故为是举莛与楹，厉与西施，恢诡谲怪，道通为一。其分也，成也；其

成也，毁也。凡物无成与毁，复通为一。唯达者知通为一，为是不用而寓诸庸。庸也者，用也；用也者，通也；通也者，得也。（《齐物论》）

泰初有无，无有无名；一之所起，有一而未形。（《天地》）

"道"是"一"，这虽然可以避免因为"有""无"的生成序列而产生的混乱，但仍然不是一种最佳的方式。在这里，庄子非常敏锐地察觉了语言与道之间所存在的矛盾，语言存在着自身的缺陷，终极的存在实际上是无法用语言去描述的。

既已为一矣，且得有言乎？既已谓之一矣，且得无言乎？一与言为二，二与一为三。自此以往，巧历不能得，而况其凡乎！故自无适有，以至于三，而况自有适有乎！无适焉，因是已！（《齐物论》）

作为"一"的"道"是无法用语言来表达的，当你试图去表达"一"的时候，你说的已经与"一"不一样了，成为了"二"。所有的言说不过都是师其成心罢了，"今且有言于此，不知其与是类乎？其与是不类乎？类与不类，相与为类，则与彼无以异矣。"（《齐物论》）所以有了儒墨之间的是非争论，"故有儒墨之是非，以是其所非，而非其所是。"（《齐物论》）这样自然也就离"道"越来越远了，这种言说的方式是"所以论道，而非道也"（《知北游》），"故自无适有以至于三，而况自有适有乎！无适焉，因是已。"（《齐物论》）语言是没有办法来表达"道"的，"道"是不可言说的。

夫言非吹也，言者有言。其所言者特未定也。果有言邪？其未尝有言邪？其以为异于鷇音，亦有辩乎？其无辩乎？道恶乎隐而有真伪？言恶乎隐而有是非？道恶乎往而不存？言恶乎存而不可？道隐于小成，言隐于荣华。

（《齐物论》）

> 不言则齐，齐与言不齐，言与齐不齐也，故曰“无言”。言无言，终身言，未尝言；终身不言，未尝（不）言。（《寓言》）

言语是没有办法真正表达道的，可是，庄子却还一直在表达，这就是一种吊诡的方式，“是其言也，其名为吊诡”（《齐物论》）。吊诡的语言是《庄子》中的言说特点，亦即采取看似矛盾的说法来达到对是非对待的消解，以与道“复通为一”，即在生命体验上与“道”为一，而不是以言说来论“道”。

二　《庄子》中的庄子

按照司马迁在《史记·老子韩非列传》中的描述，大致可以看到这么几个关于庄子的基本特征：庄子名周，宋之蒙人，尝为漆园吏，年代大概与梁惠王、齐宣王同时；学说本于老子之学；庄子著述丰富，以“寓言”为其主要特点，立足于批判儒、墨之学；庄子一生注重“适己”，终身不仕。在庄子的生平中，有一个细节引起了诸多研究者的兴趣，即庄子和孟子之间的交涉问题。按照司马迁的说法，庄子生活在梁惠王、齐宣王时期，而孟子恰恰又是生活在这一时间段，两人至少有一个很明显的交集，那就是梁惠王，可是，无论在孟子的作品中，还是在庄子的作品中，虽然他们对于当时的学术颇有批判，但是，都不曾提及对方，这又是何故呢？朱熹在《朱子语类》中回答学生提问（李梦先、林作等）的时候曾对这个问题有过解释，按照朱子的解释，庄子稍后于孟子，并且影响也不大，所谓“庄子当时也无人宗之，他只在僻处自说，然亦止是杨朱之学。但杨氏说得大了，故孟子力排之”。（《朱子语类》第一百二十三）当然，这也可以视为一种可能的解释，但毕竟不是一种能令人非常满意的说法。20世纪初，蔡元培和日本的久保天随等学者，提出了“杨朱实即庄周”之说。这个论题在20世纪20年代至30年代前期，曾经引起过热烈的讨论，颇有影响力。然而这种说法的问题也很明显。《庄子》中批评杨朱的话很多，如《徐无鬼》篇载庄子对惠施曰：“儒、墨、杨、秉（公孙龙字）四，与夫子为五，果孰是耶？”如果“杨”即是庄周，他不可能连自己都怀疑起来了。《胠箧》篇更主张，要“削曾、史之行，钳杨、墨之口”。如果“杨”即是庄周，他怎么可能自己要钳自己的口呢？这样的解释也并不那么令人满意。那可能的解释会是怎样的呢？其实，如果我们换一个角度来思考的时候，孟庄之互不相及也并非是那么不可理解的事情。从古人生活的情境出发，生活在当时的孟子与庄子，并没有像我们今天那样便利的沟通方式，这就意味着，其实就算他们是同时代的人，他们也未必能够非常了解对方的思想观念，这是囿于当时的社会条件的。再者，从他们现实的生活轨迹来看，孟子平生足迹只在齐、鲁、滕、宋、大梁之间，不曾过大梁之南，而庄子是楚人，他们之间没有太多的交往也是很自然的事情，在这样的情境下，彼此没有提到对方也是很正常的结果。从个人的秉性来说，孟子当时是为了恢复儒家的道德理想而积极游说于诸侯之门，希望复王道仁政于天下，而庄子对于王侯之事根本就不感兴趣，只注重追求自我内在的精神世界，这样的一个人物对于孟子而言，显然是不构成强大的影响的，这一点朱子倒是说得很正确，庄子“只在僻处自说”而已，对这样的庄子孟子当然也不会花很多精力去批判，因为对于孟子来说，重要的事情是批判杨墨之学，这两者才是对儒学的社会影响力产生关键性影响的、需要积极批判的，至于庄子，并不具有那么强大的社会影响力和冲击力，在孟子的系统中被忽视也是可以理解的。对于庄子来说也是一样的，在其书中有对于孔子的批判，所谓“道不同，不相为谋”，在对孔子的态度中已然表明了他对于儒学的态度，那么，也就再无必要涉及孟子，这也是可以理解的，毕竟，对于庄子来说，重要的是自我心灵如何在实现自我转化的同时得以超越混浊不堪的现实。

当然，如果我们暂时搁置这些争议，而将关注的重点放到《庄子》上，关于庄子这个人我们或许就会有更为生动的了解。作为一个现实生活中的人，庄子是有家庭的，至少是有妻子的，当我们读到他的妻子去世，而庄子箕踞鼓盆而歌并且讨论其对于生死的理解的时候，我们应该会对庄子的行为有更为深刻的理解。当然，对于庄子来说，朋友也是必不可少的，而惠施则是其生命中最为重要的朋友，虽然两者的秉性是那样的不同，濠梁之辩的生动场面，足见两者之间的交涉情景。而从庄子过惠子墓的一席话，我们应该更能理解他与惠施之间的友谊。庄子也是有学生的，其对学生关于"有用无用"的论说，尤其是"周将处乎才与不才之间"的感叹，或许可以让我们对于庄子的内心有更为深入的把握，如果从《庄子》去了解庄子，那么其生活的样态也是不容忽视的一个重要侧面：

庄周家贫，故往贷粟于监河侯，监河侯曰："诺！我将得邑金，将贷子三百金，可乎？"庄周忿然作色曰："周昨来，有中道而呼者。周顾视，车辙中有鲋鱼焉。周问之曰：'鲋鱼来，子何为者耶？'对曰：'我东海之波臣也。君岂有斗升之水而活我哉？'周曰：'诺！我且南游吴越之土，激西江之水而迎子，可乎？'鲋鱼忿然作色曰：'吾失我常与，我无所处。吾得斗升之水然活耳，君乃言此，曾不如早索我于枯鱼之肆！'"（《外物》）

这段记载，在《庄子》中也是非常著名的，而庄子的形象也十分清晰地呈现出来，一个生活贫敝而又内心强大的自由思想者，一个向往"相忘于江湖"状态的思想者，当然也会遭遇到生活中的现实困境。对于庄子来说，重要的不是你的生活境遇的真实状态如何，而是你以什么样的态度来看待。

庄子衣大布而补之，正絜系履而过魏王。魏王曰："何先生之惫邪？"庄

> 子曰："贫也，非惫也。士有道德不能行，惫也；衣弊履穿，贫也，非惫也，此所谓非遭时也。王独不见夫腾猿乎？其得枏梓豫章也，揽蔓其枝而王长其间，虽羿、蓬蒙不能眄睨也。及其得柘棘枳枸之间也，危行侧视，振动悼慄，此筋骨非有加急而不柔也，处势不便，未足以逞其能也。今处昏上乱相之间而欲无惫，奚可得邪？此比干之见剖心征也夫！"（《山木》）

从庄子的这些状态中，我们所看到的是一个自由而又高贵的灵魂，也正因为如此，司马迁说"王公大臣不能器之"。也许正是因为他的这种精神风骨，使得庄子在中国传统知识分子的精神史上占据了重要的位置。

三 言、道与齐物

庄子是以吊诡来说道，那么，吊诡如何能够说出道？或者，吊诡是怎么样进行对道的言说？庄子是通过重言、寓言、卮言来具体实现其不可说之说的。在《天下》中，对于庄子是这样评价的：

> 芴漠无形，变化无常。死与？生与？天地并与？神明往与？芒乎何之？忽乎何适？万物毕罗，莫足以归。古之道术有在于是者，庄周闻其风而悦之。以谬悠之说，荒唐之言，无端崖之辞，时恣纵而不傥，不以觭见之也。以天下为沈浊，不可与庄语，以卮言为曼衍，以重言为真，以寓言为广。独与天地精神往来，而不敖倪于万物，不谴是非，以与世俗处。

按照传统的理解，在庄子看来，这个世界太混乱了，不能或不必板着脸从正面来讲道理，故而只是说些无所用心的话以随物婉转，或者引用年长者的话以使人信服，或用富于寓意的话来推广道理。但是，这样的理解实际上是有问题的，从《庄子》文本中我们就可以很清楚地发现。

首先关于重言，什么是重言？是不是像传统的理解那样，“重言”就是年长者的话或者是先圣时贤的话呢？还是看《庄子》的陈述吧：

> 重言十七，所以已言也，是为耆艾，年先矣，而无经纬本末以期年耆者，是非先也。人而无以先人，无人道也；人而无人道，是之谓陈人。(《寓言》)

很清楚，在这里，并不是年长的人说的话就是重言，因为在《庄子》看来，如果没有“经纬本末”的能力，就算是年纪大，也是无法得到别人的尊敬的，是“无人道”之人，就算是年纪大，也只是陈人而已。所以，重言显然不能理解成年长者的话，当然，若以圣贤之言来说，似乎可通。然而问题在于，像庄子这样汪洋恣肆的人物，会经常引经据典地来讨论问题吗？比如《庄子》书中虽然时有引用孔子的话，但是，这样的引用从文本上就可以很明显地判断不是引古圣先贤的话来论证自己的观念的，所以，古圣先贤的解释于情理是不通的。确切地说，重言就是重复地说、反复地说，就是肯定与否定并举的表达方式，如耆艾（内含自身矛盾）。重言占十分之七，是用来消解那些同异是非的言论，唯有如此，才能达到“以重言为真”（《天下》）的目的。所以，重言的表达是一种非常特殊的言说方式，是在庄子发现了语言的困境之后所采用的一种折中言说方式。

其次，关于寓言。传统认为寓言就是所寄寓的言说。（郭象注：寄之他人以见信。）

> 寓言十九，借外论之。亲父不为其子媒。亲父誉之，不若非其父者也；非吾罪也，人之罪也。与己同则应，不与己同则反；同于己为是之，异于己为非之。(《寓言》)

可是，即便借人以言，还是一种有对待的、有是非的言论而已。寓言是要超越这种是非对待的，是一种积极的言说方式。这种言说方式的特点就是通过事实本身来呈现，并不添加任何关于事实的评价性或者倾向性的言辞。因为，任何评价性、倾向性的言说都是具有价值判断和是非偏向的，这样只能更加妨碍人对于“道”（或者真实）的理解。这也就是上文庄子所发现的一个人性的通病：“与己同则应，不与己同则反；同于己为是之，异于己为非之。”而寓言的方式则可以突破这种狭隘的心灵的束缚：“可以言论者，物之粗也；可以意致者，物之精也；言之所不能论，意之所不能察致者，不期精粗也。”（《秋水》）“筌者所以在鱼，得鱼而忘筌；蹄者所以在兔，得兔而忘蹄；言者所以在意，得意而忘言。吾安得夫忘言之人而与之言哉！”（《外物》）所以，重要的是要通过寓言的形式来达到对于言外之意的理解。

最后是卮言，在庄子这里，卮言就是一种没有成见的语言。

> 卮言日出，和以天倪，因以曼衍，所以穷年……非卮言日出，和以天倪，孰得其久！（《寓言》）

卮言，即“和以天倪”，作为一种没有成见的语言，卮言在《庄子》这里可以表现为重言、寓言。所有庄子所采用的独特的言说方式，都是基于庄子对于语言的局限性的认识，并由此而采取的一种权宜之计。这些方式并不是“道”本身，但是，都是以最接近事实的、没有任何偏见的方式来言说“道”，

> 有自也而可，有自也而不可；有自也而然，有自也而不然。恶乎然？然于然。恶乎不然？不然于不然。恶乎可？可于可。恶乎不可？不可于不可。物固有所然，物固有所可；无物不然，无物不可。非卮言日出，和以天倪，孰得其久！万物皆种也，以不同形相禅，始卒若环，莫得其伦，是谓天均。天均

者，天倪也。(《寓言》)

何谓和之以天倪？曰：是不是，然不然。是若果是也，则是之异乎不是也亦无辩；然若果然也，则然之异乎不然也亦无辩。化声之相待，若其不相待，和之以天倪，因之以蔓衍，所以穷年也。忘年忘义，振于无竟，故寓诸无竟。(《齐物论》)

是亦一无穷，非亦一无穷也，故曰莫若以明。(《齐物论》)

是以圣人和之以是非而休乎天均，是谓之两行。(《齐物论》)

从这些不同的描述中，我们应当可以看到庄子式表达所具有的特征，庄子试图超越是非对待的常识表达，而把对立的两端都并举，在这种并列的冲突之中，让人去自然领会不可言说的“道”，这也就是庄子独特的言说方式所在。

从“道通为一”的角度出发，就可以很好理解齐物的说法。万物既然共禀此唯一的道而来，由道的角度来看待，就都具有着相同的价值，因为都是道的体现。而万物在现实之中之所以呈现出价值上的千差万别，其根本的原因就在于人不能用齐一的眼光去看待，而都是带有自己的价值判断、带有自己的偏好，即“师其成心”。人的师心自用导致了对于“道”的认识的差异，从而也决定了对于事物的不同观念，于是是是非非，物论纷纭，莫衷一是。而庄子所要告诉人们的，就是人需要超越自我心灵的限制而进入精神自由的状态，在这样的心境中才能真正体会到道通为一的真实境界。由道而反观万物，万物齐一。所以，齐物的关键即在于突破自我心灵的束缚，超越狭隘是非的限制，即需要“吾丧我”(《齐物论》)。当个体超越“我”（具有是非判断、价值设定）的限定，而进入“吾”（中立的，没有成见的）的境地的时候，万物的本真状态自然向我们开显，由此，道通为一的境界也自然呈现。

四　逍遥与游世

在达至道通为一的齐物的状态之上，无所待的逍遥游也就可以得到实现。所以，从这个意义上来说，逍遥游能否实现，取决于自我心灵能否突破有限性、相对性的限制，从而达到一种绝对自由的精神状态。逍遥意味着人的精神向着无限性的展开，无限性的提出是庄子所具有的极大的想象力的表现。人的现实生活是有限的，因为我们都是生活在具体的、是非对待的情境之中，我们都被限制在一系列条件所形成的框架之中。在这样的生存现实中，我们怎么可能实现逍遥？所以，要逍遥就意味着需要超越有限性的束缚而进入无限性。这种超越，是通过自我心灵的内在转化而实现的（这也是庄子的伟大之处）。如何实现转化？庄子提出了心斋和坐忘的方式："唯道虚集。虚者，心斋也。"（《人间世》）"隳支体，黜聪明，离形去智，同于大通，此谓坐忘。"（《大宗师》）"夫坐忘者，奚所不忘哉？既忘其迹，又忘其所迹者，内不觉其一身，外不识有天地，然后旷然与变化为体而无不通也。"（郭象注）于是，无论是心斋，还是坐忘，所强调的都是人的心灵的转化，转化的关键则在于超越是非价值的限制。于是，逍遥游的状态最终可以被归结为精神的无限自由的可能性。但是真正要达到逍遥游的状态，对于人来说却是非常难的一件事情，因为，现实中生存的人是很难彻底摆脱其有限性的存在的。这是否就意味着逍遥游只能成为一种美好的理想呢？

换而言之，如果人不能实现逍遥游，那么在现实中生活的人应该怎么办呢？任何伟大的思想家都应该面对并解决这样的问题。在庄子思想系统中，人们都很推崇齐物论和逍遥游的观念，但是实际上，庄子对于现实社会中的人的生活的关注，更能显示他对于现实的深深关怀和对于作为有限性存在的人的深深情感。

在庄子看来，现实的生活是不可理喻的，充满着荒谬。庄子虽"独与天地精神往来”，倡导精神上的绝对自由和逍遥，以其“谬悠之说，荒唐之言，无端崖之辞”来表达“宏大而辟，深闳而肆”（《天下》）的心灵境界。但是他之所以主张精神上的超越乃是建立在其对于现实生活的深刻体会之上的。

庄子对于世间荒谬性的把握是从道的角度出发的，就道而言，世间万物都是分有了道的属性，自道而言，万物莫不相同。可是在现实生活中，人们总是从自己的心智出发，以自己的私意作为判断的标准，因此，也就有了是非的差别。每个人都以为自己说的是对的，别人说的是错的。“物无非彼，物无非是。自彼则不见，自是则知之。故曰：彼出于是，是亦因彼。彼是方生之说也。虽然，方生方死，方死方生；方可方不可，方不可方可；因是因非，因非因是。是以圣人不由而照之于天，亦因是也。是亦彼也，彼亦是也。彼亦一是非，此亦一是非，果且有彼是乎哉？果且无彼是乎哉？”（《齐物论》），是非的区分只是世俗的看法，在世俗中，任何价值判断都是主观的，没有一成不变的是非标准。而这显然是违背了道的基本要求的，因为万物在道的观照之下，都是齐一的。从道的角度而言，世俗的这种是非无疑是荒谬的，它是缘于人的私意对于道的遮蔽，而不是事物的原本的状态。《胠箧》的开篇，庄子举了一个非常有趣的荒谬现象：

> 将为胠箧、探囊、发匮之盗而为守备，则必摄缄縢、固扃鐍；此世俗之所谓知也。然而巨盗至，则负匮、揭箧、担囊而趋；唯恐缄縢、扃鐍之不固也。然则乡之所谓知者，不乃为大盗积者也？故尝试论之，世俗之所谓知者，有不为大盗积者乎？所谓圣者，有不为大盗守者乎？

为了对付撬箱子、掏口袋、开柜子的小偷而做防范准备，必定要收紧绳结、加固插闩和锁钥，这就是一般人所说的聪明作法。可是一旦大强盗来了，就背着柜子、扛着箱子、挑着口袋快步跑了，唯恐绳结、插闩与锁钥不够牢固。既然是这样，那么先前所谓的聪明作法，不就是给大盗作好了积聚和储备吗？

世俗所谓的智慧，所谓的圣贤，在这样的观照之下不是显得很荒谬么？荒谬成为了庄子对于人间世的基本认识，这是庄子对于现实生活世界的真实感受。在《人间世》的开头，庄子展示给读者的就是这样一个荒谬世界的真实情境：

颜回见仲尼，请行。曰："奚之？"曰："将之卫。"曰："奚为焉？"曰："回闻卫君，其年壮，其行独；轻用其国，而不见其过；轻用民死，死者以国量乎，泽若蕉，民其无如矣。回尝闻之夫子曰：'治国去之，乱国就之，医门多疾。'愿以所闻思其所行，庶几其国有瘳乎！"

作为孔子的得意弟子，颜回秉承孔子"治国去之，乱国就之，医门多疾"的教诲，准备去卫国教化卫君。可是卫君是怎样一个人呢？他正年轻，办事专断；轻率地处理政事，却看不到自己的过失；轻率地役使百姓使人民大量死亡，死人遍及全国不可称数，就像大泽中的草芥一样，百姓都失去了可以归往的地方。以儒家积极救世的态度，必然是要去教化诸如卫君这样的暴君，可是，这样的行为所面临的结果也是很自然的，"若殆往而刑耳"（《人间世》），也许连自己的生命都无法保证，更谈不上教化了。在这个寓言中，庄子实际上揭示了两重荒谬：世界的荒谬，这是一个无道的社会，原本应该象征道德、代表权威的君主，却偏偏是一个专断、残暴之人；儒家救世努力的荒谬，在这个无道的世界中，人自身能否生存还是一个疑问，又如何来救世？在庄子看来，人生活在当下这个世界当中，其实是无往而不处在荒谬之中的。作为太子的老师，在常人看来可能是一个非常好的差使，可是如果你很不幸地像颜阖一样遇到一个凶残嗜杀的卫灵公太子呢？

颜阖将傅卫灵公太子，而问于蘧伯玉曰："有人于此，其德天杀。与之为无方，则危吾国；与之为有方，则危吾身。其知适足以知人之过，而不知其

所以过。若然者，吾奈之何？”（《人间世》）

对于颜阖来说，这样的情境何尝不是荒谬的呢？面对这样一个储君的时候，如果你一味顺从他的意愿，那么显然会有害于国家的利益；但是如果你用所谓的法度、规则来规诫他，你就很可能会自身难保。在这种两难的情境比较之中，荒谬之情显露无遗。《人间世》中有大量的相类似的荒谬情境，比如栎树的无材、支离疏的无用等，荒谬在现实的人间世而言，是一个普遍的事实。人生活在这个荒谬的世界之中，即如螳臂挡车一般：“汝不知夫螳螂乎？怒其臂以当车辙，不知其不胜任也，是其才之美者也。”（《人间世》）螳臂挡车固然是可笑的，荒谬的，可是生活在这个世界之中的人的行为，很多时候不是跟螳螂的这种行为一样荒谬吗？螳臂挡车，在某种意义上代表了庄子揭示荒谬的世界、荒谬的行为的意象。

人间世是荒谬的，这种荒谬是如何产生的呢？荒谬不仅来自于私意对道的遮蔽，同时根源于对人生的基本困境的认识。这种困境，在庄子看来有内、外两个层面。从内在而言，死亡、命以及情欲三者，是生活于现实世界中的人都无法摆脱的，“人生天地之间，若白驹之过隙，忽然而已”（《知北游》），“死生，命也；其有夜旦之常，天也”（《大宗师》），“人之生也，与忧具生”（《至乐》）。现实生活中的人总有其自然的大限——死亡，有其不可改变的命运。人之生，却是直接与死亡联系在一起的，似乎人之生就是为了死亡这个目标而存在的，“一受其成形，不亡以待尽”（《齐物论》），死亡的不可回避性，决定了人生从根本意义上的荒谬性。命同样是人所无法逃避的事实，子桑的死让我们对于命的必然性有了非常直观的理解。

子舆与子桑友。而霖雨十日，子舆曰：“子桑殆病矣！”裹饭而往食之。至子桑之门，则若歌若哭，鼓琴曰：“父邪！母邪！天乎！人乎！”有不任其声而趋举其诗焉。子舆入，曰："子之歌诗，何故若是？"曰："吾思夫使我至此极者而弗得也。父母岂欲吾贫哉？天无私覆，地无私载，天地岂私贫我哉？求其为之者而不得也！然而至此极者，命也夫！"（《大宗师》）

"命"是一个既成的事实，一个人拥有什么样的生活状态，不是父母的意愿、也不是上天的命令所能决定或改变的，它对于个体而言是无法选择的、无法摆脱和无可奈何的。情欲同样是世人所无法逃避的："人之生也，与忧具生。"（《至乐》）"哀乐之来，吾不能御；其去，弗能止。悲夫，世人直为物逆旅耳。"（《知北游》）"夫声色滋味权势之于人，心不待学而乐之，体不等象而安之；夫欲恶避就，固不待师，此人之性也。"（《盗跖》）人之生不能够离开情欲，而有了情欲的计较、选择，生存所面临的荒谬也就产生了。死亡、命与情欲构成了人内在的生存困境，是人所无法摆脱的事实，这也是产生荒谬的缘由。

人的生活不仅受内在因素制约，也受外部条件的影响，主要是礼乐制度、仁义道德所形成的标准带给人心的限制。

且夫待钩绳规矩而正者，是削其性也；待绳约胶漆而固者，是侵其德也；屈折礼乐，呴俞仁义，以慰天下之心者，此失其常然也。（《骈拇》）

世俗的社会总是由一系列的制度形式和伦理规范组成，这也形成了社会的基本价值体系，生活于其中的人，必然受到这些体系的束缚。可是，这些制度、规范本身是不是合乎人性的？或者说是人生所必要的呢？

骈于明者，乱五色，淫文章，青黄黼黻之煌煌非乎？而离朱是已。多于聪者，乱五声，淫六律，金石丝竹黄钟大吕之声非乎？而师旷是已。枝于仁者，擢德塞性以收名声，使天下簧鼓以奉不及之法非乎？而曾史是已。骈于辩者，累瓦结绳窜句，游心于坚白同异之间，而敝跬誉无用之言非乎？而杨墨是已。故此皆多骈旁枝之道，非天下之至正也。(《骈拇》)

在庄子看来，诸如智慧、仁义和辩言这些东西，犹如人体上的“骈拇”、“枝指”和“附赘县疣”，都是不符合本然的多余的东西。然而，这些原本多余的东西却成为了社会规范的基础，世界的荒谬也就因此而产生。内在的困境是人自身的一种必然性，无法改变的，外在的困境是一种世俗的评判，同样是无可逃遁的，这双重的压力对于现实生活中的人而言，带来了深深的痛苦。“彼窃钩者诛，窃国者为诸侯。”(《胠箧》)“昨山中之木，以不材得终其天年；今主人之雁，以不材死。”(《山木》)人世间有太多这样的事情，是与非没有确定的标准，如果说偷窃者一定是要被诛的，那么为什么偷了国家的反而成为了王侯；如果说能否得养其天年是与有没有材相关，为什么同样是无材，雁和木却有不一样的结果？这只能说明，世俗的所谓的标准都是荒谬的，只是标准的制定者加在他者身上的一种限制罢了。

在庄子看来，人间世是荒谬的，那么人在现实中应该如何生存？庄子并非像某些观点所认为的那样，主张逃遁现实。实际上，庄子对于现实荒谬性的揭示，其目的就是试图为人在现实生活中的生存提供出路。

在荒谬的人间世，人应当如何生存？庄子认为最基本的要求就是“形莫若就，心莫若和”(《人间世》)，亦即处身于荒谬的人间世之中，你的行为必须要顺从这个现实世界，但是你的内心要保持平和。这是庄子在对颜阖困境的解决之中，借蘧伯玉之口表达的：

戒之慎之，正女身也哉！形莫若就，心莫若和。虽然，之二者有患。就不欲入，和不欲出。形就而入，且为颠为灭，为崩为蹶。心和而出，且为声为名，为妖为孽。彼且为婴儿，亦与之为婴儿；彼且为无町畦，亦与之为无町

畦；彼且为无崖，亦与之为无崖。达之，入于无疵。(《人间世》)

在蘧伯玉看来，面对卫灵公太子这样一个“天杀”的储君的时候，必须要警惕，要谨慎，而且要端正自己！表面上不如顺从依就以示亲近，内心里不如顺其秉性暗暗疏导。即使这样，这两种态度仍有隐患。亲附他不要关系过密，疏导他不要心意太露。外表亲附到关系过密，会招致颠仆毁灭，招致崩溃失败。内心顺性疏导显得太露，将被认为是为了名声，也会招致祸害。他如果像个天真的孩子一样，你也姑且跟他一样像个无知无识的孩子；他如果同你不分界线，那你也就跟他不分界线。他如果跟你无拘无束，那么你也姑且跟他一样无拘无束。慢慢地将其思想疏通引入正轨，便可进一步达到没有过错的地步。“形莫若就，心莫若和”，这是庄子所设计的在现实世界中生存的方法，用另外的表述就是“不遣是非以与世俗处”(《天下》)，或者《养生主》中所说的：“为善无近名，为恶无近刑。缘督以为经，可以保身，可以全生，可以养亲，可以尽年。”实际上，庄子在这里强调的是人要因顺自然，惟有如此，人才能够在荒谬中求得生存。不遣是非也不是没有是非观念，而是不与世俗斤斤计较于是非得失，“知其不可奈何而安之若命”(《人间世》)，“处乎材与不材之间”(《山木》)，这不是一种消极的举措，而是为了让人能够在荒谬的现实中得到安顿的一种权宜之计，其中包含着对于现实生活的深深无奈和对于世人的深切情感，而并非像通常所说的是一种逃遁。但是，如何才能够做到形就心和呢？形就是比较容易达到的，关键在于如何心和？而心和，实际上就是保持内心的虚静，一无所执，没有了世俗所谓的是非善恶种种标准，没有了对世俗的制度规范的执着，惟有这样，才能够处变不惊。这实际上就是《人间世》中所讲的“心斋”：

颜回曰：“吾无以进矣，敢问其方。”仲尼曰：“斋，吾将语若！有心而为之，其易邪？易之者，皞天不宜。”颜回曰：“回之家贫，唯不饮酒不茹荤者数月矣。如此，则可以为斋乎？”曰：“是祭祀之斋，非心斋也。”回曰：“敢问心斋。”仲尼曰：“若一志，无听之以耳而听之以心，无听之以心而听之以气！听止于耳，心止于符。气也者，虚而待物者也。唯道集虚。虚者，心斋也。”（《人间世》）

“心斋”并不是传统意义上的“斋”，实际上是心的一种修炼功夫，它要求人必须摒除杂念，专一心思，不用耳朵去听而用心去领悟，不用心去领悟而用凝寂虚无的意境去感应。耳的功用仅只在于聆听，心的功用仅只在于跟外界事物交合。凝寂虚无的心境才是虚弱柔顺而能应待宇宙万物的，只有大道才能汇集于凝寂虚无的心境。虚无空明的心境就叫做“心斋”。简而言之，就是由耳而心至气，最后达到内心无所偏执、恬淡虚无的一种境界。人要是达到了这种境界，其所产生的效果也是非常明显的。

颜回曰：“回之未始得使，实自回也；得使之也，未始有回也。可谓虚乎？”夫子曰：“尽矣。吾语若！若能入游其樊而无感其名，入则鸣，不入则止。无门无毒，一宅而寓于不得已，则几矣。绝迹易，无行地难。为人使易以伪，为天使难以伪。闻以有翼飞者矣，未闻以无翼飞者也；闻以有知知者矣，未闻以无知知者也。瞻彼阕者，虚室生白，吉祥止止。夫且不止，是之谓坐驰，夫徇耳目内通而外于心知，鬼神将来舍，而况人乎！是万物之化也，禹舜之所纽也，伏戏几蘧之所行终，而况散焉者乎！”（《人间世》）

这样的方式，无疑为人的现实存在提供了一种非常特殊的解决方式，可以称为“游世”。游世，是以人在现实中存在为基本立足点，着重解决的是在逍遥之现实不可能的情境下，人何以存在？在某种意义上，逍遥揭示出来的是人类精神所能达到的极致的可能，给我们呈现出来的是人的心灵的至高境界。这样的境界，当然值得我们去追寻和坚持。但是，在我们看来，庄子更为重要的意义是对于人的现实生活方式的解决。如果按照庄子的基本理解，人类是生活在无可理喻（荒谬）的世界之中，那么怎么解决人和这个世界存在的张力？在某种意义上来说，如何在不堪的现实之中安顿人的心灵，总是比超越的境界本身更为重要，所以，从这个角度来说，游世方式的提出，在庄子那里应该具有更深远的意义，如果承认这一点的话，我们就不难理解庄子对于后代文人所产生的持久的、具有典范性意义的影响。从《庄子》本身的文本来看，在通常被认为是庄子本人所作的《内篇》中，"游"是一个极为重要的概念，这不能不说是庄子的一种非常重要的意蕴。"游"的这种方式，既不抛弃现实本身，但又强调个体在心灵上保持自我的超越，这是一种非常重要的现实生活的解决方式。在这种解决方式之下，人可以既现实又超越，即现实而超越。在这种境界之下，人心虚无空灵，对外界一无所执，顺世而化，这样，就不再会为世间的一切束缚所拖累，人自然能够在荒谬的世界中保存自己的生命。

当然，这只是庄子对于荒谬世间处理的第一个层面，它只是为了满足人在现实世界中生活的需要。对于庄子来说，最终解决荒谬的办法在于用道消除现实生活中的种种限制，达到逍遥游的精神境界，"若夫乘天地之正，而御六气之辩，以游无穷者，彼且恶乎待哉？"（《逍遥游》）唯有在这种境界之下，现实世界的荒谬性才能最终地、真正地被超越。

五　文献选读

（一）北冥有鱼

北冥有鱼，其名为鲲。鲲之大，不知其几千里也。化而为鸟，其名为鹏。

鹏之背，不知其几千里也。怒而飞，其翼若垂天之云。是鸟也，海运则将徙于南冥。南冥者，天池也。

《齐谐》者，志怪者也。《谐》之言曰："鹏之徙于南冥也，水击三千里，抟扶摇而上者九万里，去以六月息者也。"野马也，尘埃也，生物之以息相吹也。天之苍苍，其正色邪？其远而无所至极邪？其视下也，亦若是则已矣。

（二）小大之辩

小知不及大知，小年不及大年。奚以知其然也？朝菌不知晦朔，蟪蛄不知春秋，此小年也。楚之南有冥灵者，以五百岁为春，五百岁为秋；上古有大椿者，以八千岁为春，八千岁为秋，此大年也。而彭祖乃今以久特闻，众人匹之，不亦悲乎？

汤之问棘也是已："穷发之北，有冥海者，天池也。有鱼焉，其广数千里，未有知其修者，其名为鲲。有鸟焉，其名为鹏，背若太山，翼若垂天之云；抟扶摇羊角而上者九万里，绝云气，负青天，然后图南，且适南冥也。斥鴳笑之曰：'彼且奚适也？我腾跃而上，不过数仞而下，翱翔蓬蒿之间，此亦飞之至也。而彼且奚适也？'"此小大之辩也。

（三）有用无用

惠子谓庄子曰："魏王贻我大瓠之种，我树之成而实五石。以盛水浆，其坚不能自举也；剖之以为瓢，则瓠落无所容。非不呺然大也，我为其无用而掊之。"

庄子曰："夫子固拙于用大矣。宋人有善为不龟手之药者，世世以洴澼絖为事。客闻之，请买其方百金。聚族而谋曰：'我世世为洴澼絖，不过数金；

今一朝而鬻技百金，请与之。’客得之，以说吴王。越有难，吴王使之将。冬与越人水战，大败越人，裂地而封之。能不龟手一也，或以封，或不免于洴澼絖，则所用之异也。今子有五石之瓠，何不虑以为大樽而浮乎江湖，而忧其瓠落无所容？则夫子犹有蓬之心也夫！”

惠子谓庄子曰：“吾有大树，人谓之樗。其大本拥肿而不中绳墨，其小枝卷曲而不中规矩。立之途，匠者不顾。今子之言，大而无用，众所同去也。”

庄子曰：“子独不见狸狌乎？卑身而伏，以候敖者；东西跳梁，不辟高下；中于机辟，死于罔罟。今夫斄牛，其大若垂天之云，此能为大矣，而不能执鼠。今子有大树，患其无用，何不树之于无何有之乡，广莫之野，彷徨乎无为其侧，逍遥乎寝卧其下？不夭斤斧，物无害者，无所可用，安所困苦哉！”

（四）吾丧我

南郭子綦隐机而坐，仰天而嘘，荅焉似丧其耦。颜成子游立侍乎前，曰：“何居乎？形固可使如槁木，而心固可使如死灰乎？今之隐机者，非昔之隐机者也。”

子綦曰：“偃，不亦善乎，而问之也！今者吾丧我，汝知之乎？女闻人籁而未闻地籁，女闻地籁而未闻天籁夫！”

子游曰：“敢问其方。”

子綦曰：“夫大块噫气，其名为风。是唯无作，作则万窍怒呺，而独不闻之翏翏乎？山林之畏佳，大木百围之窍穴，似鼻，似口，似耳，似枅，似圈，似臼，似洼者，似污者。激者，謞者，叱者，吸者，叫者，譹者，宎者，咬者。前者唱于而随者唱喁，泠风则小和，飘风则大和，厉风济则众窍为虚。而独不见之调调，之刁刁乎？”

子游曰：“地籁则众窍是已，人籁则比竹是已，敢问天籁。”子綦曰：“夫吹万不同，而使其自已也，咸其自取，怒者其谁邪？”

（五）朝三暮四

可乎可，不可乎不可。道行之而成，物谓之而然。恶乎然？然于然。恶乎不然？不然于不然。物固有所然，物固有所可。无物不然，无物不可。故为是举莛与楹，厉与西施，恢恑憰怪，道通为一。

其分也，成也；其成也，毁也。凡物无成与毁，复通为一。唯达者知通为一，为是不用而寓诸庸。庸也者，用也；用也者，通也；通也者，得也。适得而几矣。因是已。已而不知其然，谓之道。劳神明为一而不知其同也，谓之"朝三"。何谓"朝三"？狙公赋芧，曰："朝三而暮四。"众狙皆怒。曰："然则朝四而暮三。"众狙皆悦。名实未亏而喜怒为用，亦因是也。是以圣人和之以是非而休乎天钧，是之谓两行。

（六）庄周梦蝶

昔者庄周梦为蝴蝶，栩栩然蝴蝶也。自喻适志与，不知周也。俄然觉，则蘧蘧然周也。不知周之梦为蝴蝶与？蝴蝶之梦为周与？周与蝴蝶则必有分矣。此之谓物化。

（七）庖丁解牛

庖丁为文惠君解牛，手之所触，肩之所倚，足之所履，膝之所踦，砉然响然，奏刀騞然，莫不中音。合于《桑林》之舞，乃中《经首》之会。

文惠君曰："嘻，善哉！技盖至此乎？"

庖丁释刀对曰："臣之所好者道也，进乎技矣。始臣之解牛之时，所见无非全牛者；三年之后，未尝见全牛也；方今之时，臣以神遇而不以目视，官知止而神欲行。依乎天理，批大郤，导大窾，因其固然。技经肯綮之未尝，而况大軱乎！良庖岁更刀，割也；族庖月更刀，折也。今臣之刀十九年矣，所解数千牛矣，而刀刃若新发于硎。彼节者有间而刀刃者无厚，以无厚入有间，恢恢乎其于游刃必有余地矣。是以十九年而刀刃若新发于硎。虽然，每至于族，吾见其难为，怵然为戒，视为止，行为迟，动刀甚微，謋然已解，如土委地。提刀而立，为之四顾，为之踌躇满志，善刀而藏之。”

文惠君曰："善哉！吾闻庖丁之言，得养生焉。"

（八）秦失吊老聃

老聃死，秦失吊之，三号而出。

弟子曰："非夫子之友邪？"

曰："然。"

"然则吊焉若此，可乎？"

曰："然。始也吾以为其人也，而今非也。向吾入而吊焉，有老者哭之，如哭其子；少者哭之，如哭其母。彼其所以会之，必有不蕲言而言，不蕲哭而哭者。是遁天倍情，忘其所受，古者谓之遁天之刑。适来，夫子时也；适去，夫子顺也。安时而处顺，哀乐不能入也，古者谓是帝之县解。"

（九）相忘于江湖

泉涸，鱼相与处于陆，相呴以湿，相濡以沫，不如相忘于江湖。与其誉尧而非桀也，不如两忘而化其道。

夫大块载我以形，劳我以生，佚我以老，息我以死，故善吾生者，乃所以善吾死也。夫藏舟于壑，藏山于泽，谓之固矣！然而夜半有力者负之而走，昧者不知也。藏小大有宜，犹有所遁。若夫藏天下于天下而不得所遁，是恒物之大情也。特犯人之形而犹喜之。若人之形者，万化而未始有极也，其为乐可胜计邪？故圣人将游于物之所不得遁而皆存。善妖善老，善始善终，人犹效之，又况万物之所系，而一化之所待乎！

（十）死生存亡一体

子祀、子舆、子犁、子来四人相与语曰："孰能以无为首，以生为脊，以死为尻；孰知死生存亡之一体者，吾与之友矣！"四人相视而笑，莫逆于心，遂相与为友。俄而子舆有病，子祀往问之。曰："伟哉，夫造物者将以予为此拘拘也！"曲偻发背，上有五管，颐隐于齐，肩高于顶，句赘指天。阴阳之气有沴，其心闲而无事，跰躃而鉴于井，曰："嗟乎！夫造物者又将以予为此拘拘也！"

子祀曰："女恶之乎！"

曰："亡，予何恶！浸假而化予之左臂以为鸡，予因以求时夜；浸假而化予之右臂以为弹，予因以求鸮炙；浸假而化予之尻以为轮，以神为马，予因以乘之，岂更驾哉！且夫得者，时也；失者，顺也。安时而处顺，哀乐不能入也。此古之所谓县解也。而不能自解者，物有结之。且夫物不胜天久矣，吾又何恶焉！"

俄而子来有病，喘喘然将死，其妻子环而泣之。子犁往问之，曰："叱！避！无怛化！"倚其户与之语曰："伟哉造化！又将奚以汝为？将奚以汝适？以汝为鼠肝乎？以汝为虫臂乎？"

子来曰："父母于子，东西南北，唯命之从。阴阳于人，不翅于父母。彼近吾死而我不听，我则悍矣，彼何罪焉？夫大块载我以形，劳我以生，佚我以老，息我以死。故善吾生者，乃所以善吾死也。今大冶铸金，金踊跃曰：'我且必为镆铘！’大冶必以为不祥之金。今一犯人之形，而曰‘人耳！人耳！’夫造化者必以为不祥之人。今一以天地为大炉，以造化为大冶，恶乎往而不可哉！”成然寐，蘧然觉。

子桑户、孟子反、子琴张三人相与友，曰：“孰能相与于无相与，相为于无相为？孰能登天游雾，挠挑无极，相忘以生，无所终穷？”三人相视而笑，莫逆于心。遂相与为友。

莫然有间，而子桑户死，未葬。孔子闻之，使子贡往侍事焉。或编曲，或鼓琴，相和而歌曰：“嗟来桑户乎！嗟来桑户乎！而已反其真，而我犹为人猗！”子贡趋而进曰：“敢问临尸而歌，礼乎？”

二人相视而笑曰：“是恶知礼意！”

子贡反，以告孔子曰：“彼何人者邪？修行无有，而外其形骸，临尸而歌，颜色不变，无以命之。彼何人者邪？”

孔子曰：“彼，游方之外者也；而丘，游方之内者也。外内不相及，而丘使女往吊之，丘则陋矣！彼方且与造物者为人，而游乎天地之一气。彼以生为附赘县疣，以死为决疒丸溃痈。夫若然者，又恶知死生之先后之所在！假于异物，托于同体；忘其肝胆，遗其耳目；反复终始，不知端倪；芒然彷徨乎尘垢之外，逍遥乎无为之业。彼又恶能愦愦然为世俗之礼，以观众人之耳目哉！”

（十一）坐忘

颜回曰：“回益矣。”

仲尼曰：“何谓也？”

曰：“回忘仁义矣。”

曰：“可矣，犹未也。”

他日复见，曰：“回益矣。”

曰："何谓也？"

曰："回忘礼乐矣。"

曰："可矣，犹未也。"

他日复见，曰："回益矣。"

曰："何谓也？"

曰："回坐忘矣。"

仲尼蹴然曰："何谓坐忘？"

颜回曰："堕肢体，黜聪明，离形去智，同于大通，此谓坐忘。"仲尼曰："同则无好也，化则无常也。而果其贤乎！丘也请从而后也。"

（十二）凿浑沌

南海之帝为儵，北海之帝为忽，中央之帝为浑沌。儵与忽时相与遇于浑沌之地，浑沌待之甚善。儵与忽谋报浑沌之德，曰："人皆有七窍以视听食息，此独无有，尝试凿之。"日凿一窍，七日而浑沌死。

（十三）秋水时至

秋水时至，百川灌河。泾流之大，两涘渚崖之间，不辩牛马。于是焉河伯欣然自喜，以天下之美为尽在己。顺流而东行，至于北海，东面而视，不见水端，于是焉河伯始旋其面目，望洋向若而叹曰："野语有之曰：'闻道百，以为莫己若者。'我之谓也。且夫我尝闻少仲尼之闻而轻伯夷之义者，始吾弗信。今我睹子之难穷也，吾非至于子之门则殆矣，吾长见笑于大方之家。"

北海若曰："井蛙不可以语于海者，拘于虚也；夏虫不可以语于冰者，笃于时也；曲士不可以语于道者，束于教也。今尔出于崖涘，观于大海，乃知尔丑，尔将可以语大理矣。天下之水，莫大于海，万川归之，不知何时止而不盈，尾闾泄之，不知何时已而不虚；春秋不变，水旱不知。此其过江河之流，不可为量数。而吾未尝以此自多者，自以比形于天地，而受气于阴阳，吾在于天地之间，犹小石小木之在大山也。方存乎见少，又奚以自多！计四海之在天地之间也，不似礨空之在大泽乎？计中国之在海内，不似稊米之在大仓乎？号物之数谓之万，人处一焉。人卒九州，谷食之所生，舟车之所通，人处一焉。此其比万物也，不似豪末之在于马体乎？五帝之所连，三王之所争，仁人之所忧，任士之所劳，尽此矣！伯夷辞之以为名，仲尼语之以为博，此其自多也，不似尔向之自多于水乎？”

河伯曰：“然则吾大天地而小豪末，可乎？”

北海若曰：“否。夫物，量无穷，时无止，分无常，终始无故。是故大知观于远近，故小而不寡，大而不多，知量无穷。证向今故，故遥而不闷，掇而不跂，知时无止。察乎盈虚，故得而不喜，失而不忧，知分之无常也。明乎坦途，故生而不说，死而不祸，知终始之不可故也。计人之所知，不若其所不知；其生之时，不若未生之时；以其至小，求穷其至大之域，是故迷乱而不能自得也。由此观之，又何以知豪末之足以定至细之倪！又何以知天地之足以穷至大之域！”

（十四）庄子钓于濮水

庄子钓于濮水。楚王使大夫二人往先焉，曰：“愿以境内累矣！”

庄子持竿不顾，曰：“吾闻楚有神龟，死已三千岁矣。王巾笥而藏之庙堂之上。此龟者，宁其死为留骨而贵乎？宁其生而曳尾于涂中乎？”

二大夫曰：“宁生而曳尾涂中。”

庄子曰：“往矣！吾将曳尾于涂中。”

（十五）濠梁之辩

庄子与惠子游于濠梁之上。庄子曰："儵鱼出游从容，是鱼之乐也。"

惠子曰："子非鱼，安知鱼之乐？"

庄子曰："子非我，安知我不知鱼之乐？"

惠子曰："我非子，固不知子矣；子固非鱼也，子之不知鱼之乐，全矣！"

庄子曰："请循其本。子曰'汝安知鱼乐'云者，既已知吾知之而问我。我知之濠上也。"

（十六）庄子妻死

庄子妻死，惠子吊之，庄子则方箕踞鼓盆而歌。

惠子曰："与人居，长子、老、身死，不哭亦足矣，又鼓盆而歌，不亦甚乎！"

庄子曰："不然。是其始死也，我独何能无概然！察其始而本无生，非徒无生也而本无形，非徒无形也而本无气。杂乎芒芴之间，变而有气，气变而有形，形变而有生，今又变而之死。是相与为春秋冬夏四时行也。人且偃然寝于巨室，而我噭噭然随而哭之，自以为不通乎命，故止也。"

（十七）庄子之楚

庄子之楚，见空髑髅，髐然有形，撽以马捶，因而问之，曰："夫子贪生失理，而为此乎？将子有亡国之事、斧钺之诛，而为此乎？将子有不善之行，愧遗父母妻子之丑，而为此乎？将子有冻馁之患，而为此乎？将子之春秋故及此乎？"

于是语卒，援髑髅，枕而卧。夜半，髑髅见梦曰："子之谈者似辩士，视子所言，皆生人之累也，死则无此矣。子欲闻死之说乎？”庄子曰：“然。”

髑髅曰：“死，无君于上，无臣于下，亦无四时之事，从然以天地为春秋，虽南面王乐，不能过也。”

庄子不信，曰：“吾使司命复生子形，为子骨肉肌肤，反子父母、妻子、闾里、知识，子欲之乎？”髑髅深宾蹙频曰：“吾安能弃南面王乐而复为人间之劳乎！”

（十八）种有几

种有几？得水则为继，得水土之际则为蛙蠙之衣，生于陵屯则为陵舄，陵舄得郁栖则为乌足，乌足之根为蛴螬，其叶为蝴蝶。蝴蝶胥也化而为虫，生于灶下，其状若脱，其名为鸲掇。鸲掇千日为鸟，其名为干余骨。干余骨之沫为斯弥，斯弥为食醯。颐辂生乎食醯，黄軦生乎九猷，瞀芮生乎腐蠸。羊奚比乎不箰，久竹生青宁，青宁生程，程生马，马生人，人又反入于机。万物皆出于机，皆入于机。

（十九）庄周家贫

庄周家贫，故往贷粟于监河侯。监河侯曰：“诺。我将得邑金，将贷子三百金，可乎？”

庄周忿然作色曰：“周昨来，有中道而呼者。周顾视车辙中，有鲋鱼焉。周问之曰：‘鲋鱼来！子何为者邪？’对曰：‘我，东海之波臣也。君岂有斗升之水而活我哉？’周曰：‘诺。我且南游吴越之土，激西江之水而迎子，可乎？’鲋鱼忿然作色曰：‘吾失我常与，我无所处。我得斗升之水然活耳，君乃言此，曾不如早索我于枯鱼之肆！’”

（二十）庄子将死

庄子将死，弟子欲厚葬之。庄子曰：“吾以天地为棺椁，以日月为连璧，星辰为珠玑，万物为赍送。吾葬具岂不备邪？何以加此！”

弟子曰：“吾恐乌鸢之食夫子也。”

庄子曰：“在上为乌鸢食，在下为蝼蚁食，夺彼与此，何其偏也！”

六　延伸阅读书目

1. 王博 《庄子哲学》，北京：北京大学出版社，2004年。

2. 刘笑敢 《庄子哲学及其演变》，北京：中国人民大学出版社，2010年。

3. 陶东风 《从超迈到随俗 —— 庄子与中国美学》，北京：首都师范大学出版社，1995年。

4. 张松辉 《庄子疑义考辨》，北京：中华书局，2007年。

5. 高峰 《大道希夷——近现代的先秦道家研究》，沈阳：辽宁教育出版社，1997年。

6. 钱穆 《庄子纂笺》，北京：生活．读书．新知三联书店，2010年。

7. 崔宜明 《生存与智慧 —— 庄子哲学的现代阐释》，上海：上海人民出版社，1996年。

8. 张松辉 《庄子研究》，北京：人民出版社，2009年。

9. 杜而未 《庄子宗教与神话》，台北：台湾学生书局，1985年。

10. 袁宙宗 《庄子学说体系阐微》，台北：黎明文化，1977年。

第七讲　墨子与墨家

一　墨子其人

李约瑟说老子是朦胧的，其实，在某种意义上来说，先秦诸子都是朦胧的。这种朦胧大抵来源于两个层面，一则出于后人的神化，比如孔孟，当我们以圣贤来指代他们的时候，他们呈现在我们面前的形象总是高大和完美的，但是我们似乎忘记了他们其实也是现实的人，有他们丰富的情感和个性，掩盖了这些，他们也就成为了一些朦胧的神秘符号；一则由于记载的有限和史料的缺乏，使得我们对于某些人物无法勾勒出确定的形象，只能依据传说进行描述和还原，这样，勾勒出来的人物形象可能和诸子本身的作品一样，是一个不断地累加的过程。在这种神化或者传说累加的背后，我们看到的是一个个朦胧的背影。

墨子就是这样一个朦胧的背影，虽然很多时候，我们确实以为墨子是很清晰的，比如提到墨子的时候，我们会说墨子姓墨名翟，鲁国人（一说宋国人），工匠出身，后来做过宋国大夫，墨家学派的创始人。这是最为教科书式的解释，似乎也无懈可击，因为我们的常识通常就是这么教我们的，

《吕氏春秋》《淮南子》《史记·孟子荀卿列传》等都是如此这般来界说墨子的。

然而，在历史上也并非没有异议，南齐人孔稚圭所著的《北山移文》则称墨翟为“翟子”，元朝伊世珍所著的《琅环记》也赞同此说，并认为墨子姓翟名乌，清代周亮工所著的《固树屋书影》更具体地提出“以墨为道，今以姓为名”，认为他姓翟，并将姓转成名；而“墨”是一种学派。晚清学者江琼所著的《读子卮言》承袭周亮工的说法，并进一步说明古代确实有“翟”这一姓氏，但无“墨”姓，而且战国诸子中儒、道、名、法、阴阳、纵横、杂、农、小说等，都没以姓作为学派名，因此墨应该是学派的名称。于是，在这种解说下，墨子就成为了姓翟名乌。

近代以来，则又有更多有趣的解释出现了。胡怀琛在其所撰《墨翟为印度人辨》一文中提出，墨既非姓，翟也不是姓，更不是名，而是“貊狄”或“蛮狄”之音转，是用来称一个不知姓名的外国人。金祖同、陈盛良则说墨子可能是穆罕默德以前的回教徒，卫聚贤考证墨子应为印度人或阿拉伯人。钱穆的《墨子传略》从墨刑是古代刑名之一的角度展开研究，认为古人犯轻刑，则罚作奴隶苦工，故名墨为刑徒，实为奴役，而墨家生活菲薄，其道以自苦为极。墨子和弟子们都“手足胼胝，面目黎黑，役身给使，不敢问欲”，人人皆可使“赴火蹈刃，死不旋踵”。这样，就被称为墨了。而历史上西汉淮南王英布遭黥刑后称为黥布，也是一证。而翟确实是名，因《墨子》和《吕氏春秋》记载墨翟，往往称“翟”。

于是，朦胧的墨子就呈现在不同进路的研究之中，甚至于很多时候会让我们很困惑，墨子究竟是谁？其实，司马迁对于墨子也不甚了了，《史记》中也只有寥寥数语：“盖墨翟，宋之大夫，善守御，为节用。或曰并孔子时，或曰在其后。”（《史记·孟子荀卿列传》）这样的情形多少有点耐人寻味。儒、墨在先秦并为显学，已是一个不争的事实：“杨朱、墨翟之言盈天下，天下之言，不归杨则归墨。”（《孟子·滕文公下》）“世之显学，儒、墨也。儒之所至，孔丘也；墨之所至，墨翟也。”（《韩非子·显学》）“孔墨之弟子徒属，充满天下。皆以仁义之术，教导于天下。”（《吕氏春秋·有度》）“孔丘、墨翟修先圣之术，通六艺之论。口道其言，身行其志。慕义从风，而为之服役者不过数十人。使居天子之位，则天下遍为儒、墨矣。”（《淮南子·主述》）这样的事实表明儒墨并称、并显于时，是一个基本的事实。那么为什么司马迁对于儒家（如孔孟荀）不惜笔墨，而对于墨翟却只是寥寥数语带过而已呢？难道是司马迁对墨家有成见？这个理由也不成立，因为在《史记》中，司马迁（或者是借太史公之言）屡屡表达了对于墨家的推崇之意：“汉兴八十余年矣，上方乡文学，招俊乂，以广儒墨，弘为举首。”（《平津侯主父列传》）“墨者亦尚尧舜道，言其德行……此墨家之所长，虽百家弗能废也。”（《太史公自序》）在其《史记·孟子荀卿列传》中同样表达了这样的倾向：“猎儒墨之遗文，明礼义之统纪，绝惠王利端，列往世兴衰，作孟子荀卿列传第十四。”于是疑问难免就会产生，以司马迁之史识、史情和史材，断不会对墨子忽视到如此的境地。关于个中情由，清人孙诒让在其《墨子间诂》中认为“于先秦诸子自儒家外老、庄、韩、吕、苏、张、孙、吴之伦，皆论列言行为传，唯于墨子则仅于《孟荀传》末附缀姓名，尚不能质定其时代，遑论行事。然则非从世代绵邈，旧闻散佚；而《墨子》七十一篇，其时具存，史公实未尝详事校核，亦其疏矣。”侯外庐先生则认为是出于政治压力，“不写墨者列传，自有隐忧”（《中国思想通史》第二卷）。这样的说法实际上不能算作一种非常令人满意的解释，如果说是司马迁的疏忽，那么这与他一贯的学风是不合的，并且，很明显墨家也是在他所重视的行列之中的，断无可能疏忽。避免政治上的风险，看上去似乎说得通，但问题是联系到李陵事件，这种可能性实际上也不大，况且这也不符合司马迁所秉承的史家传统。而方授楚先生提出了另外一种可能性，在我看来，这似乎是比较合情合理的一种解释。

他传之小序皆未及墨，而独此言之，则所附之传必较详也。今本《孟荀传》已有错简，又多缺略，如“楚有尸子、长卢……阿之吁子焉”，阿非楚地，其中已有缺略矣。索隐云：“按序传孟尝君第十四，而此传为第十五，盖后人差降之矣。”今通行本则序传次序相同，又非《唐本》之旧也，故传末之二十四字，必迁作《墨子》之传已亡，而为后人附益，无疑已。吾所以论列此事，不厌其详者，盖淮南王安时既有墨者，迁不应如是之疏，以见墨学之在西汉，其衰微乃渐而非顿，及汉武用董仲舒之言，罢黜百家，表章六艺，其传授始绝也。(《墨学源流》)

也就是说今本所见的这寥寥数语也极有可能并非司马迁的手笔，而是后人的窜入，司马迁曾经非常详实地写过墨子的传记，可惜已经亡佚了，这和墨家之学逐渐衰微的历史事实也密切相关。换而言之，司马迁极可能写了详实的墨子传，只是已经消失在时间的流逝之中，我们无从了解罢了。其实，这样的推论也是合理的，历史上有很多著作都存在这个问题，作品的亡佚是一个难以避免的事情，从清人的辑佚工作中，我们大概也可以看到亡佚情形之一斑。有亡佚就会有增删，就会有窜入，这也是在古典文献中常遇到的状况。

不管怎样，从司马迁在《史记》中所残留的些许记载中，我们依然可以看出一些东西，尤其是在《孟子荀卿列传》的自序中的那段话，“猎儒墨之遗文，明礼义之统纪，绝惠王利端，列往世兴衰，作孟子荀卿列传第十四”，这样的描述至少表明在司马迁那里，儒墨之间是有着紧密的联系的，可以根据儒墨的文献来为孟子荀卿作传，就很清楚地说明了这点。而“猎儒墨之遗文”，则表明司马迁事实上是看到了颇为丰富的墨家的相关资料的，这也证明亡佚说的可信。儒墨之间存在紧密的联系，这一点在《墨子》书中也可以得到印证。墨子曾经从师于儒者，学习孔子之术，称道尧舜大禹，学习儒家典籍。但后来逐渐对儒家的思想感到不满，认为“儒之道，足以丧天下者四焉”：儒家不相信天鬼的存在，会导致“天鬼不悦”；儒者主张厚葬，行三年之丧，这种行为既浪费社会财富又浪费精力；儒者推崇音乐，会同样造成浪费的后果；儒者相信命运，这会导致人们的懒惰，把自己委之于命运。

从这样的基本立场出发，我们大概可以说，墨子的出身可能相对卑微，故墨子经常自称“鄙人”，人亦尝称其为“布衣之士”和“贱人”。从这样的身份定位出发，墨子思考的出发点显然与儒家的礼乐观念不同，他更多关注现实生活层次的需求，因为在他的生活经验中，他面对的就是普通的、日常的生活，尤其是普通下层人的生活。所以，从这样的角度出发，当然会认为儒家的观念不符合现实生活的需求，是对于财富和精力的巨大浪费，而这是墨子所不能容忍的。所以，突破儒家的礼乐传统，进而采取一种更为现实的社会行为主张，也是顺理成章的事情。

二 墨子十事

墨子的基本观念，通常被称为墨子“十事”，即兼爱、非命、尚贤、尚同、天志、明鬼、非攻、非乐、节用、节葬。在墨子的观念中，这十个主张是最为根本的，也是最为真实的真理，因为这是墨子基于三表法检验的结果。墨子认为，检验人们认识的真理性，必须“言必立仪”，即有一个共同的标准。没有统一的客观标准，要辨别是非利害是不可能的。他提出了“三表法”，主张以三条标准去检验人们的认识是否具有真理性。他说：“言必有三表。何谓三表？……有本之者，有原之者，有用之者。于何本之？上本之于古者圣王之事。于何原之？下原察百姓耳目之实。于何用之？废（发）以为刑政，观其中国家百姓人民之利。此所谓言有三表也。”（《非命上》）在这里，第一，“上本之于古者圣王之事”，即以历史记载中前人的间接经验为依据；第二，“下原察百姓耳目之实”，即以广大群众的直接感觉经验为依据；第三，“废

（发）以为刑政，观其中国家百姓人民之利”，即以实际的社会效果为依据，考察各种言论、主张在实施过程中是否符合实际情况，给国家、人民带来效益。这也就是墨子所说的：“合其志、功而观焉。”（《鲁问》）他强调动机与效果的统一。这三条标准是统一的：强调了间接经验、直接经验与实际效果对检验认识真理性的决定性作用，强调了直接从事生产实践的人民群众在检验认识真理性中的重要作用。在这个基础上，所有的十事都是合乎三表的要求，都是最为现实的社会要求。

首先是兼爱：“天下兼相爱则治，交相恶则乱。”（《兼爱上》）在墨子看来，一旦做到了“兼爱”，就会出现一个“强不执弱，众不劫寡，富不侮贫，贵不傲贱，诈不谋愚”的合理的、公正的理想社会。（见《兼爱中》）墨子所向往、所追求的就是这样一个充满了爱的社会，体现了公正和正义的社会。在这一点上，可以说与儒家形成了鲜明的对比。儒家讲“仁爱”是以“孝悌”“亲亲”为出发点的，然后再推己及人，由爱有血缘关系之人推广到爱没有血缘关系之人。而墨家的“兼爱”则是没有亲疏远近、没有差等之别的，是一种人与人平等的普遍之爱。与儒家的社会理想相比，墨家的社会理想可以说带有更多下层大众的希望与追求，带有更多乌托邦性质。

第二是非命，墨子之所以相信自己的社会理想一定能够实现，从理论根源上看，在于他“非命”而“尚力”。在墨子看来，孔子和儒家所主张的那种制约、支配人的活动的“命”是不存在的。他说，人们之所以相信“命”，一则是由于人们无力改造自然，造成衣食不足，饥寒冻馁；二则是统治者不顾国家人民之政，残暴荒淫，自取败亡。对于这两个方面，他们都不从自己身上找原因，反而把这一切都归之于“命”，似乎这一切都是由“命”来决定的，自己无可奈何，无能为力。因此，墨子断然否定有“命”的存在。他认为，所谓“命”实是“暴人之道”“圣王之患”“天下之厚害”。如果一切都听从于“命”，相信贫富、治乱、寿夭都是由“命”来决定的，那就必然会导致人们放弃自己的努力，“上不听治，下不从事”，使得社会生活陷入混乱、停滞（以上见《非命上》）。墨子认为，人自身具有“力”，完全能够以自己的力量来改造自然、治理社会。禹、汤、文、武之时，之所以国泰民安，原因不在于“命”，而在于禹、汤、文、武们能够努力劳作，奋发有为，改造自然，治理社会。他认为，在当今社会，这种“力”的作用就更为显著了。

第三是尚贤，墨子认为，在社会生活中，贤者之“力”比一般人的“力”都要大，因此，要治理好社会就必须“尚贤”。在他的理想社会里，“尚贤”是一条基本原则。所谓“尚贤”，就是在官吏的选拔上任人唯贤，而不是任人唯亲。在宗族奴隶制国家里，讲的是“亲亲”、“尊尊”，任用官吏以任人唯亲为原则。而墨子则要求改变这种任人唯亲的旧原则，确立任人唯贤的新原则。在他看来，选拔委任官吏，不应当以亲疏贵贱为准则，只能以贤能功劳做标准。他说：“官无常贵，民无终贱，有能则举之，无能则下之。”（《尚贤上》）因此即使是“农与工肆之人”，只要有能力，也同样可以授之爵禄，委以重用。

第四是尚同，在“尚贤”的基础上，墨子又提出“尚同”的主张。所谓“尚同”，就是“一同天下之义”（《尚同下》），使全社会都服从于一个最高统治者的思想和意志，做到“上之所是，必皆是之；所非，必皆非之”（《尚同上》）。在墨子看来，全社会如果没有一个统一的思想和意志，就会造成是非不分，引起社会动荡。他说：“天下之所以乱者，生于无政长。”在这种情况下，“一人则一义，二人则二义，十人则十义，其人兹众，其所谓义者亦兹众。是以人是其义，以非人之义，故交相非也。”（《尚同上》）因此，要改变这种“交相非”的局面，造成“兼相爱”的社会，就必须把民众的思想和意志统一起来、集中起来。这就是：“选天下之贤可者，立以为天子”（《尚同上》）；“天下之百姓皆上同于天子”（《尚同下》）。由贤者做天子，天子在上面发号施令，把人们的思想和意志统一起来、集中起来。这样的观念，实际上跟集权的思想有着非常密切的关系。

第五是天志，墨子又感到，最高统治者往往并不可靠，也会随心所欲，甚至会出现昏君暴主，独断专行，因此，还需要有一种强有力的力量来制约最高统治者，使他们不至于随心所欲、独断专行。这个力量在当时的现实中哪里会有呢？于是墨子就只好求助于超现实的力量——“天志”。因此，墨子提出：“天子又总天下之义，以尚同于天。”（《尚同下》）在人间的天子、君主之上，还有一个更权威、更有力量的“天”的存在。人间的一切，要统一到超人间的“天”那里。在墨子看来，“天志”是人间善恶是非的最高标准，人们的言论行为都要受到它的审查和裁决，即使是王公大人也不例外。可以说，在“天志”面前，人人平等，包括最高统治者也不例外。

第六是明鬼，墨子为了解决限制最高统治者无限权力的问题，除了主张“天志”，又主张“明鬼”。他把鬼神视为“天”的助手，认为鬼神与百姓的利益是一致的，能帮助广大人民实现自己的要求与利益。墨子把鬼神分为三类：一是“天鬼神”；二是“山水鬼”；三是“人死而为鬼者”。他不仅极力论证鬼神是一种客观存在，而且赋予了鬼神以理想的性格，把鬼神作为一种力量和正义的化身。在他看来，鬼神力量巨大，英明正确，无所不知，赏贤罚暴，无所不能。他说：“幽涧广泽，山林深谷，鬼神之明必知之。”“勇力强武，坚甲利兵，鬼神之罚必胜之。”（《明鬼下》）因此，贤明的君主都知道鬼神的利害，不敢违背鬼神的意愿，而努力为天下兴利除害。既然“明鬼”，那么墨子就必然重视祭祀。他认为，祭祀的目的在于：“上以交鬼之福，下以合欢聚众，取亲乎乡里。”（《明鬼下》）这种对待祭祀的态度与孔子是不同的，带有相当浓厚的神秘主义色彩。

第七是非攻，墨子认为，要实现“兼爱”，还必须解决一个国与国之间的关系问题。当时正是各诸侯国之间战争频繁之际，频繁的战争给各国人民带来了深重的灾难，墨子对此深恶痛绝，坚决反对。他提出了“非攻”的主张，作为他的理想社会的一个重要原则。在墨子看来，战争有两类，一类是正义的战争，是对有罪之国的打击，他称之为“诛”；另一类是非正义的战争，是对无罪之国的侵略，他叫做“攻”。墨子并不反对一切战争，而是赞同“诛”、反对“攻”。用今天的话说，他主张正义战争，反对非正义战争。墨子指出，攻伐无罪之国的战争，一方面给被攻伐之国的人民带来巨大灾难；另一方面又使攻伐之国耗费粮草、死伤士卒，于人于己都是不可估量的损失。这种战争是最大的不义。在他看来，国与国之间之所以相互攻伐，就在于“诸侯各爱其国，不爱异国”（《兼爱中》）。如果有“兼爱”的精神，“视人之国，若视其国”（《兼爱下》），就不会有战争了。

第八是非乐，墨子对于儒家所赞颂和维护的礼乐传统大为不满，认为这是一种奢侈浪费，无益于民众的生产和生活。他说，王公大人制造乐器，厚敛民财，耗费民资，只供他们少数人享乐，无补于广大百姓饥寒。乐器制成之后，还需要人演奏歌舞，荒废了男耕女织，影响了农业生产。在他看来，制礼作乐实在是大可不必，恢复已经崩坏的礼乐更是没有必要。

第九是节用，与其反对浪费的观念相一致，墨子又提出“节用”的主张，强调人人过节俭的生活。他说：“凡足以奉给民用则止。诸加费、不加于民利者，圣王弗为。”（《节用中》）举凡饮食、衣服、丧葬等，都要“去无用之费”（《节用上》）。

第十是节葬，墨子非常痛恨当时盛行的厚葬、久葬之风。他认为，这不仅使大量财富不用于活人而用于死人，造成许多贫穷百姓倾家荡产，而且助长了天子诸侯的残酷的杀殉，“天子杀殉，众者数百，寡者数十；将军大夫杀殉，众者数十，寡者数人”（《节葬下》），夺走了许多百姓的生命。对于儒家所鼓吹的那一套烦琐的丧葬礼仪，如服丧三年之类，墨子进行了猛烈的抨击，认为这是“久丧伪哀以谩亲”（《非儒下》），既影响了正常的生产与生活，又不能真正哀悼已死的亲人，实不足取。因此，他明确地提出“节葬”的主张。

从这一些简单的概述中，我们大抵可以对墨子的基本观念有一个了解。从墨子立论的基本立场而言，他的论述都是基于现实的层面出发的。面对着春秋战国时期的混乱局面，在墨子看来，要改变社会的状况，达到理想化的生存状态，就必须要针对现实的问题提出现实可行的方法。儒家的解决方式，自然不具可操作性，因为它所导致的是社会的浪费和人民的疲惫。从这些论述中，我们可以深切地体会到作为一个现实主义者，墨子对于社会生存状态的深刻关怀。

我们应当说，作为现实主义者，墨子确实抓住了当时社会的症结所在，提出了其变革的主张。从理论的层面来说，是非常切实可行的，因为，墨子的出发点就是基本的社会存在状况。但是，在一定意义上来说，墨子这种现实主义是行不通的，具有比孔孟儒家更为理想化的倾向。虽然墨子认为这样做可以给人君、社会带来利益，但是，这种利益的选择与人君对于利益的界定是否一致呢？墨子以“利”作为其立论的基础，然而“利”毕竟具有着非常明显的个体差异性，它跟主体的现实状态、需求以及个性等都有着密切的联系，当我们以这样的“利”作为基础去建立一个普遍可行的理论范式的时候，我们会发现，其实，这里面充满着很多理想化的假定和状态。但是，不管怎样，墨子毕竟发现了现实中存在的问题，然后也试图以一种比较切实可行的方法（至少在墨子看来是可行的）来解决问题，在墨子这里，其所依赖的利无疑既是自利的，也是利他的。

三　墨家精神

鲁迅对墨家非常推崇，他有一篇非常有趣的短文《论流氓的变迁》，讨论的其实和墨家的演变有密切关系。此外《故事新编》的《铸剑》《非攻》中，甚至是《摩罗诗论》中，都可以看到墨家的影子，曾以“尚夏道，兼爱，尚同，非古之礼乐，亦非儒”来概括墨学主旨。但鲁迅对墨学的倾心或许并非由于其思想（当然，他对于墨家的思想内核有着深刻的领会），而在于实践其学说的方法及所表现的精神风貌——一种兼具儒家“知其不可而为之”和为“兴天下之利”而“摩顶放踵”“赴汤蹈火”的宗教式献身。换而言之，对于鲁迅来说更为重要的乃是墨家团体的行为方式。墨家学派是一个组织严密的带有宗教色彩的禁欲主义团体，其成员称为“墨者”，多半来自从事生产劳作的社会下层，生活刻苦，严守纪律，为宣传和实践墨子的政治主张和社会理想奔走于各国之间，富有舍身殉道的牺牲精神。墨子死后，其门人推选一人为墨者领袖，称为“钜子”，继续领导墨家活动，“墨子服役者百八十人，皆可使赴火蹈刃，死不还踵”（《淮南子·泰族训》）。当然，这些并不是墨家的全部。按照一般的理解，墨家学派在墨子死后分为三派，统称为后期墨家（主要是两种人：注重自然科学，《墨经》；尚武，侠客的鼻祖）。后期墨家重视自然科学和逻辑学研究，对中国古代几何学、力学、光学的发展及古代形式逻辑体系的建立做出了重要贡献。后期墨家所研究的这些内容，多与中国古代农业社会没有那么密切的联系。

当然，鲁迅最为推崇的应当是尚武、勇于担当这样的一种墨者形象。根据文献的记载，墨家团体的行为方式和精神风貌大概具有如下特征：首先，墨家不仅是一个学派，而且是一个注重实践、纪律严格的武装集团，故文献典籍中的墨者，都具有极高尚的理想，又能身体力行之。其旨虽被荀子讥为“役夫之道”，但“墨子服役者百八十人，皆可使赴火蹈刃，死不还踵”，具有“以自苦为极”“虽枯槁不舍”的气质。其次，墨家虽具有某种宗教的意味，如其强调“尚同”“天志”“明鬼”等，但绝少追求内在超越，与儒道等中国学问大异其趣。《墨子》有《修身》章，其中少有儒家之“内省”功夫，却充满如何通过“力事”来体现内在修养的教诲。最后，墨家特别强调源于信仰的人的精神意志力量。庄子曾讥评“其生也勤，其死也薄，其道大觳。使人忧，使人悲，其行难为也”。尽管如此，墨家却“使徒众”，能成为显学，这恰好反证了墨者具有超乎常人的精神意志力。他们景仰大禹治水之功和“形劳天下”的精神，履行“以自苦为极”的“禹之道”。

对于鲁迅来说，或许正是因为墨家团体所具有的这种宗教式的担当精神和献身精神，才使得他对于墨者特别欣赏，从鲁迅作品中很多人物形象的描述中，我们也可以很清楚地看到具有这种特质的人物。那么为什么鲁迅会特别对墨家团体的宗教精神感兴趣呢？考虑到鲁迅所处的特殊时代，我们就很能理解了。鲁迅是处于一个极度需要“中国的脊梁”的时代，这种脊梁所需要的就是一种担当和献身的精神，唯有如此，才能让人在黑暗中看到前行的希望。此外，改造国民性是当时一个重要的论题，如何改造国民性？不同的学者有不同的思路，要考察鲁迅的思路，就得联系到他的老师章太炎的思路。章太炎主张“用宗教发起信心，增进国民的道德”，即是用宗教来改造国民性，当然在诸多宗教的比较中，章太炎选择了佛教。或者是受到章太炎这种思路的影响，鲁迅选择的是墨家。在鲁迅看来，墨家的这种宗教式献身精神，“重茧而不休息，裂裳裹足”（《战国策·赵策》）的担当精神，摩顶放踵而利天下，这正是当时中华民族所最为需要的。于是乎，具有宗教情怀的现实主义者墨子，终于在经过两千余年的沉寂之后，在现代社会中获得了新的重视。

四　文献选读

（一）《墨子·兼爱上第十四》

圣人以治天下为事者也，必知乱之所自起，焉能治之；不知乱之所自起，则不能治。譬之如医之攻人之疾者然：必知疾之所自起，焉能攻之；不知疾之所自起，则弗能攻。治乱者何独不然？必知乱之所自起，焉能治之；不知乱之所自起，则弗能治。

圣人以治天下为事者也，不可不察乱之所自起，当察乱何自起？起不相爱。臣子之不孝君父，所谓乱也。子自爱不爱父，故亏父而自利；弟自爱不爱兄，故亏兄而自利；臣自爱不爱君，故亏君而自利，此所谓乱也。虽父之不慈子，兄之不慈弟，君之不慈臣，此亦天下之所谓乱也。父自爱也不爱子，故亏子而自利；兄自爱也不爱弟，故亏弟而自利；君自爱也不爱臣，故亏臣而自利。是何也？皆起不相爱。

虽至天下之为盗贼者亦然，盗爱其室不爱其异室，故窃异室以利其室；贼爱其身不爱人，故贼人以利其身。此何也？皆起不相爱。虽至大夫之相乱家，诸侯之相攻国者亦然。大夫各爱其家，不爱异家，故乱异家以利其家；诸侯各爱其国，不爱异国，故攻异国以利其国，天下之乱物具此而已矣。察此何自起？皆起不相爱。

若使天下兼相爱，爱人若爱其身，犹有不孝者乎？视父兄与君若其身，恶施不孝？犹有不慈者乎？视弟子与臣若其身，恶施不慈？故不孝不慈亡有。犹有盗贼乎？故视人之室若其室，谁窃？视人身若其身，谁贼？故盗贼亡有。犹有大夫之相乱家、诸侯之相攻国者乎？视人家若其家，谁乱？视人国若其国，谁攻？故大夫之相乱家、诸侯之相攻国者亡有。若使天下兼相爱，国与国不相攻，家与家不相乱，盗贼无有，君臣父子皆能孝慈，若此，则天下治。故圣人以治天下为事者，恶得不禁恶而劝爱？故天下兼相爱则治，交相恶则乱。故子墨子曰："不可以不劝爱人者，此也。"

（二）《墨子·兼爱中第十五》

子墨子言曰："仁人之所以为事者，必兴天下之利，除去天下之害，以此为事者也。”然则天下之利何也？天下之害何也？子墨子言曰：“今若国之与国之相攻，家之与家之相篡，人之与人之相贼，君臣不惠忠，父子不慈孝，兄弟不和调，此则天下之害也。”

然则崇此害亦何用生哉[①]？以不相爱生邪？子墨子言：“以不相爱生。今诸侯独知爱其国，不爱人之国，是以不惮举其国以攻人之国。今家主独知爱其家，而不爱人之家，是以不惮举其家以篡人之家。今人独知爱其身，不爱人之身，是以不惮举其身以贼人之身。是故诸侯不相爱，则必野战；家主不相爱，则必相篡；人与人不相爱，则必相贼；君臣不相爱，则不惠忠；父子不相爱，则不慈孝；兄弟不相爱，则不和调。天下之人皆不相爱，强必执弱，富必侮贫，贵必敖贱[②]，诈必欺愚。凡天下祸篡怨恨，其所以起者，以不相爱生也。是以仁者非之。”

既以非之，何以易之？子墨子言曰：“以兼相爱交相利之法易之。”然则兼相爱交相利之法将奈何哉？子墨子言：“视人之国若视其国，视人之家若视其家，视人之身若视其身。是故诸侯相爱则不野战，家主相爱则不相篡，人与人相爱则不相贼，君臣相爱则惠忠，父子相爱则慈孝，兄弟相爱则和调。天下之人皆相爱，强不执弱，众不劫寡，富不侮贫，贵不敖贱，诈不欺愚。凡天下祸篡怨恨可使毋起者，以相爱生也。是以仁者誉之。”

然而今天下之士君子曰：“然！乃若兼则善矣；虽然，天下之难物於故也。[③]”子墨子言曰：“天下之士君子，特不识其利、辩其故也。今若夫攻城野战，杀身为名，此天下百姓之所皆难也。苟君说之，则士众能为之。况于兼相爱、交相利，则与此异。夫爱人者，人必从而爱之；利人者，人必从而利之；恶人者，人必从而恶之；害人者，人必从而害之。此何难之有？特上弗

① “崇”字无义，乃“察”字之误。何用生者，何以生也。《一切经音义》卷七，引《苍颉篇》曰：“用，以也”，《诗·桑柔篇》“逝不以濯”，《尚贤》篇引作“鲜不用濯”，即其证也。

② “敖”通“傲”。

③ “於”为“迂”之假借字。

以为政、士不以为行故也。

昔者晋文公好士之恶衣，故文公之臣皆牂羊之裘，韦以带剑，练帛之冠，入以见于君，出以践于朝。是其故何也？君说之，故臣为之也。

昔者楚灵王好士细要，故灵王之臣皆以一饭为节，胁息然后带，扶墙然后起。比期年，朝有黧黑之色。是其故何也？君说之，故臣能之也。

昔越王句践好士之勇，教驯其臣，和合之[①]焚舟失火，试其士曰：'越国之宝尽在此！'越王亲自鼓其士而进之。士闻鼓音，破碎[②]乱行，蹈火而死者左右百人有余。越王击金而退之。"

是故子墨子言曰："乃若夫少食、恶衣、杀身而为名，此天下百姓之所皆难也。若苟君说之，则众能为之。况兼相爱、交相利，与此异矣。夫爱人者，人亦从而爱之；利人者，人亦从而利之；恶人者，人亦从而恶之；害人者，人亦从而害之。此何难之有焉？特上不以为政而士不以为行故也。"

然而今天下之士君子曰："然，乃若兼则善矣。虽然，不可行之物也，譬若挈太山越河、济也。"子墨子言："是非其譬也。夫挈太山而越河、济，可谓毕劫有力矣，自古及今未有能行之者也。况乎兼相爱，交相利，则与此异，古者圣王行之。何以知其然？古者禹治天下，西为西河渔窦，以泄渠、孙、皇[③]之水；北为防、原、泒，注后之邸、呼池之窦，洒为底柱，凿为龙门，以利燕、代、胡、貉与西河之民；东方漏之陆，防孟诸之泽，洒为九浍，以楗[④]东土之水，以利冀州之民；南为江、汉、淮、汝，东流之注五湖之处，以利荆、楚、干、越与南夷之民。此言禹之事，吾今行兼矣。昔者文王之治西土，若日若月，乍光于四方，于西土，不为大国侮小国，不为众庶侮鳏寡，不为暴势夺穑人黍稷狗彘。天屑临文王慈，是以老而无子者，有所得终其寿；连独无兄弟

① 按孙诒让说，此三字无义，疑当作"私令人"，属下读。
② "碎"，疑"萃"之借字，"萃"亦行列之谓。
③ 疑当作蒲弦泽，即雍州泽薮之弦蒲也。
④ 《说文》云："楗，门限。"

者，有所杂于生人之间；少失其父母者，有所放依而长。此文王之事，则吾今行兼矣。昔者武王将事泰山隧，传曰：'泰山，有道曾孙周王有事。大事既获，仁人尚作，以祗商、夏[1]、蛮夷丑貉。虽有周亲，不若仁人。万方有罪，维予一人。'此言武王之事，吾今行兼矣。"

是故子墨子言曰："今天下之君子，忠实欲天下之富，而恶其贫；欲天下之治，而恶其乱，当兼相爱、交相利。此圣王之法，天下之治道也，不可不务为也。"

（三）《墨子·兼爱下第十六》

子墨子言曰："仁人之事者，必务求兴天下之利，除天下之害。"然当今之时，天下之害，孰为大？曰："若大国之攻小国也，大家之乱小家也，强之劫弱，众之暴寡，诈之谋愚，贵之敖贱，此天下之害也。又与为人君者之不惠也，臣者之不忠也，父者之不慈也，子者之不孝也，此又天下之害也。又与今人之贱人，执其兵刃、毒药、水、火，以交相亏贼，此又天下之害也。

姑尝本原若众害之所自生，此胡自生？此自爱人利人生与？即必曰非然也，必曰从恶人贼人生。分名乎天下恶人而贼人者，兼与？别与？即必曰别也。然即之交别者，果生天下之大害者与？是故别非也。"子墨子曰："非人者必有以易之，若非人而无以易之，譬之犹以水救火也，其说将必无可焉。"是故子墨子曰："兼以易别。然即兼之可以易别之故何也？曰：藉为人之国，若为其国，夫谁独举其国以攻人之国者哉？为彼者由为己也。为人之都，若为其都，夫谁独举其都以伐人之都者哉？为彼犹为己也。为人之家，若为其家，夫谁独举其家以乱人之家者哉？为彼犹为己也。然即国、都不相攻伐，人家不相乱贼，此天下之害与？天下之利与？即必曰天下之利也。

① 祗：拯救。

姑尝本原若众利之所自生。此胡自生？此自恶人贼人生与？即必曰非然也，必曰从爱人利人生。分名乎天下爱人而利人者，别与？兼与？即必曰兼也。然即之交兼者，果生天下之大利者与。”是故子墨子曰：“兼是也。且乡吾本言曰：‘仁人之事者，必务求兴天下之利，除天下之害。’今吾本原兼之所生，天下之大利者也；吾本原别之所生，天下之大害者也。”是故子墨子曰：“别非而兼是者，出乎若方也。

今吾将正求与天下之利而取之，以兼为正，是以聪耳明目相与视听乎！是以股肱毕强相为动宰乎！而有道肆相教诲，是以老而无妻子者，有所侍养以终其寿；幼弱孤童之无父母者，有所放依以长其身。今唯毋以兼为正，即若其利也。不识天下之士，所以皆闻兼而非者，其故何也？”

然而天下之士，非兼者之言犹未止也。曰：“即善矣。虽然，岂可用哉？”子墨子曰：“用而不可，虽我亦将非之。且焉有善而不可用者？姑尝两而进之。谁以为二士，使其一士者执别，使其一士者执兼。是故别士之言曰：‘吾岂能为吾友之身，若为吾身？为吾友之亲，若为吾亲？’是故退睹其友，饥即不食，寒即不衣，疾病不侍养，死丧不葬埋。别士之言若此，行若此。兼士之言不然，行亦不然，曰：‘吾闻为高士于天下者，必为其友之身，若为其身；为其友之亲，若为其亲。然后可以为高士于天下。’是故退睹其友，饥则食之，寒则衣之，疾病侍养之，死丧葬埋之。兼士之言若此，行若此。若之二士者，言相非而行相反与？当使若二士者，言必信，行必果，使言行之合犹合符节也，无言而不行也。然即敢问：今有平原广野于此，被甲婴胄将往战，死生之权未可识也；又有君大夫之远使于巴、越、齐、荆，往来及否未可识也。然即敢问：不识将恶也家室[①]，奉承亲戚，提挈妻子，而寄托之？不识于兼之有是乎？于别之有是乎？我以为当其于此也，天下无愚夫愚妇，虽非兼之人，必寄托之于兼之有是也。此言而非兼，择即取兼，即此言行

① 俞云：“‘恶’下脱‘从’字。‘将恶从也’，犹云‘将何从也’。”

费也。不识天下之士，所以皆闻兼而非之者，其故何也？”

然而天下之士，非兼者之言，犹未止也。曰：“意可以择士，而不可以择君乎？”“姑尝两而进之。谁以为二君，使其一君者执兼，使其一君者执别，是故别君之言曰‘吾恶能为吾万民之身，若为吾身？此泰非天下之情也。人之生乎地上之无几何也，譬之犹驷驰而过隙也’。是故退睹其万民，饥即不食，寒即不衣，疾病不侍养，死丧不葬埋。别君之言若此，行若此。兼君之言不然，行亦不然。曰：‘吾闻为明君于天下者，必先万民之身，后为其身，然后可以为明君于天下。’是故退睹其万民，饥即食之，寒即衣之，疾病侍养之，死丧葬埋之。兼君之言若此，行若此。然即交若之二君者，言相非而行相反与？常使若二君者，言必信，行必果，使言行之合犹合符节也，无言而不行也。然即敢问：今岁有疠疫，万民多有勤苦冻馁，转死沟壑中者，既已众矣。不识将择之二君者，将何从也？我以为当其于此也，天下无愚夫愚妇，虽非兼者，必从兼君是也。言而非兼，择即取兼，此言行拂也。不识天下所以皆闻兼而非之者，其故何也？”

然而天下之士，非兼者之言也，犹未止也。曰：“兼即仁矣，义矣。虽然，岂可为哉？吾譬兼之不可为也，犹挈泰山以超江、河也。故兼者，直愿之也，夫岂可为之物哉？”子墨子曰：“夫挈泰山以超江、河，自古之及今，生民而来未尝有也。今若夫兼相爱、交相利，此自先圣六王者亲行之。”何知先圣六王之亲行之也？子墨子曰：“吾非与之并世同时，亲闻其声、见其色也。以其所书于竹帛、镂于金石、琢于盘盂，传遗后世子孙者知之。《泰誓》曰：‘文王若日若月，乍照，光于四方于西土。’即此言文王之兼爱天下之博大也，譬之日月兼照天下之无有私也。”即此文王兼也，虽子墨子之所谓兼者，于文王取法焉。

“且不唯《泰誓》为然，虽《禹誓》即亦犹是也。禹曰：‘济济有群，咸听朕言，非惟小子，敢行称乱，蠢兹有苗，用天之罚，若予既率尔群对诸群[①]，以

① “既”为“即”假借字。“群对诸群”当为“群邦诸辟”。

征有苗。'禹之征有苗也，非以求以重富贵、干福禄、乐耳目也，以求兴天下之利，除天下之害。"即此禹兼也。虽子墨子之所谓兼者，于禹求焉。

"且不唯《禹誓》为然，虽《汤说》即亦犹是也。汤曰：'惟予小子履，敢用玄牡，告于上天后曰：今天大旱，即当朕身履，未知得罪于上下，有善不敢蔽，有罪不敢赦，简在帝心。万方有罪，即当朕身，朕身有罪，无及万方。'即此言汤贵为天子，富有天下，然且不惮以身为牺牲，以祠说于上帝鬼神。"即此汤兼也。虽子墨子之所谓兼者，于汤取法焉。

"且不惟《誓命》与《汤说》为然，《周诗》即亦犹是也。《周诗》曰：'王道荡荡，不偏不党；王道平平，不党不偏。其直若矢，其易若厎[①]。君子之所履，小人之所视。'若吾言非语道之谓也，古者文、武为正，均分赏贤罚暴，勿有亲戚弟兄之所阿。"即此文、武兼也。虽子墨子之所谓兼者，于文武取法焉。不识天下之人，所以皆闻兼而非之者，其故何也？

然而天下之非兼者之言，犹未止。曰："意不忠亲之利，而害为孝乎？"子墨子曰："姑尝本原之孝子之为亲度者。吾不识孝子之为亲度者，亦欲人爱利其亲与？意欲人之恶贼其亲与？以说观之，即欲人之爱利其亲也。然即吾恶先从事即得此？若我先从事乎爱利人之亲，然后人报我爱利吾亲乎？意我先从事乎恶人之亲，然后人报我以爱利吾亲乎？即必吾先从事乎爱利人之亲，然后人报我以爱利吾亲也。然即之交孝子者，果不得已乎，毋先从事爱利人之亲者与？意以天下之孝子为遇而不足以为正乎？姑尝本原之先王之所书，《大雅》之所道曰：'无言而不雠，无德而不报。投我以桃，报之以李。'即此言爱人者必见爱也，而恶人者必见恶也。不识天下之士，所以皆闻兼而非之者，其故何也？"

"意以为难而不可为邪？尝有难此而可为者。昔荆灵王好小要，当灵王之身，荆国之士饭不逾乎一，固据而后兴，扶垣而后行。故约食为其难为也，

① "厎"即"砥"。

然后为而灵王说之，未逾于世而民可移也，即求以乡其上也。昔者越王勾践好勇，教其士臣三年，以其知为未足以知之也，焚舟失火，鼓而进之，其士偃前列，伏水火而死有不可胜数也。当此之时，不鼓而退也，越国之士可谓颤[①]矣。故焚身为其难为也，然后为之越王说之，未逾于世而民可移也，即求以乡上也。昔者晋文公好苴服，当文公之时，晋国之士，大布之衣，牂羊之裘，练帛之冠，且苴之屦，入见文公，出以践之朝。故苴服为其难为也，然后为而文公说之，未逾于世而民可移也，即求以乡其上也。是故约食、焚舟、苴服，此天下之至难为也，然后为而上说之，未逾于世而民可移也。何故也？即求以乡其上也。今若夫兼相爱、交相利，此其有利且易为也，不可胜计也，我以为则无有上说之者而已矣。苟有上说之者，劝之以赏誉，威之以刑罚，我以为人之于就兼相爱、交相利也，譬之犹火之就上、水之就下也，不可防止于天下。

故兼者，圣王之道也，王公大人之所以安也，万民衣食之所以足也。故君子莫若审兼而务行之，为人君必惠，为人臣必忠，为人父必慈，为人子必孝，为人兄必友，为人弟必悌。故君子莫若欲为惠君、忠臣、慈父、孝子、友兄、悌弟，当若兼之不可不行也。此圣王之道，而万民之大利也。”

① “颤”读为“惮”。

五 延伸阅读书目

1. 谭戒甫 《墨辩发微》，北京：中华书局，2004 年。

2. 郑杰文 《20 世纪墨学研究史》，北京：清华大学出版社，2002 年。

3. 王桐龄 《儒墨之异同》，上海：上海书店，1992 年。

4. 方授楚 《墨学源流》，北京：中华书局，1989 年。

5. 徐希燕 《墨子研究——墨子学说的现代诠释》，北京：商务印书馆，2001 年。

6. 邢兆良 《墨子评传》，南京，南京大学出版社，1993 年。

7. 杨俊光 《〈墨经〉研究》，南京，南京大学出版社，2002 年。

8. 张永义 《墨——苦行与救世》，广州：广东人民出版社，1996 年。

9. 陈柱 《墨子十论》，上海：商务印书馆，1928 年。

10. 梁启超 《墨子学案》，《饮冰室合集》卷八 · 专集之三十九，北京：中华书局，1989 年。

第八讲　辩者公孙龙

一　辩者的意义

对于辩者，中国传统之中并未给予应有的重视。也许和孔夫子所作的“巧言令色，鲜矣仁”（《论语·学而》）的价值判断相关，在这样的传统中，善于辞令、论辩在一定意义上被视为是远离大道，是不被社会舆论所接受的。

更为重要的是，当我们从社会价值系统去考察的时候，我们会发现一个值得深思的问题。从社会体系来看，社会的发展需要一个稳定的价值系统，这个系统的基本要求是确定一系列的规范、制定一整套的准则，从而形成社会的主导价值规范，确定性和稳定性是这个系统最为根本的要求，也是社会稳定、持续发展的基本保障。而且，这些规范和价值是不能够被怀疑的，它就是我们日常生活的依据。

当然，从严格的逻辑意义上来考察的时候，我们确实可以提出很多质疑。比如，这些规范和价值的根基在哪里？为什么我们选择这一些价值规范作为社会的基础，而不是另外一些？这些价值规范的基本内涵到底是什么？诸如此类的问题都可以在逻辑层面讨论、追问，甚至被怀疑和驳斥。但是，从社会事实层面来看的时候，这些是不需要再讨论的基础，是一个社会赖以存在的前提条件。当一种观念或者价值体系被社会所接受并成为主导价值系统的时候，这些就成为意识形态被确立下来，作为意识形态的思想系统是没有质疑的余地的。而辩者们所要做的，就是对一切进行辨析讨论，以澄清其内在的逻辑理路。而这样的学术倾向和现实选择，就意味着他们在一定程度上是与社会的主流价值形态相背的，换而言之，这就从根本上注定了在中国这样的强调政治一统的社会氛围中，辩者们的生存空间是相当有限的。

> 子产治郑，邓析务难之。与民之有狱者约：大狱一衣，小狱襦袴。民之献衣襦袴而学讼者，不可胜数。以非为是，以是为非，是非无度，而可与不可日变。所欲胜因胜，所欲罪因罪。郑国大乱，民口谨哗。子产患之，于是杀邓析而戮之。（《吕氏春秋·离谓》）

在一定意义上可以视为辩者先驱的邓析，他的行为表明了辩者与这个社会存在着某种程度上的不契。“以是为非，以非为是”，是辩者们的一贯行为方式，在一定意义上我们确乎可以说这样导致的结果就是是非的不确定性，所谓“可与不可日变”，这样导致的结果当然是可以预见的。对于社会的统治来说，这样的后果是糟糕的，因为一旦是非无定，那么我们还能够依据怎样的原则来统治和管理呢？所以从这个意义上来说，邓析之被杀也是顺理成章的结果，因为他扰乱了正常的社会运作规范，对于这样的行为，正常的社会秩序是难以容忍的。

但是，需要更进一步思考的问题在于，这种“以是为非，以非为是”的行为方式表明了什么？换而言之，它对于我们的积极意义在哪里？这样的思考方式至少告诉了我们，其实是、非这样的观念在很大程度上是具有主观性色彩的，这就意味着，类似于是、非这样的观念是主体（社会）赋义的结果。当社会价值规范允许的时候，我们认为它是是的，反之，我们认为它是非的。但问题不在于是非本身，而在于这种赋义的过程是否是正当的，即需要追问的是为什么规定这些是是的，而另外一些是非的，这种价值规范的合理性在哪里？更进一步可能的讨论是，这些是非的标准在现实生活中所呈现出来的是否是一成不变的，即是、非的标准是确定的，还是可以被任意改变的？如果说出于某些现实政治的需要，或者是某些主观的意愿，是非的标准是可以随之改变的话，那么，这就表明是非本身是成问题的。既然是非本身是成问题的，这就更有追问的理由和必要了。这样的质疑，在很大意义上可以完善我们对于是非本身的理解，更明确地说是对于是非内涵的透彻考察。所以，“以是为非，以非为是”这样的行为方式恰恰告诉我们，在现实中很多价值规范系统存在着问题，需要重新审视。

其实，这样的思路在孔夫子那里也曾经提出过，就是正名。辩者希望通过辨名析理的方式，对现实的观念进行一番仔细的审查、清理，从而确立起我们的价值系统，即达到名实相符的结果。而现实社会之所以有种种问题的存在，比如礼崩乐坏的事实，表明在思维概念体系上明显存在着名实不相符的状态，所谓“君不君，臣不臣，父不父，子不子”（《论语·颜渊》）。这样一来，辩者的思路其实也是很清晰的。他们并不是要挑战现行的规范体系，也并不是要标新立异，而是，他们希望通过对于现实中一些基本观念的清理，从而达到名实相符。从这个意义上来说，似乎我们有重新审视辩者的需要，或者说，他们所讨论的，其实也并不是纯粹的抽象观念，或者只是概念的游戏而已。实际上，他们和中国传统的主流思想一样，同样是要恢复社会良好的、稳定的秩序。只不过他们所采取的方式和主流的思想形态略有差异，他们是从对社会的基本概念和观念内涵梳理的角度出发，注重从抽象思维的进路来重新讨论现实的问题。在他们似乎复杂的逻辑推演背后，是他们对于天下的深刻关注，而公孙龙子无疑是这样的辩者中的一个杰出代表。

二 公孙龙其人

虽然我们现在对于公孙龙子的生平很难有一个非常详实的、确定的了解，但是从仅存的一些材料记载中，我们同样可以看出，在他所在的那个时代，公孙龙子是一个非常独特的人物，有着广泛的影响。“庄子曰：‘然则儒、墨、杨、秉四，与夫子为五，果孰是邪？……’”“惠子曰：‘今乎儒、墨、杨、秉，且方与我以辩……’”（《庄子·徐无鬼》）这里所说的秉就是公孙龙，能与儒、墨、杨（朱）并列，我们可以看到公孙龙在当时所具有的影响力。当然，庄子本人对于公孙龙子的辩者形象并不满意，认为“桓团、公孙龙，辩者之徒，饰人之心，易人之意，能胜人之口，不能服人之心，辩者之囿也。”（《庄子·天下》）庄子的这个评价并不意外，从他对惠施的态度中可以明显地看到其对于论辩这一类行为的不满和不屑。这样的方式，在庄子看来，无非是逞口舌之快，对于道本身不但不能正确领悟，反而由于自身观念的限制而背离了道，最后只能是“饰人之心，易人之意，能胜人之口，不能服人之心”。

现存的关于公孙龙子生平的材料，除了《公孙龙子·迹府》之外，还散见于《战国策》、《列子》、《吕氏春秋》、《史记·平原君虞卿列传》以及《孔丛子》中，根据一般的说法，公孙龙为赵人，其生活的年代，大抵在庄子和惠施前后，长时间为赵平原君门客。其生平事迹现今所见有趣者，有偃兵说及与孔穿辩论二者。关于偃兵之说，根据《吕氏春秋·应言》，公孙龙尝说燕昭王偃兵；而《吕氏春秋·审应览》则记载其曾与赵惠文王论偃兵。其对于偃兵的讨论虽然不是以非常能令人接受的方式（相反多少有点揭人之短的味道）进行，但是，对于偃兵这一基本事实的主张则无疑表明了公孙龙对于战争的基本否定的态度，这也多少可以体现出他的政治态度。而且，这个主张和墨子有着接近的地方，这或许也可以从另一个角度说明公孙龙子与墨子之间存在着某种密切的内在关系。

当然，公孙龙生平中最为精彩的片段是与孔穿之间的论辩，因为这与公孙龙赖以成名的“白马非马”论密切相关，在《公孙龙子·迹府》与《孔丛子》中对于此事都有详细的记载，虽然论述的立场不同，但是基本的事实还是比较清晰的，这从另一个角度反映出“白马非马”论所具有的影响力。孔穿是孔子的后人，按照《孔丛子》的说法，孔穿是基于对公孙龙“此人小辩而毁大道”的基本判断而欲往与之论辩，“为天下故往”。这样的描述，也从另外一个侧面体现出了公孙龙在当时社会中所具有的地位。而两者之间的论辩，主要围绕着“白马非马”论展开，孔穿希望公孙龙放弃其“白马非马”的主张，而公孙龙的论辩则在于说明此辩的正当性。有意思的是公孙龙用来支持立论的两个例子，一个是“楚人非人”（按照公孙龙的概括）的观念，一个是“齐国无士”。前者公孙龙引用了孔子对于楚王遗弓一事的评价，且看公孙龙是如何来处理这一事件的：“且白马非马，乃仲尼之所取。龙闻楚王张繁弱之弓，载亡归之矢，以射蛟兕于云梦之圃，而丧其弓。左右请求之。王曰：‘止。楚人遗弓，楚人得之，又何求乎？’仲尼闻之曰：‘楚王仁义而未遂也。亦曰人亡弓，人得之而已，何必楚？’若此，仲尼异‘楚人’与所谓‘人’。夫是仲尼异‘楚人’于所谓‘人’，而非龙‘白马’于所谓‘马’，悖。”（《公孙龙子·迹府》）按照公孙龙在这里的讨论，白马非马这样的理论实际上也是孔夫子所主张的，因为在楚王遗弓这件事情上，楚王的解释是“楚人遗弓，楚人得之”，而孔子的解释则为“人亡弓，人得之”，并由此而认为楚王是“仁义而未遂”，即未能够忘记国界的限制而不能把仁义推至于天下，只是局限于楚地，所以孔子言“人亡弓，人得之”，这样的说法，旨在将仁义之心由此及彼，推之于天下，这也是孔子道德理想主义的基本关怀。那既然孔子可以用“人亡弓，人得之”来取代楚王“楚人遗弓，楚人得之”，从公孙龙的逻辑来说，这就意味着孔子是“异‘楚人’与所谓‘人’”，即楚人非人。既然孔子都持这样的主张，那么白马非马也是顺理成章的结论了。其实从严格的意义上来说，是不能从孔子的论说中反推出楚人非人这一结论的，但是，从公孙龙的论辩中，这样的结论似乎又是自然而然的结果。其实关键的问题在于两者的立足点不同，孔子立足于推行仁义、教化天下的角度，认为不能局限于楚，但言人即可以推仁于天下。而公孙龙的立足点则在于逻辑的分析，认为在孔子的陈述中所呈现出来的事实是，楚人与人是两个不同的概念，故楚人非人，既然如此，白马非马同样成立。

这一事件的趣味性还不仅在于此，在儒、道、释三家的文献中都曾利用过这个事件。儒家的使用，见于《孔子家语・好生》，“楚王出游，亡弓，左右请求之。王曰：‘止，楚王失弓，楚人得之，又何求之！’孔子闻之，惜乎其不大也，不曰人遗弓，人得之而已，何必楚也。”这里的重点落在“惜乎其不大也”，换而言之，如果按照孔夫子的道德理想的推行来说，毫无疑问，楚王达到了一定的境界，但是，楚王毕竟是楚王，其仁义是局限于楚国的，而这与孔子推行仁义于天下的境界来说，则相去甚远，所以“惜乎其不大也”。明显，这里是从儒家的道德理想角度去加以评价的，呈现出来的是两者在于道德境界上的大小差异。而道家的使用，则见于《吕氏春秋・贵公》：“荆人有遗弓者，而不肯索，曰：‘荆人遗之，荆人得之，又何索焉？’孔子闻之曰：去其‘荆’而可矣。老聃闻之曰：去其‘人’而可矣。故老聃则至公矣。”这里论述所处理的基本事件还是一致的，只不过加上了老聃这一比较对象。从“荆人”到“去荆”再到“去人”，呈现出来的显然不是伦理道德意义上的广度，而是生命情感境界的差异，言“荆人”者局限于眼前的事实，言“去荆”者依然眷恋于尘世的种种，而言“去人”者，其境界依然超越于世俗之上，与天地为一，这就是道家所言的道的境界。道本自然，所以在道之前，天地万物具有同等的价值，于是不必要去区分人、物，或者楚人、人，这一切都分有着道的价值，所以《吕氏春秋》说老聃“至公”。至公就意味着对于具体事物的超越而进入了道的境地，在道的层面，一切皆一。明末高僧莲池大师也曾引用过这一事件，其讨论重点则又颇为不同："楚王失弓，左右欲求之。王曰：'楚人失弓，楚人得之，何必求也。'仲尼曰：'惜乎其不广也。胡不曰：人遗弓，人得之，何必楚也。'大矣哉！楚王固沧海之胸襟，而仲尼实乾坤之度量也。虽然，仲尼姑就楚王言之，而未尽其所欲言也。何也？尚不能忘情于弓也。进之则王失弓，王犹故也，无失也；假令王复得弓，王犹故也，无得也。虽然，犹未也，尚不能忘情于我也。又进之，求其所谓我者不可得，安求其所谓弓也、人也、楚也。"（《竹窗随笔·楚失弓》）莲池大师的解释，则明显是从佛教的角度来进行的，无论是说楚人、人、弓等等，都是不能忘情的结果，所谓不能忘情也就是存在着我执。如果能够去掉我执，即忘情，那么就没有了所谓的弓、人、楚的区分，而这才是真正最高的境界。

从儒、道、释三家的不同解释，再加上公孙龙对于事件的界说，我们可以很惊奇地发现，同样一个事件，在不同的诠释系统下会呈现出不同的状态。这也正是公孙龙要提醒我们注意的，当我们面对一个确定的对象的时候，会由于我们不同的主观性而导致截然不同的解释，这就需要我们对于概念本身有明确的界定。而齐国无士的故事，同样是由于个体的主观、任意性导致对于概念本身的不确定。齐王宣称"寡人甚好士，以齐国无士"，而在尹文步步追问下，齐王对于士的概念的设定与其事实异常混乱、矛盾，而这一现象出现的根本原因即在于，对于齐王而言"士"仅仅是一个概念（即"名"）而已，其事实上的行为（"实"）则与此大相径庭，所以才会得出"齐国无士"这样的结论。

这场论辩的结果，当然是以孔穿的失败而告终。然根据《孔丛子》中平原君对公孙龙所说，"公无复与孔子高辩事也。其人理胜于辞，公辞胜于理，终必受诎"。从平原君的评价来看，似乎公孙龙仅是一个辩者，并非是以理取胜，只是以辩取胜，这也似乎是通常对于公孙龙的定位。公孙龙以"白马非马"赢得盛名，这个论题为公孙龙赢得了声誉（或者说独特性），这个命题本身与常识似乎相去甚远，所以，作为辩者形象的公孙龙也由此而确立起来。历史上的辩者公孙龙，根据记载，后来由于受绌于邹衍而消失。

三　白马论与守白

“白马非马”论是公孙龙的成名辩题，也是公孙龙之所以成为公孙龙的标志所在。也正是因为如此，公孙龙才为时人所熟知，为后世所记起。撇开这个命题，公孙龙在一定意义上也就无异于他者，因此，他对于孔穿要求他放弃这个主张相当不满，并与之论辩。那么，这个非常有悖于常识理解的命题到底是什么意思呢？在何种意义上，白马非马的论说是成立的呢？

公孙龙是基于正名实的前提来进行其论辩的，《名实论》中的论述也成为理解公孙龙命题的基本前提，所以在讨论公孙龙的具体观念之前，我们有必要对公孙龙的基本立场有一个比较清晰的了解。在《名实论》中，公孙龙明确地指出：

> 天地与其所产者，物也。物以物其所物而不过焉，实也。实以实其所实而不旷焉，位也。出其所位，非位；位其所位焉，正也。

在这段论述中，公孙龙提出了四个基本概念：物、实、位、正。物，“天地与其所产者”，即天地及其所化生的东西；实，“物以物其所物而不过焉”，即名所反映的事物只能是该类事物，不能超过这一类而指向其他；位，“实以实其所实而不旷焉”，即名所反映的具体内容应该是“实其所实”，不可空缺。正，“出其所位，非位；位其所位焉”，即名的确定性。在这里，实相当于概念的外延，位相当于概念的内涵。这四个概念的梳理，并不是纯粹抽象地讨论问题，而是表明在我们进行逻辑思维的时候，我们需要对所使用的概念本身有明确的、清醒的把握，使用的任何观念都需要考察其是否是一个逻辑上完全有效的概念，即物其物而不过、实其所实而不旷、位其所位，唯有这样的观念，才是真正经得起检验的，才是清晰、明确的。而物其物而不过、实其所实而不旷、位其所位三者也成为了公孙龙所有讨论的基本原则。

在这个前提之下，如何进行正名？公孙龙说“以其所正，正其所不正，疑其所正。”（《名实论》）什么是正？如前言就是要达到名的确定性，即正名：“其正者，正其所实也；正其所实者，正其名也。”（《名实论》）亦即要达到名实相符的结果。简单地说，这个过程就是用已经正了的名来正不正的名，同时，对于所谓的正的名报以怀疑的态度，即如果不能真正达到“实”的名是不能被认为是正的。那么，正的标准是什么？换而言之，我们怎样来判断是名实相符的状态呢？“其名正，则唯乎其彼此焉。谓彼而彼不唯乎彼，则彼谓不行。谓此而行不唯乎此，则此谓不行。其以当不当也，不当而乱也。”（《名实论》）标准就是“唯乎彼此”，亦即名（概念）具有确定性和唯一性，这就意味着任何正确的名只能反映一个确定的对象。如果一个概念可以指称的对象不止一个，那么所达到的结果就是混乱。所以，要消除概念的混淆，就必须正名，而要正名，则又必须对名与实之间的关系进行非常严格的界定，坚持物其物而不过、实其所实而不旷、位其所位的基本立场。从这个角度来说，公孙龙对于人类的概念系统的重要性有着清醒的认识，人类乃是生活在概念的世界之中，如果概念系统本身不清晰，那么人与人之间交流互动将会成为一个非常严峻的问题。所以，公孙龙讨论的其实不只是一个纯粹抽象的问题，实际上乃是关涉人类生活的最为基础的问题。当然，从最纯粹的角度出发，公孙龙在《名实论》中所持的基本立场，也奠定了其所有论述的基础。如果不理解《名实论》，那么就很难对其他论述形成总体的了解和把握。

从这样的设定出发，“白马非马”论也是很容易理解和接受的。在《白马

论》中，公孙龙对于这一辩题有非常清晰的讨论。公孙龙的论证，大致可以从三个方面来进行解读，首先，

> 马者，所以命形也；白者，所以命色也。命色者非命形也。故曰："白马非马。"

在这段论述中，公孙龙严格区分了马和白马两个概念的内涵，马与白马是有根本内涵差异的两个不同的概念，马是就形而言的，白是就色而言的，"命色者非命形也"，所以，白马非马。作为一个概念，马和白都需要满足"位"的要求，即符合"实以实其所实而不旷焉"的原则，形与色是两者在概念设定上的基本差异，由此而确定两种不同的对象的存在，所以，从这个意义上来说，白马非马。

其次，从外延的角度来考虑，即从这两个概念所指的具体对象而论，也是不同的，按照公孙龙的说法，

> 求马，黄、黑马皆可致；求白马，黄、黑马不可致。是白马乃马也，是所求一也。所求一者，白者不异马也，所求不异，如黄、黑马有可有不可，何也？可与不可，其相非明。如黄、黑马一也，而可以应有马，而不可以应有白马，是白马之非马，审矣！

按照公孙龙对于"实"的基本定位，"物以物其所物而不过焉"，即名所反映的事物只能是该类事物，不能超过这一类而指向其他事物。那么很清楚，当我们需要找马的时候，无论黄马、黑马，甚或是白马都可以的。但是，如果我们要找白马，那么，黄马和黑马显然就不行。这样的事实也表明在马与白马之间是存在着明显的差异的，所以，从这个意义上来说，当我们考察马和

白马概念所具有的外延的时候，我们会明显发觉其中的差异，这种差异表明白马非马这一观念的确凿无疑。需要指出的是，公孙龙所谓“白马非马”之“非”并不是否定白马之作为马的存在的这一基本事实，上文明显说了“白马乃马”，其所要指出的乃是这两个概念之间的差异性，并非否认两者之间事实上存在着的某种常识的联系性。但是，在公孙龙看来，正是这种常识的联系性是要命的，因为这样的常识在很多时候会妨碍我们对于事实本身的判断而进入纯粹抽象的思维领域。

最后，虽然从常识的意义上我们可以毫无疑问地判断白马是作为马的一类而存在的，但是，这仍然不能抹杀白马所具有的特殊性。既然我们称其为白马，这就表明它与一般意义上的马在事实上是不同的，这不是一个纯粹抽象的问题，恰恰是一个事实的陈述，

> 马固有色，故有白马。使马无色，有马如已耳，安取白马？故白马非马也。白马者，马与白也。黑与白，马也？故曰白马非马也。

在现实中我们所看到的马都是有颜色的，所以才有白马、黄马、黑马等等，颜色是马之所以存在的前提，离开色彩的这一特殊性的规定，马将无以存在。因为纯粹抽象的概念的马是无法现实化的，从这个意义上来说白马和马是有差异的。白马（黑马、黄马也一样）所描述的是作为个别的马的具体存在，而马所指向的是概念的存在，如此一来两者的差异也是显而易见的。当然，如果从纯粹思维的分析而言，白马乃是白的概念和马的概念组合而成，这当然是与马的概念本身有差异了，所以，白马非马是确乎无疑的结论了。

从公孙龙的具体论述来看，其实“白马非马”这样的说法，也并不是什么骇人听闻的结论，虽然可能有那么一些悖于常识的地方。但事实上，公孙龙想要告诉我们的是概念本身必须要清晰，每一个确定的概念都有其明确的

内涵和外延，我们在使用这些概念的时候必须要清醒地意识到概念本身的独特性。

坚持概念的独特性，这是公孙龙的基本风格，所以，在他的《坚白论》、《指物论》、《通变论》中，这样的风格是一贯的，这也就是他在《名实论》中所确定的“唯”（独特性）的基本原则。比如在《坚白论》中强调“离”，认为“离”是“独而正”的，独就是“唯乎彼此”，也就是“位其所位”。而在《指物论》中，对于“物指非指”的强调，《通变论》中对于“二无一”的讨论，都是在这样的基本前提下呈现出来的。由此可以看出，公孙龙的基本立场是一致的，基于概念的独特性来强调名实相符，实际上，名实相符本身就意味着概念的特殊性。

在关于公孙龙的研究中，大多数的论者都把他定位在一个辩者（名家）的位置，希望通过纯粹思维的分析和讨论，来确立其在中国传统逻辑思想史上的地位，或者认为他是早期逻辑学的创立者（或者是集大成者）等等。这些论断本身都没有问题，因为，传统的界定就是如此。而且，公孙龙本身的讨论也是在这个框式下进行的，而他与墨子及其后学之间的种种关系，也表明了他的基本学术倾向。

这里需要指出的是，我们通常在研究公孙龙的时候都会忽视了这句话，就是在《迹府》篇开篇所说的：

> 公孙龙，六国时辩士也。疾名实之散乱，因资材之所长，为“守白”之论。假物取譬，以“守白”辩，谓白马为非马也。

这段话对于相关的研究者来说，应该是非常熟悉的。但是，往往我们都不太会去注意其中的一个描述——“守白”。“守白”在这段行文中是非常关键的，“疾名实之散乱，因资材之所长”是“守白”得以成立的前提，换而言之，为什么要“守白”？那是因为当时名实混乱，而公孙龙又善于处理名实之关系。那么，如何“守白”？“假物取譬，以‘守白’辩，谓白马为非马也”，即通过对于“白马非马”这一观念的阐述，假物取譬，来辩论“守白”。这样一来，“白马非马”论实际上也就是公孙龙用来“守白”的一种论辩方式而已。

那么接着的问题就非常清楚了，什么是“守白”？在现存的《公孙龙子》中并没有对此有明确的界定。但是，我们从这一段论述中可以推论出的是，如果“白马非马”论是论证“守白”的一种方式的话。那么，在“白马非马”里，公孙龙所要确立的是白马之作为白马的特殊性，即“白”。于是，“白”就意味着特殊性，意味着个体的独特性。这样一来，“守白”也就意味着对于特殊性的坚持。随之而来的问题是，坚持特殊性（“守白”）有什么意义？如果从名实的角度来分析，那么特殊性就意味着任何一个概念都有其特殊的含义和特别的指向，只有坚持这种特殊性，我们才能够对症治理名实混乱的事实。所以，“守白”要清理的不仅仅是思维层次的问题，同样也指向了现实层面的具体存在。只有这样，公孙龙才有可能“以正名实而化天下”。所以，从“化天下”的目标来说，我们不能仅仅将公孙龙视为一个沉迷于纯粹思维的人，或者仅仅只是一个辩者而已，公孙龙有其自己的现实抱负和努力。

在这个意义上，我宁愿将公孙龙定位成为一位“守白”的思想者。“守白”对于公孙龙而言，具有着非常深刻的含义：

首先，“守白”的基础是名实关系的辨析，这也就是在《名实论》中公孙龙所讨论的基本原则。要“守白”，首先就必须要确定什么是白，亦即，需要对人们的概念系统和思维方式进行重新的清理，从而使得名实之间关系不再混乱。

其次，“守白”的基本内涵是任何一个概念（比如白）都有着自身的物、实、位、正的设定，亦即，都是独一无二的概念，并且指向的是独一无二的存在。这就表明，任何一个概念（或者存在）本身都有其特殊的意义。

最后，“守白”最终的意义是指向这个现存的社会的，亦即“化天下”的目的。这表明公孙龙并不是沉醉于概念的游戏，也不只是工于辩论，或者只是玩弄概念。这样的论辩本身有着非常明显的现实意义，他是从现实的混乱状态出发的，基于对现实的分析，认为现实问题的根源在于名实的混乱，要改变现实就必须从清理人们思维的观念系统开始。而一旦达到名实相符的结果，这就意味着社会重新恢复了良好的秩序。这同孔夫子所言的“正名”实际上有异曲同工之妙。

一个“守白”的思想者，以其自身独特的论辩方式，希望在现实中保持事物应有的、独特的价值，多少有些特立独行的意味。这也在一定程度上，使得后人只是注意到了他的论辩能力，而忽视了论辩之确立的基础和目的。对于公孙龙来说，他的“守白”理想是无法付诸实现的，历史的事实也是如此呈现出来。而他的论辩则被后人始终铭记，于是似乎他只是一个善于辞令的辩者而已。对于公孙龙来说，这究竟是幸还是不幸？这很难一概而论。但是，这些论辩是否可以提醒我们另外一个思考的进路呢？

四 文献选读

（一）迹府篇

公孙龙，六国时辩士也。疾名实之散乱，因资材之所长，为“守白”之论。假物取譬，以“守白”辩，谓白马为非马也。白马为非马者，言白所以名色，言马所以名形也；色非形，形非色也。夫言色则形不当与，言形则色不宜从，今合以为物，非也。如求白马于厩中，无有，而有骊色之马，然不可以应有白马也。不可以应有白马，则所求之马亡矣，亡则白马竟非马。欲推是辩，以正名实，而化天下焉。

龙与孔穿会赵平原君家。穿曰："素闻先生高谊，愿为弟子久，但不取先生以白马为非马耳。请去此术，则穿请为弟子。"龙曰："先生之言悖。龙之所以为名者，乃以白马之论尔。今使龙去之，则无以教焉。且欲师之者，以智与学不如也。今使龙去之，此先教而后师也；先教而后师之者，悖。且白马非马，乃仲尼之所取。龙闻楚王张繁弱之弓，载亡归之矢，以射蛟兕于云梦之圃，而丧其弓。左右请求之。王曰：'止。楚王遗弓，楚人得之，又何求乎？'仲尼闻之曰：'楚王仁义而未遂也。亦曰人亡弓、人得之而已，何必楚？'若此，仲尼异'楚人'与所谓'人'。夫是仲尼异'楚人'于所谓'人'，而非龙异'白马'于所谓'马'，悖。""先生修儒术而非仲尼之所取，欲学而使龙去所教，则虽百龙，固不能当前矣。"孔穿无以应焉。

公孙龙，赵平原君之客也；孔穿，孔子之叶也。穿与龙会。穿谓龙曰："臣居鲁，侧闻下风，高先生之智，说先生之行，愿受益之日久矣，乃今得见。然所不取先生者，独不取先生之以白马为非马耳。请去白马非马之学，穿请为弟子。"

公孙龙曰："先生之言悖。龙之学，以白马为非马者也。使龙去之，则龙无以教。无以教而乃学于龙也者，悖。且夫欲学于龙者，以智与学焉为不逮也。今教龙去白马非马，是先教而后师之也。先教而后师之，不可。"

"先生之所以教龙者，似齐王之谓尹文也。齐王之谓尹文曰：'寡人甚好士，以齐国无士，何也？'尹文曰：'愿闻大王之所谓士者。'齐王无以应。尹文曰：'今有人于此，事君则忠，事亲则孝，交友则信，处乡则顺。有此四行，可谓士乎？'齐王曰：'善！此真吾所谓士也。'尹文曰：'王得此人，肯以为臣乎？'王曰：'所愿而不可得也。'"

"是时齐王好勇。于是尹文曰：'使此人广众大庭之中，见侵侮而终不敢斗，王将以为臣乎？'王曰：'钜士也？见侮而不斗，辱也！辱则寡人不以为臣矣。'尹文曰：'唯见侮而不斗，未失其四行也。是人未失其四行，其所以为士也。然而王一以为臣，一不以为臣，则向之所谓士者，乃非士乎？’齐王无以应。”

“尹文曰：‘今有人君，将理其国，人有非则非之，无非则亦非之；有功则赏之，无功则亦赏之，而怨人之不理也，可乎？’齐王曰：‘不可。’尹文曰：‘臣窃观下吏之理齐，其方若此矣。’王曰：‘寡人理国，信若先生之言，人虽不理，寡人不敢怨也。意未至然与？’”

“尹文曰：‘言之敢无说乎？王之令曰：‘杀人者死，伤人者刑。’人有畏王之令者，见侮而终不敢斗，是全王之令也。而王曰：‘见侮而不斗者，辱也。’谓之辱，非之也。无非而王辱之，故因除其籍，不以为臣也。不以为臣者，罚之也。此无罪而王罚之也。且王辱不敢斗者，必荣敢斗者也；荣敢斗者是，而王是之，必以为臣矣。必以为臣者，赏之也。彼无功而王赏之。王之所赏，吏之所诛也；上之所是，而法之所罪也。赏罚是非，相与四谬，虽十黄帝，不能理也。’齐王无以应。”

“故龙以子之言有似齐王。子知难白马之非马，不知所以难之说，以此，犹好士之名，而不知察士之类。”

（二）白马论

“白马非马”，可乎？

曰：可。

曰：何哉？

曰：马者，所以命形也；白者，所以命色也。命色者，非命形也。故曰：白马非马。

曰：有白马，不可谓无马也。不可谓无马者，非马也？有白马为有马，白之非马，何也？

曰：求马，黄、黑马皆可致；求白马，黄、黑马不可致。使白马乃马也，是所求一也。所求一者，白者不异马也，所求不异，如黄、黑马有可有不可，何也？可与不可，其相非明。故黄、黑马一也，而可以应有马，而不可以应有白马，是白马之非马，审矣！

曰：以马之有色为非马，天下非有无色之马。天下无马，可乎？

曰：马固有色，故有白马。使马无色，有马如已耳，安取白马？故白者非马也。白马者，马与白也。马与白，马也？故曰：白马非马也。

曰：马未与白为马，白未与马为白。合马与白，复名“白马”。是相与以不相与为名，未可。故曰：白马非马，未可。

曰：以有白马为有马，谓有白马为有黄马，可乎？

曰：未可。

曰：以有马为异有黄马，是异黄马于马也；异黄马于马，是以黄马为非马。以黄马为非马，而以白马为有马，此飞者入池而棺椁异处，此天下之悖言乱辞也。

曰：有白马不可谓无马者，离白之谓也。是离者，有白马不可谓有马也。故所以为有马者，独以马为有马耳，非有白马为有马。故其为有马也，不可以谓“马马”也。

曰：白者，不定所白，忘之而可也。白马者，言白定所白也，定所白者非白也。马者，无去取于色，故黄、黑皆所以应；白马者，有去取于色，黄、黑马皆所以色去，故唯白马独可以应耳。无去者非有去也，故曰：白马非马。

（三）指物论

物莫非指，而指非指。

天下无指，物无可以谓物。非指者天下，而物可谓指乎？

指也者，天下之所无也；物也者，天下之所有也。以天下之所有，为天下之所无，未可。

天下无指，而物不可谓指也。不可谓指者，非指也；非指者，物莫非指也。

天下无指，而物不可谓指者，非有非指也。非有非指者，物莫非指也。物莫非指者，而指非指也。

天下无指者，生于物之各有名，不为指也。不为指而谓之指，是兼不为指。以有不为指之无不为指，未可。

且指者，天下之所兼。天下无指者，物不可谓无指也。不可谓无指者。非有非指也。非有非指者，物莫非指。指，非非指也；指与物，非指也。

使天下无物指，谁径谓非指？天下无物，谁径谓指？天下有指无物指，谁径谓非指？径谓无物非指？

且夫指固自为非指，奚待于物，而乃与为指？

（四）坚白论

坚、白、石三，可乎？

曰：不可。

曰：二，可乎？

曰：可。

曰：何哉？

曰：无坚得白，其举也二；无白得坚，其举也二。

曰：得其所白，不可谓无白；得其所坚，不可谓无坚：而之石也之于然也，非三也？

曰：视不得其所坚，而得其所白者，无坚也；拊不得其所白，而得其所坚，无白也。

曰：天下无白，不可以视石；天下无坚，不可以谓石。坚、白、石不相外，藏三可乎？

曰：有自藏也，非藏而藏也。

曰：其白也，其坚也，而石必得以相盈。其自藏奈何？

曰：得其白，得其坚，见与不见离，不见离，一一不相盈，故离。离也者，藏也。

曰：石之白，石之坚，见与不见，二与三，若广修而相盈也。其非举乎？

曰：物白焉，不定其所白；物坚焉，不定其所坚。不定者兼，恶乎其石也？

曰：循石，非彼无石；非石，无所取乎白石。不相离者固乎然，其无已！

曰：于石，一也；坚白，二也，而在于石，故有知焉，有不知焉；有见焉，有不见焉。故知与不知相与离，见与不见相与藏。藏故，孰谓之不离？

曰：目不能坚，手不能白。不可谓无坚，不可谓无白。其异任也，其无以代也。坚白域于石，恶乎离？

曰：坚未与石为坚而物兼，未与物为坚而坚必坚。其不坚石物而坚，天下未有若坚，而坚藏。

白固不能自白，恶能白石物乎？若白者必白，则不白物而白焉。黄黑与之然。石其无有，恶取坚白石乎？故离也。离也者因是。力与知果，不若因是。

且犹白以目、以火见。而火不见；则火与目不见而神见。神不见而见离。坚以手，而手以捶；是捶与手知而不知，而神与不知。

神乎！是之谓离焉。离也者天下，故独而正。

五 延伸阅读书目

1. 黄克剑 译注 《公孙龙子》，北京：中华书局，2012 年。

2. 黄克剑 《名家琦辞疏解——惠施公孙龙研究》，北京：中华书局，2010 年。

3. 杨俊光 《惠施公孙龙评传》，南京：南京大学出版社，2011 年。

4. 谭戒甫 《公孙龙子形名发微》，武汉：武汉大学出版社，2006 年。

5. 庞朴 《公孙龙子研究》，北京：中华书局，1979 年。

6. 朱前鸿 《先秦名家四子研究》，北京：中央编译出版社，2005 年。

7. 王琯 《公孙龙子悬解》，北京，中华书局，1992 年。

8. 王永祥 《燕赵先秦思想家公孙龙、慎到、荀况研究》，保定：河北大学出版社，2002 年。

9. 钱穆 《惠施公孙龙》，上海：上海书店，1992 年。

10. 徐复观 《公孙龙子讲疏》，台北：学生书局，1966 年。

第九讲　孙子与孙子兵法

一　兵与兵家

人类生活的历史，在一定程度上就是一部战争的历史。当然，这种战争不一定是发生在群体之间的血淋淋的斗争事实，也可以是没有硝烟的战争。但是不管是任何一种形式的战争，都意味着人类生存的历史是充满竞争的历史，这样的命题，在今日尤其显得凸出。人类的生存竞争，大多数是围绕着资源展开的，由于资源的相对有限性，就注定在这样背景下生存的人类必然面临着生存的抉择。如同荀子曾经指出的那样，当人类不得不以群居的形式生活在一个物质资料相对匮乏的社会背景之下的时候，人类为了满足其生存欲望而产生的种种恶行也就可以预期了。所以，人类的行为并不是天然的，而是受到其生存环境的客观约束的。既然人类生存受到客观条件的约束，这就意味着，客观的生存环境在很大程度上会影响个体的价值观念和行为选择。这同样也意味着，在物质资料相对匮乏的生存环境中，为了赢得个体的生存和发展，竞争是不可避免的，于是，战争（竞争）行为也成为人类历史中不可或缺的一个环节而存在。而人类的一个天性就是善于在不断的经验事实中学习、积累和总结，这同样是出于更好地应对现实生存状况的需要。于是，对于生存竞争的种种行为的总结，也就成为了民族文化的一个重要组成部分。

在中国的传统中，对于生存竞争的经验总结也构成了中国传统文化中一道非常独特的风景线，这就是我们通常所说的兵法。或者因为我们的传统过多地强调道德的教化，而对于武力竞争这样的事情基本上持贬斥的态度，所以，关于生存竞争及类似的主张，似乎一直受到了主导思想形态的制约，始终徘徊在主流的价值观念之外。但是，从另外一个角度来说，生存的事实注定这种竞争的行为是具有普遍性的，也是基础性的。所以，如何从战略的、理论的高度来讨论生存竞争（战争）的问题也成为了各个时代、各种不同族群所需要考虑的首要问题，如果我们始终把生存的需求放在最为基础的角度来考察的话，这样我们也不难理解为什么在中国传统的历史上有着非常丰富的兵家思想的总结和论述。在春秋战国这样的时代，由于诸侯之间经常混战，要在这样的局面中赢得自身的生存和发展，就必须要在武力上战胜对方，从历史的角度来看，我们也可以很清楚地发现，这一时期产生的兵家的论著特别多，这毫无疑问和当时独特的社会生存环境有着密切的关系。

《汉书·艺文志》收录的汉以前兵家著作五十三家，七百九十篇，图四十三卷，分为权谋、形势、阴阳、技巧四家：

> 权谋者，以正守国，以奇用兵，先计而后战，兼形势，包阴阳，用技巧者也。
>
> 形势者，雷动风举，后发而先至，离合背乡，变化无常，以轻疾制敌者也。
>
> 阴阳者，顺时而发，推刑德，随斗击，因五胜，假鬼神而为助者也。
>
> 技巧者，习手足，便器械，积机关，以立攻守之胜者也。
>
> 兵家者，盖出古司马之职，王官之武备也。《洪范》八政，八曰师。孔子曰为国者“足食足兵”，“以不教民战，是谓弃之”，明兵之重也。《易》曰：

"古者弦木为弧，剡木为矢，弧矢之利，以威天下"，其用上矣。后世耀金为刃，割革为甲，器械甚备。下及汤、武受命，以师克乱而济百姓，动之以仁义，行之以礼让，《司马法》是其遗事也。自春秋至于战国，出奇设伏，变诈之兵并作。汉兴，张良、韩信序次兵法，凡百八十二家，删取要用，定着三十五家。诸吕用事而盗取之。武帝时，军政杨仆捃摭遗逸，纪奏兵录，犹未能备。至于孝成，命任宏论次兵书为四种。

这段论述非常详细地对兵家系统进行了界定。兵家的来源是出于古代的司马之职，是作为王者的武备而存在的，这就意味着对于王者来说，战争一者是其成为王者的必要手段，二者也是其成为王者的重要保障。道理很简单，如果离开了武备，那么，在春秋战国这样混乱的局势中，其是否能够获得生存都成为了一个疑问，更不必说称王于天下了。所以对于王者来说，必须要有武备，这就需要有一些人精通战争的种种，善于总结战争的经验教训，以形成系统的、有效的军事理论，兵家的存在由此而成为不可缺少的一个重要环节。在现实的政治局势中，兵家在某种意义上占有举足轻重的地位，因为它直接关涉着国家的生死存亡。当然，兵家存在不仅有强烈的现实根据，也有其理论上的依据。上文引《洪范》、孔子、《易》的言辞，旨在说明战争这样的行为在历史上的存在是具有其合法性的，而且，在国家的层面上来说，战争是一件非常重要的、关键的事情。但是，即便是生存竞争，也是可以在仁义的背景下进行讨论和规范的，于是，汤、武受命，以师克乱，无疑是合乎仁义的行为，这在儒家为主导的价值系统中也是得到确认的。这表明，对于战争这样的行为，有着不同的价值区分，按照先秦时期最为通行的区分形式是义战和非义战。当然，合乎义与否，只是对于战争行为进行诠释的一种方式，并不代表战争本身的价值倾向。从战争事实的角度来讨论的时候，我们都会发现战争确乎是一件非常残忍的事情，它是以生命的代价来完成一项生存竞争的事实。从这个意义上来说，战争本身并不是一件仁义的事情，所以，在先秦时代反对战争也是一个比较常见的舆论，比如墨子的“非攻”。但是，作为一种生存的基本事实，战争又不得不存在，所以必须要对战争的行为进行解说，不仅是讨论战争行为本身，同样要在整个社会政治框架的系统下给予战争以价值的设定，这样的讨论，在历史上也是非常普遍的。

然而，战争归根到底还是一个军事的事实、一个生存竞争的惨烈事实，所以，它的技巧性和实践性，似乎永远超越于理论的诠释。由此，我们去考察兵家历史的时候，我们也会发现，在更多的意义上，他们注重讨论的是战争行为的现实有效性，即以何种方式才能够赢得战争的胜利。从这个角度来说，关于战争讨论的兵家著述，总体上来说都是立足于现实功利的需要，因为生存竞争本身就是一件现实而又功利的行为。这样一来，使得兵家的讨论更多地是侧重在现实的技巧和方法，追求的是用兵的有效性。于是，从权谋、形势、阴阳、技巧四家的区分，可以很清楚地看到，虽然各自的立足点有不同，但是如何有效地获得战争的胜利，都是他们最为关注的问题。

既然兵家关注的是现实的利益，故而其立论的出发点均是以现实的情势为依据，这样导致的一个结果是他们所总结的经验并非具有普适性，从而导致在世事的变迁之中，很多原先的讨论不再具有其论说的有效性而淹没在历史的长河之中。所以，吕思勉先生曾经对兵家有如是点评：“阴阳、技巧之书，今已尽亡。权谋、形势之书，亦所存无几。大约兵阴阳家言，当有关天时，亦必涉迷信。兵技巧家言，最切实用。然今古异宜，故不传于后。兵形势之言，亦今古不同。惟其理多相通，故其存在，仍多后人所能解。至兵权谋，则专论用兵之理，凡无今古之异。兵家言之可考见古代学术思想者，断推此家矣。”（吕思勉《先秦学术概论·兵家》）也就是，目前我们所能看到的兵家之书，大抵是关于用兵权谋之术，讨论的是用兵之理，这也是具有超越性的理论阐释的部分，所以，能够超越既定的时代，其所论之理可以为人们的行为提供某种思考。而无论阴阳、技巧还是形势等，都是因为有现实的局限性，故而不易为我们今天所了解或者接受了。这就表明，由于兵家的基本思维方式和现实特点，决定了他们大多数的作品已经不为我们今日所熟悉。

即便如此，我们今天依旧可以看到相当数量的兵家之书，当然，多数都是与战争谋略相关的，具有超越一定时代限制的原则性、理论性的讨论。“武经七书”作为官方认可的兵家之书，在传统中国社会中，自宋代以后，成为了武举考试的基本教科书。作为兵家之经的存在，它是对于传统兵法理论的高度概括和总结，体现的是在中国传统兵法史上的精华。《孙子兵法》《吴子兵法》《六韬》《司马法》《三略》《尉缭子》《李卫公问对》，这七部兵书就是被称为“武经七书”的兵家之书，从北宋神宗年间开始，它们就作为一个整体而呈现在世人的面前，作为兵家的经典，在考武举的士人心目中，具有了和儒家十三经相类似的地位。

二　孙子与孙子兵法

在诸多的兵法之中，《孙子兵法》（《孙子》）具有着最为特殊的意义，几乎所有的兵法，都与其有着紧密的联系，唐太宗李世民曾说“朕观诸兵书无出孙武”（《李卫公问对》），这多少表明了在中国兵法历史上，《孙子》所具有的独特价值。而明末儒将茅元仪的说法，更是恰当地指出了《孙子》所具有的特殊意义：“前孙子者，孙子不遗；后孙子者，不能遗孙子。”（《武备志》）这样一来，《孙子》成了兵法史上一个承前启后的关键性标志。其实，在常识意义上，当我们讨论兵法的时候，多数人首先想到的即是《孙子》，这也在一定意义上表明了《孙子》在中国传统中所具有的深远的影响力，它已经成为了一个学科门类的符号。就像孔子，我们说儒家的时候，自然会想到他。

孙武，齐人，战国时期著名的军事家，他的出身按照通常的说法是出于齐国将门之后，这也为他的早期军事才能的培养提供了可能。然而，齐国发生四姓（田、鲍、栾、高）之乱，国内陷于一片混乱之中，孙武对于此种状态相当不满。而此时，南方吴国渐强，大有称霸兴盛之势，于是孙武南行吴国，以寻求实现其抱负的可能。在很长一段时间，孙武隐居于吴地，深研兵法，并结识了伍子胥，后经伍子胥引荐，为吴王阖闾（阖庐）所重用，从而助吴王称霸诸侯。孙武一生的军事才能，均是在吴国的实践中实现出来的，死后亦葬于吴地，故而在《吴越春秋》中称孙武为“吴人”，这也是有一定道理的。孙武的行事，在司马迁的传记中，详细记载者唯有“吴宫教战”，这是孙武初见阖闾并展现其非凡的军事指挥和战略才能的事件。

孙子武者，齐人也。以兵法见于吴王阖庐。阖庐曰：“子之十三篇，吾尽观之矣，可以小试勒兵乎？”对曰：“可。”阖庐曰：“可试以妇人乎？”曰：“可。”于是许之，出宫中美女，得百八十人。孙子分为二队，以王之宠姬二人各为队长，皆令持戟。令之曰：“汝知而心与左右手背乎？”妇人曰：“知之。”孙子曰：“前，则视心；左，视左手；右，视右手；后，即视背。”妇人曰：“诺。”约束既布，乃设鈇钺，即三令五申之。于是鼓之右，妇人大笑。孙子曰：“约束不明，申令不熟，将之罪也。”复三令五申而鼓之左，妇人复大笑。孙子曰：“约束不明，申令不熟，将之罪也；既已明而不如法者，吏士之罪也。”乃欲斩左右队长。吴王从台上观，见且斩爱姬，大骇。趣使使下令曰：“寡人已知将军能用兵矣。寡人非此二姬，食不甘味，愿勿斩也。”孙子曰：“臣既已受命为将，将在军，君命有所不受。”遂斩队长二人以徇。用其次为队长，于是复鼓之。妇人左右前后跪起皆中规矩绳墨，无敢出声。于是孙子使使报王曰：“兵既整齐，王可试下观之，唯王所欲用之，虽赴水火犹可也。”吴王曰：“将军罢休就舍，寡人不愿下观。”孙子曰：“王徒好其言，不能用其实。”于是阖庐知孙子能用兵，卒以为将。西破强楚，入郢，北威齐晋，

显名诸侯，孙子与有力焉。（《史记·孙子吴起列传》）

这一段记载应该说相当简略，以孙子后来在兵法史上的地位而言，这里似乎并没有对孙武的现实军事才能进行描述。但是“吴宫教战”这一描述的意义还是非常特殊的，从这一事件里面，我们已然可以看出孙武所具有的军事素养。首先，这次演练的对象是“妇人”，而且包括吴王的宠姬，在一定程度上增加了演练的难度；其次，孙武对于号令的发布阐述非常简单、清晰，在具体的军事行为中，指令的简单、清晰，是保证军事行为效果的重要因素；再者，在这一个简单的事件中，孙武表现出了一位良好的军事指挥者所应具有的基本才能——赏罚分明、令出必行。面对的是吴王的宠姬，孙武依旧是按照军令行事，虽然无情，但是，这是整治军队、发挥军队战斗力的关键，孙武当然熟知这一点，从后来“妇人”的表现来看，也是有明显效果的；最后，同样需要指出的，阖闾是一位具有抱负、能容人的统治者，这样的君主，对于军事行为的开展，有着关键的影响，在这里，虽然宠姬被杀令其痛苦，但是，关键的是“阖闾知孙子能用兵，卒以为将”，这表明阖闾对于事实有着清醒的判断，这也使得其后来称霸有了可能。通过这一事件的描述，我们至少可以得出两个结论：孙武具有非凡的军事才能，阖闾有着用人之量。两者的结合，必然会产生良好的现实结果。所以，后面只用“西破强楚，入郢，北威齐晋，显名诸侯，孙子与有力焉”一句，就可以将孙武的现实军事才能概括了，因为这一切都是顺理成章的结果，这也是司马迁的高明所在，只要从一个细小的侧面，我们就可以很清晰地看到作为军事家孙武所具有的能力。

三　《孙子兵法》

孙武流传于世的是兵法十三篇，称《孙武兵法》，或者《孙子兵法》。十三篇，六千字不到，在这影响深远的作品中，孙武言简意赅地描述了战争的各种决定性因素，对于后世的战争实践有着不可或缺的影响，这体现了一位精明的军事领导者所具有的高度概括的能力。

《孙子》十三篇中，《始计篇》为《孙子兵法》第一篇，始计，就是战前的打算，古时称为“庙算”。本篇可以说是《孙子》的总论，为谋略的根本。其核心论点有二：一是军事上的战略运筹，对决定战争胜负的五个基本原素（道、天、地、将、法）加以分析研究，敌我对比，认为有了胜利把握，才兴兵作战；二是诡道，即以机诈，权变：各种情况下的不同作战原则来指挥作战，以“攻其无备，出其不意”获胜。《作战篇》，则主要论述战争的指导思想——速战速胜。首先从战争对人力、物力、财力的依赖关系出发，提出“兵贵胜，不贵久”的战略原则，以最小的牺牲，赢得最大的战果。《谋攻篇》：谋攻，顾名思义就是运用谋略战胜敌人。《孙子》在此篇贯穿一条“全胜”的战略思想原则，阐明战争是手段而不是目的，所谓“全国为上，破国次之”“伐谋、伐交、伐兵”和“不战而屈人之兵”，这才是最好的战略。《形篇》，主要讨论军形，“形”就是指军队的客观力量，兵力众寡，战斗力强弱，素质优劣等。本篇基于上一篇关于“全胜”的思想，重点讨论战略防御中，军事实力问题，即如何“自保而全胜”的问题。《势篇》，侧重论兵势，一种突发的冲击力量，而这种“势”要靠人去创造。本篇论述将帅在拥有一定的军事实力的基础上，如何充分发挥主观、能动的作用，在军队编组、指挥、战法和部署上造成一种“势险节短”压倒敌人、战胜敌人的态势。《虚实篇》，虚与实，在古代军事术语当中，是对立统一的范畴。它不仅指兵力的大小，配备的强弱，还包括主动与被动，有备与无备，勇敢与怯弱，整治与混乱，饱佚与饥疲等各个方面。总之，有利的方面就是“实”，不利的方面就是“虚”。本篇主要论述“避实而击虚”“因敌而制胜”的进攻作战原则。《军争篇》，军争，即战场上与敌人的斗争。本篇系统地论述了军争的原则和方法，以“诈”“动”“分合”为指导，强调“奇”“正”的配合和“静”“动”的运用，揭示了“以迂为直，以患为利”的辩证关系。《九变篇》，本篇论述在各种特殊情况下的灵活机动的作战原则。其核心就是：如果违背战场实际状况的，“君命有所不受”，要求战场上的实际指挥官有决断的权力。《行军篇》，本篇曰“行军”，不是指狭义的军队移动，而是用兵作战的行动要领。主要论述处军（配置军队）、相敌（判断敌情）、附众（团结整饬内部）三个问题。《地形篇》，本篇从战略角度考察六种地形，结合敌情、我情、天候进行综合研究，构成全面的情况判断，为指挥官争胜决心奠定基础。所以孙子说：“知己知彼，胜乃不殆，知天知地，胜乃可全。”《九地篇》，这是孙子在本书中第三次论“地”。但在这里所论的与第九第十两篇地形部分所论性质各殊，不仅不重复，而且其意义又高一层，乃战略性地形；研究战略地形中各种作战要领，及对士卒心理上所产生之影响，并应采取之统御方法。其对地形之利害在战场心理上所发生之作用，分析尽致，亦一般军事地形学中少有论及者。论中提出九种不同地形的不同特点和作用，所应采取的不同作战方针。并阐述了“兵之情主速”“并敌一向”“千里杀将”等问题，强调要造成敌人弱点，争取主动，乘虚直入，行动迅速，要并气积力，要运兵计谋，善于指挥军队。还论述了将帅的工作作风，深入别国后的保密与机动。《火攻篇》，火攻，在古代战争中是一种特殊而有效的进攻手段。本篇主要论述了火攻的种类、目的、条件以及实施的方法。除此之外，又提出了“主不可怒而兴师，将不可愠而致战”。《用间篇》，本篇从战略的高度，论述了使用间谍的重要性及其各种间谍的使用方法，提出了先知敌情，“不可取于鬼神”“必取于人”的观点。

四　兵者孙武

《孙子兵法》首先是一种兵法著作，这就意味着，在这个著作中，我们首要关注的是孙子对于用兵的基本看法。当然，前面对于《孙子》各个篇章的解释中，我们可以了解孙武基本军事观念的大概。如果用今日的分析语言来讨论《孙子》所包含的军事思想，那么，大概可以从军事理念、战略、战术以及军队管理等角度来略作讨论。

首先是基本的军事理念。有的时候我们或者会认为类似于理念这样的东西是空泛的，而战争却是异常现实的问题。但问题往往在于，如果没有关于战争的一个基本理念，就很难对战争形成总体的把握，难以从观念层面去驾驭战争这一复杂而又功利的问题。一个优秀的军事指挥者与一个平庸的军事指挥者的差异就在于，后者永远不知道战争在整个国家层面所处的地位，永远不知道战争本身的问题，这样的人往往缺乏全局的观念和超越的视角，往往就陷入具体的战争事务，无法从一个更为宏大的视角来理解战争本身。对于孙武来说，他首先要解决的就是对于战争的基本定位问题。因为战争之于国家来说是一件非常重要的事情，"兵者，国之大事，死生之地，存亡之道，不可不察也。"(《始计篇》)一旦不慎，国家就不复存在，所以必须要慎重考虑战争的事情，对于战争本身要有清醒的认识。当然，战争对于国家的存在和发展来说，也是不可避免的，在春秋战国的形势之下，要称霸诸侯，就必须通过战争来实现。但是，战争的不可避免，不意味着就可以无事生非、穷兵黩武，毕竟战争是一件事关全局的事情，与统治的情形、民心的向背、军队的实力等，都有着密切的关系，任何一个环节的忽视，都有可能直接影响战事的结局。而战争的结果，对于国家来说可能会是毁灭性的。而对于百姓来说，战争会对他们的生活造成严重的影响。在这样的前提之下，孙武对于战争问题强调一个最为基本的理念——慎战，即要求谨慎地、慎重地对待战争。"亡国不可以复存，死者不可以复生。"(《火攻篇》)"凡用兵之法，驰车千驷，革车千乘，带甲十万，千里馈粮，则内外之费，宾客之用，胶漆之材，车甲之奉，日费千金，然后十万之师举矣。”战争的后果是生死存亡，其耗费又非常惊人，这样的描述表明战争从本质上来说并不是一件令人轻松的事情，是关系到国计民生、生死存亡的大事，能不谨慎吗？

那么如何才是慎战的态度呢？在《火攻篇》中，孙武说“非利不动，非得不用，非危不战”，这可以视为孙武对于战争的基本界定。也就是说只有在这三个条件之下，才可以发动战争。何谓“非利不动”？“利”是战争的基本出发点，也是国与国之间根本的竞争所在。这表明，要发动战争，前提是这个战争必须是对国家有利。也只有有利于国家的根本利益，才有可能举全国之力发动一场战争。如果不考虑本国的利益而发动战争，那只能是穷兵黩武的行为，根本也不可能在现实的竞争中为国家赢得利益，历史上这样的例子已经反复地说明了这一点。当然，仅仅考虑利益还是不够的，还必须要“非得不用”，即如果没有胜算，就不要发动战争。这就意味着必须要在战争进行之前，进行全面、慎重的考察，如果没有胜算，即便是有利益所在，也是不能发动战争的，因为贸然参战的结果是，非但不能获得利益，反而会将国家置于非常尴尬的境地，甚至是亡国。如果既有利益所在，又有十成的胜算，是不是可以随意发动战争呢？在孙武看来，这也是不可以的，因为这其实是一种不义的战争，最终对于自身没有什么好处。所谓“非危不战”，就意味着如果你没有受到别人的威胁，就不要轻易地发动战争，挑起事端，因为战争并不是一种唯一的可能性。孙武所强调的这三个原则，不能被视为是一种并列的关系，实际上三者之间有着内在的逻辑关系，“利”是最为浅层次的规定，而“得”则是更高一步的限制，“危”则是最高的限定。这就意味着，战争只能是在国家利益面临威胁时，不得不采取的一种方式。

首先，从这样的原则出发，我们可以很明显地看到孙武慎战的基本立场。而这样的立场，是基于对整个国家利益的全面分析，换而言之，虽然在这里孙武要讨论的是具体的战争问题，但是，他对于战争的基本考虑是建立在对于国家的安危和利益的综合考虑的基础之上的。换而言之，他考虑的是国家长远的、根本的利益，而不是仅仅论述具体的战事本身。在这样的基本观念之下，我们看到，虽然孙武讲究的是兵法，但是，对于战争行为本身并不是特别热衷，而是强调要慎战。

其次，从战略思想角度来看，孙武的基本战略思想受到其战争观念的深刻影响。在慎战的基本前提之下，我们看到的是孙武对于国家根本利益的重视。换而言之，国家利益是孙武对于战争问题的基本设定。如果战争是不可避免要发生的，那么，对于孙武来说，最为有效的方式毫无疑问是要尽量维护国家的基本利益。从这个思路出发，我们就可以很好地理解孙武的基本战略思想。

孙武的战略思想，最为首要的是“全胜”战略。按照孙武的说法：“夫用兵之法，全国为上，破国次之；全军为上，破军次之；全旅为上，破旅次之；全卒为上，破卒次之；全伍为上，破伍次之。是故百战百胜，非善之善也；不战而屈人之兵，善之善者也。”（《谋攻篇》）从这段描述来看，孙武并不特别推崇百战百胜的战争结果，他所最为看重的是“不战而屈人之兵”的全胜战略。也就是说，孙武并不是特别欣赏攻城拔寨的战斗形式，而是希望能够通过不战的方式来达到战争的目的，这也和他慎战的基本战争理念休戚相关，所以孙武说“上兵伐谋，其次伐交，其次伐兵，其下攻城”（《谋攻篇》），在这个序列中，可以很清楚地看到孙武对于战争的基本设定。所谓“善用兵者，屈人之兵而非战也，拔人之城而非攻也，毁人之国而非久也，必以全争于天下，故兵不顿而利可全。”（《谋攻篇》）在孙武的观念中，始终关注的是全胜的战略设定。如何能够全胜？就必须要通过恰当地谋略的方式，以非战的手段达到获得国家利益的结果，这才是“不战而屈人之兵”的上上之策。但是，这也只是在孙武观念中设想的理想化的状态，战争的行为在事实上是不可避免的，那么，从全胜的战略出发，对孙武来说，重要的是做到将己方的损失降到最低限度而获得最大的利益。在某种程度上，这种设定有点类似于经济学上利益最大化的考虑。当然，这里讨论的问题，和经济学上的利益最大化有着根本的差异。

那么，如何从战争中最大限度维护自身的利益呢？在全胜战略的指导下，孙武强调了“先发制人”和“速战速决”两种基本的战略设定。“先发制人”，这是强调战争中把握时机和主动性的问题，“凡先处战地而待敌者佚，后处战地而趋战者劳。故善战者，致人而不致于人。能使敌人自至者，利之也；能使敌人不得至者，害之也。故敌佚能劳之，饱能饥之，安能动之。”（《虚实篇》）这样的战略部署，是完全从自身的利益设定出发的，把战争的主动性掌握在自己的手中，占据有利的地形和时机，以逸待劳、先发制人。从最基本的角度来说，“先发制人”是要尽量创造对于己方有利的战争形势，从而在战争中占得先机。除了“先发制人”之外，孙武还强调必须是“速战速决”，因为战争本身就是一件劳财害命的事情，对于国家的存亡和国民经济的发展而言，都不是一件上好的事情，而且由于战争本身消耗巨大，所以，善于用兵者必须牢记“兵贵胜，不贵久。”（《作战篇》），速胜也是出于最大限度地维护自身的利益的目的，而久战对于国家来说，不但没有任何好处，反倒威胁重重。“其用战也胜，久则钝兵挫锐，攻城则力屈，久暴师则国用不足。夫钝兵挫锐，屈力殚货，则诸侯乘其弊而起，虽有智者不能善其后矣。故兵闻拙速，未睹巧之久也。夫兵久而国利者，未之有也。故不尽知用兵之害者，则不能尽知用兵之利也。”（《作战篇》）由此，速战速胜是一种最佳的选择方式，如果战争不可避免的话。那么怎么样才能达到速胜的目的呢？在孙武看来，这与战场形势的创造、战争时机的把握和战术方法的采用有密切关系。就战场形势而言，孙武强调掌握、创造有利的形势“是故善战者，其势险，其节短。势如彍，节如发机。”（《势篇》）“凡处军相敌，绝山依谷，视生处高，战隆无登，此处山之军也。绝水必远水，客绝水而来，勿迎之于水内，令半济而击之，利；欲战者，无附于水而迎客，视生处高，无迎水流，此处水上之军也。绝斥泽，唯亟去无留，若交军于斥泽之中，必依水草而背众树，此处斥泽之军也。平陆处易，而右背高，前死后生，此处平陆之军也。凡此四军之利，黄帝之所以胜四帝也。”（《行军篇》）总之，基本的原则就是要让自己在战争中占据有利的地形，从形势上占领上风。同时，对于战机的把握，也是非常重要的速战要素。“古之善用兵者，能使敌人前后不相及，众寡不相恃，贵贱不相救，上下不相收，卒离而不集，兵合而不齐。”（《九地篇》）要找到一个恰好的时机果断出击，可以达到速战速胜的目的。最后，在战术应用上也非常关键，速胜的最基本战术要求就是出其不意、攻其不备，也就是要找准恰当的时机，果断出击，速战速决，消灭敌人。“兵之情主速，乘人之不及，由不虞之道，攻其所不戒也。”（《九地篇》）

其三，从战术思想角度来看，这是《孙子兵法》讨论最为详细的部分，也是对于具体的军事行为最具有指导性意义的部分。为了行文的方便，我们可以把他的整个战术思想分成两个层面：战前和战中。战前强调的是对于战争准备的基本要求，处理的是对于战争的一些基本因素的清理，所谓有备无患，这和具体的战争行为的结果有着非常密切的关系。当然，对于战争过程中具体战术的讨论，则是最为重要的部分，它直接关涉到战争的具体展开情形，所以对于一个将领来说，必须要有全局把握的冷静和果断。

就战前准备来说，孙武虽然对于战争本身并不是特别推崇，但是，如果战争是不可避免的话，那么在战争开始之前就必须要为战争做好准备，比如庙算、谋略、外交等等方式，都应该有条不紊地开展，以最大限度地发挥对我有利的作用。简单地来说，孙武对于战前准备的最基本要求是必须要关注战争的每一个细节，即要“经之以五事，校之以七计，而索其情。”（《始计篇》）所谓“五事”：“一曰道，二曰天，三曰地，四曰将，五曰法。道者，令民与上同意，可与之死，可与之生，而不畏危也。天者，阴阳、寒暑、时制也。地者，高下，远近、险易、广狭、死生也。将者，智、信、仁、勇、严也。法者，曲制、官道、主用也。凡此五者，将莫不闻，知之者胜，不知之者不胜。”(《始计篇》)简单地说，道，指的是统治的情形，君主与民众是否能够上下一心；天，指的是天时的变化；地，指的是具体的地势；将，指的是将领的具体素质；法，指的是具体的管理、保障制度是否完善。所谓“七计”：“主孰有道？将孰有能？天地孰得？法令孰行？兵众孰强？士卒孰练？赏罚孰明？吾以此知胜负矣。”(《始计篇》)战争的胜负有着复杂的决定因素，君主的统治、将领的才能、天时地利、法令的执行情况、军队的实力、训练情况、赏罚是否分明等等，都可以影响到战争的最后结果。无论是“五事”还是“七计”，其所强调的都是要求在战争开始之前对于双方的情况进行细致的考察、比较，只有这样，才能达到“知己知彼”的状态，才能最终做到在战争中克敌制胜。这是在庙算的阶段需要仔细考虑的事情，对于战争的具体进行有着根本的影响。“夫未战而庙算胜者，得算多也；未战而庙算不胜者，得算少也。多算胜，少算不胜，而况于无算乎！吾以此观之，胜负见矣。”(《始计篇》)

在具体的战争过程中，孙武对于战术的强调大致有以下几个层次：首先，要以我为主，这是战争的主动性的表现，其实不管是在战前准备，还是在具体的战事中，都是如此的，积极发挥自我的主动性来掌握战争的时机、节奏，对于胜负来说，也具有关键性的影响。“先为不可胜”“知己知彼”“致人而不致于人”等等，都是对于战争的主动性的强调。以我为主，意味着要把战争的行进牢牢地掌握在自己的手中，这样敌人就会疲于奔命，战争的胜算无疑就高了很多。其次，要避实击虚，这主要涉及对于战场形势的把握和战争时机的选择问题。“夫兵形象水，水之形，避高而趋下，兵之形，避实而击虚。水因地而制流，兵因敌而制胜。故兵无常势，水无常形。能因敌变化而取胜者，谓之神。故五行无常胜，四时无常位，日有短长，月有死生。”（《虚实篇》）避实击虚作为一种基本的战术思想，孙武是从水的形象中得到启发的，它的基本要求是“因敌制胜”和“因敌变化”，也就是说我们所采取的方式取决于对敌方的判断，避其锋芒，攻其软肋，这是获得战争胜利的保证，也是速胜的最为有效的方法。“进而不可御者，冲其虚也；退而不可追者，速而不可及也。”（《虚实篇》）最后，要善于变化，以奇取胜，兵法所给予我们的只是一些基本的原则，我们不能墨守这些原则，而是要根据具体的情形，灵活运用。“兵者，诡道也。故能而示之不能，用而示之不用，近而示之远，远而示之近。利而诱之，乱而取之，实而备之，强而避之，怒而挠之，卑而骄之，佚而劳之，亲而离之，攻其无备，出其不意。此兵家之胜，不可先传也。”（《始计篇》）对于具体的战争行为来说，它是复杂多变的，我们不可能以一种不变的眼光去看待它，需要敏锐、细致的观察，来应对复杂多变的情形，从而掌握战争的主动，并最终获得战争的胜利。

最后，从对军队的管理角度来说，孙武强调的是“令之以文，齐之以武”。军队实力、士气对于战争有着关键的影响，因为战争最后是要通过军队来具体实现的，因此如何训练一支强大的、训练有素并且士气高昂的军队，是非常重要的环节。对此，孙武强调的是“令之以文，齐之以武。”（《行军篇》）“令之以文”，即要用各种怀柔宽仁的方式来统一士兵的思想，以达到军心的稳定和一致，换而言之，这就是对军队思想政治工作的要求。思想政治工作不是可有可无的，它解决的是士兵与军队之间的认可问题，需要达到的是一种精神层面的认同，这样才能使得军队有良好的精神状态，上下一心，团结对外。而“齐之以武”，则要求以非常严格的军队纪律来进行管理，赏罚严明，这是军队所必须的。两者结合的结果是：“令素行以教其民，则民服；令素不行以教其民，则民不服。令素行者，与众相得也。”（《行军篇》）唯有这样的军队，才是取得胜利的保证。

五　文献选读

（一）计篇第一

孙子曰：兵者，国之大事，死生之地，存亡之道，不可不察也。

故经之以五事，校之以计而索其情。一曰道，二曰天，三曰地，四曰将，五曰法。道者，令民与上同意也，故可与之死，可与之生，而不畏危。天者，阴阳、寒暑、时制也。地者，远近、险易、广狭、死生也。将者，智、信、仁、勇、严也。法者，曲制、官道、主用也。凡此五者，将莫不闻，知之者胜，不知者不胜。故校之以计而索其情，曰：主孰有道？将孰有能？天地孰得？法令孰行？兵众孰强？士卒孰练？赏罚孰明？吾以此知胜负矣！

将听吾计，用之必胜，留之；将不听吾计，用之必败，去之。

计利以听，乃为之势，以佐其外。势者，因利而制权也。兵者，诡道也。故能而示之不能，用而示之不用，近而示之远，远而示之近；利而诱之，乱而取之，实而备之，强而避之，怒而挠之，卑而骄之，佚而劳之，亲而离之。攻其无备，出其不意。此兵家之胜，不可先传也！

夫未战而庙算胜者，得算多也；未战而庙算不胜者，得算少也。多算胜，少算不胜，而况于无算乎！吾以此观之，胜负见矣。

（二）作战篇第二

孙子曰：凡用兵之法，驰车千驷，革车千乘，带甲十万，千里馈粮；则内外之费，宾客之用，胶漆之材，车甲之奉，日费千金，然后十万之师举矣。

其用战也胜，久则钝兵挫锐，攻城则力屈，久暴师则国用不足。夫钝兵挫锐、屈力殚货，则诸侯乘其弊而起。虽有智者，不能善其后矣。故兵闻拙速，未睹巧之久也。夫兵久而国利者，未之有也。故不尽知用兵之害者，则不能尽知用兵之利也。

善用兵者，役不再籍，粮不三载，取用于国，因粮于敌，故军食可足也。

国之贫于师者远输，远输则百姓贫；近师者贵卖，贵卖则百姓财竭。财竭则急于丘役。力屈财殚，中原内虚于家。百姓之费，十去其七；公家之费，破军罢马，甲胄矢弩，戟楯蔽橹，丘牛大车，十去其六。

故智将务食于敌，食敌一钟，当吾二十钟；萁秆一石，当吾二十石。

故杀敌者，怒也；取敌之利者，货也。故车战，得车十乘以上，赏其先得者，而更其旌旗，车杂而乘之，卒善而养之，是谓胜敌而益强。

故兵贵胜，不贵久。

故知兵之将，民之司命，国家安危之主也。

六　延伸阅读书目

1. 李零　《兵以诈立》，北京：中华书局，2006 年。
2. 蒋百里、刘邦骥　《孙子浅说》，武汉：武汉出版社，2011 年。
3. 支伟成　《孙子兵法史证》，北京：中国书店，1988 年。
4. 陆懋德　《孙子兵法集释》，上海：商务印书馆，1914 年。
5. 张文儒　《中国兵法文化》，北京：北京大学出版社，1997 年。
6. 李浴日　《孙子兵法之综合研究》，上海：商务印书馆，1938 年。
7. 杨炳安　《孙子集校》，北京：中华书局，1959 年。
8. 关峰　《孙子军事哲学思想研究》，武汉：湖北人民出版社，1957 年。
9. 陶汉章　《孙子兵法概论》，北京：中国人民解放军出版社，2009 年。
10. 吴如嵩　《孙子兵法新论》，北京：中国人民解放军出版社，1989 年。

第十讲　韩非子与法家

一　法家的历史命运

在先秦的思想传统中，法家是具有重要意义的一个流派，它对于当时的社会政治以及之后中国传统的政治结构都产生了极为深远的影响。行文至此的时候，又不觉想起谭嗣同在《仁学》中的话：

> 故常以为二千年来之政，秦政也，皆大盗也；二千年来之学，荀学也，皆乡愿也。惟大盗利用乡愿；惟乡愿工媚大盗。二者交相资，而罔不托之于孔。被托者之大盗乡愿，而责所托之孔，又乌能知孔哉？

我们都知道，秦政是建立在法家的基础之上的，而当谭嗣同将荀学与秦政并提的时候，至少告诉了我们两层含义：首先，秦政和荀学有着密切的关系，换言之，法家与荀子儒学之间有密切联系；其次，秦政与法家之学有着深远的影响力（在谭嗣同看来，这两者是中国社会之所以落后的根本原因所在，姑且不论这个评价是否公允）。这两层含义，一则理论，一则现实，如果不能无可争辩地表明在中国历史上法家及其思想所具有的重要性，至少也可以提醒我们对于法家及其思想的重视。

战国时期的几百年间是一个非常特殊的时代，这一时期法家的代表性人物辈出，而且，他们的思想主张被当时各诸侯普遍接受，这是一个值得思考的问题。从思想根源来说，法家主张以“法”治国，反对儒家所强调的仁义道德；强调明刑尚法、信赏必罚；主张发展经济，富国强兵；主张君主专制，尊主卑臣。如果我们从思想倾向上来考察，不难发现，这样的思想形态与儒家的价值观念有着较为明显的差异，简单地说，他们在一定意义上完全取消了超越的价值关怀，而代之以完全现实的论述。这样的观念受到了当时诸侯的普遍拥护，这表明历史到了战国期间开始发生重要的改变。其中最为关键的改变是，经过多年以来的诸侯混战，到了战国之际，诸侯国数量不断减少，社会统一的趋势逐渐显现，在这样的背景之下，问鼎中原，统一诸侯，成为当时战国诸雄所最为关注的问题。而法家所提倡的中央集权、加强最高统治者权力、暴力政治等主张，从现实的角度出发，适应了现实的政治需求，因而获得了诸侯们的广泛认同。从经济上说，法家主张“重农”，要求对“五蠹”，也就是学者、言谈者、带剑者、患御者和工商之民等五种不直接从事生产的人进行打击，并通过奖励开垦土地等方式发展农业生产。思想上，法家顺应统一的历史趋势，要求排斥各种相互矛盾、彼此抵触的学说，建立统一的意识形态。在统一的大趋势下，法家获得了前所未有的发展，在这个时期，变法成为了流行的、普遍的选择。

说到法家，我们通常都会把它与法律联系在一起。这种观念既正确，又不完全正确。说其正确，是因为法家的人物确实都和法律相关，都强调以法律来治理国家。然而不同的地方在于，如果从现代的法律视角去考察法家的时候，与其说其与法律的关系大，倒不如说它与政治的关系更为密切。传统的法家所进行的工作，实际上是对国家的政治制度的建设和完善，不仅包括以法治国这一基本的观念，同样包括政治制度和意识形态的完善，所以，从某种意义上来说，在传统中国社会中，他们的地位更类似于政治家，或者更为准确地说是政治实践家。因为对于法家来说，他们对于抽象的理论讨论缺乏兴趣，而只要关注于现实的政治实践。也正是在这个意义上来说，法家与中国传统政治有着密切的联系。

然而，法家在传统中国的历史命运却是值得深思玩味的一个问题。从历史发展的基本事实来说，由于战国之际的变法，使得社会统一的趋势越来越明显。而最终，也是在法家的帮助下，秦国实现了对六国的统一，中国第一个中央集权的政治制度由此确立，中国由此结束了数百年来的割据与战乱状态。法家之于秦，在某种程度上是一个悖论，从历史的脉络来考察，这个悖论十分清晰。秦的起家是以法家为基础的，其政治制度的建立，则完全是建立在法家的基本原则之上的，"以吏为师，以法为教"(《史记·李斯列传》)的说法，很明确地表明了其政权与法家之间的事实关系。然而也正是因为法家的刻薄寡恩、严峻暴虐，导致了秦二世而亡，这也使得后世学者和政治家在总结秦的历史教训时，都把法家作为罪魁，认为秦朝任用法家是最重要的致败之因。后人在讨论国家治理理念和方式的时候，都对法家思想抱有警惕和排斥的态度，"法术"在两汉以后的政治语境中（尤其是在理论的层面），基本都是含有贬义的。但是在实际的政治生活中似乎又离不开法家的那一套，汉宣帝教训太子时说："汉家自有制度，本以霸王道杂之。奈何纯任德教，用周政乎！"(《汉书·元帝纪第九》)"以霸王道杂之"不仅是汉家制度，也是历代统治者的一贯手法。两千年间，法家一直处于这样的境地：理论上被批判，实践上却从没有被放弃。这也无怪乎谭嗣同在清末的时候会有那样的感慨。

从法家命运的历史逻辑中，我们可以看到两个基本的结论，首先法家的观念是一种非常有效的现实政治手段，这从战国诸雄（尤其是秦国）的强大中可以很清楚地看到。对于现实的改造和发展来说，法家无疑是一种有效的手段。但是，另外一个方面我们同样需要看到的是，刻薄寡恩的这种高度集权的统治形式，去除了人与人之间温情脉脉的帷幕，导致的结果是，这样的现实效果无法得到长久的维持。这一点，当年荀子入秦的时候就已经评价过，认为秦是治之至，但是因为缺乏儒家的教化，所以这样的统治不会长久。荀子的话在秦后来发展的历史中得到了非常有效的验证，犹如一语成谶。这又提醒我们回头再考察一下《汉书·艺文志》中对于法家的基本界说。

> 法家者流，盖出于理官，信赏必罚，以辅礼制。易曰“先王以明罚饬法”，此其所长也。及刻者为之，则无教化，去仁爱，专任刑法而欲以致治，至于残害至亲，伤恩薄厚。

班固的这段描述，其实也很明确地揭示出了法家思想的内在逻辑。所以，这样一来我们就可以对其在中国历史上的命运（尤其是中国传统政治上的命运）有非常深刻的理解。首先，法家的思想是不可能被完全抛弃的，这是因为对于中央集权的政权来说，唯有法家才真正合乎他们的现实需求；其次，法家思想是不太可能得到公开阐扬的，因为这不仅与它的历史“污点”有关，也与它背于儒家的伦理教化的基本事实密切相关。统治者一方面需要对国家进行有效的统治，另一方面需要文饰其统治（亦即需要有温情脉脉的一面），所以，“以霸王道杂之”也成为了不二的选择。

二　法家的传统

虽然我们说法家兴盛的时代在于战国时期，但是，法家思想观念的发展是一个漫长的过程。同时，从作为一种政治行为的方式来考虑，法家的观念在历史上有着源远流长的根据。因为政治家的现实政治实践，在很大程度上都会具有法家的特质，于是在考察法家思想的渊源的时候，很多时候是考察中国传统政治实践的历史。从这样的角度出发，我们至少可以把法家思想的先驱上溯到春秋时期的管仲、子产、邓析、郭偃和范宣子等，从散见的古籍数据中可以看到他们的思想要求与后来的法家主张具有某些方面的一致性。法家在战国前期的代表人物有商鞅、李悝、吴起、慎到、申不害等。

商鞅（约前390—前338年），姓公孙，名鞅，卫国人，因此又名卫鞅，曾辅佐秦孝公变法，使秦国迅速强盛起来，著有《商君书》。商鞅变法的主要内容是“开阡陌”的“耕”和奖励军功的“战”，变法的理论依据是历史进步论：“治世不一道，便国不必法古。汤武之王也，不修古而兴；殷夏之灭也，不易礼而亡。然则反古者未必可非，循礼者未足多是也。”（《商君书·更法》以下只注篇名）商鞅把西周以来的历史分为三个时期，“上世亲亲而爱私”的西周血缘宗法社会，“中世尚贤而悦仁”的春秋时期，以及“下世贵贵而尊官”的战国时代。根据古今时代变化，商鞅提出“世事变而行道异”（《开塞》）的结论，要求在治理国家的方式上与上古、中古时期有所不同，“各当时而立法，因事而治礼”。（《更法》）把法与礼对举，把法律和制度与西周以来长期实行的礼制共同视为治理国家的措施，体现了适应新的历史形势的法家要求。

李悝，生卒年不详，为魏文侯（前446年—前396年）相，在魏国开展“尽地力之教”“富国强兵”的活动，并“撰次诸国法，著《法经》”。（《史记·孟子荀卿列传》）明确编撰成文法，并将之作为治理国家的手段。

慎到（约前390年—前315年），赵国人，长期在齐国的稷下学宫讲学，著有《慎子》一书，《汉书·艺文志》说有四十二篇，今存五篇残篇。慎到重“势”，指权力、权势或权威必须由君主独操而不可假借于人。“在贤而屈于不肖者，权轻也；不肖而服于贤者，位尊也。尧为匹夫，不能其邻家；至南面而王，则令行禁止。由此观之，贤不足以服不肖，而势位足以屈贤矣。”（《慎子·威德》)“立天子以为天下，非立天下以为天子也。立国君以为国，非立国以为君也。”(《威德》)按慎到的说法，没有“势”，天子就不成其为天子，贤者也不能服不肖者。“势”是保证天子权威、能够令行禁止的必要前提。

申不害，生卒年不详，韩国人，《史记·老子韩非列传》说他“学术以干韩昭侯，昭侯用为相，内修政教，外应诸侯。十五年，终申子之身，国治兵强，无侵韩者。申子之学，本于黄老而主刑名，著书二篇，号曰《申子》。”申不害以他所学的“术”做了韩国的相，他的“术”主要讲“为主之道”，内容主要围绕为君者如何驾驭、控制臣下的方法展开。申不害称：“善为主者，绮于愚，立于不中盈，设于不敢，藏于无事，窜端匿疏，示天下无为。”(《群书治要》引《申子大体》篇)这是说，君主要深藏不露，然后对臣下以“名实”考虑、驾驭之。“为人臣者，操契以责其名。名者，天地之纲，圣人之符。张天地之纲，用圣人之符，则万物之情无所逃之矣。”(同上)用名实是否相符去考核臣子的行迹，就得到万物之情实，天下也就大治了。

三　韩非与法家的集大成

法家思想的集大成者是战国后期的韩非。根据《史记·老子韩非列传》记载：

> 韩非者，韩之诸公子也。喜刑名法术之学，而其归本于黄老。非为人口吃，不能道说，而善著书。与李斯具事荀卿。斯自以为不如非。非见韩之削弱，数以书谏韩王，韩王不能用。于是韩非疾治国不务修明其法制，执势以御其臣下，富国强兵而以求人任贤，反举浮淫之蠹而加之于功实之上，以为儒者用文乱法，而侠者以武犯禁。宽则宠名誉之人，急则用介胄之士。今者所养非所用，所用非所养。悲廉直不容于邪枉之臣，观往者得失之变，故作

> 《孤愤》《五蠹》《内外储》《说林》《说难》十余万言……人或传其书至秦，秦王见《孤愤》、《五蠹》之书，曰："嗟乎，寡人得见此人与之游，死不恨矣。"李斯曰："此韩非之所著书也。"秦因急攻韩。韩王始不用非，及急，乃遣非使秦。秦王悦之，未信用。李斯、姚贾害之，毁之曰："韩非，韩之诸公子也。今王欲并诸侯。非终为韩不为秦，此人之情也。今王不用，久留而归之，此自遗患也。不如以过法诛之。"秦王以为然，下吏治非。李斯使人遗非药，使自杀。韩非欲自陈，不得见。秦王后悔之，使人赦之，非已死矣。

韩非的重要贡献在于，他综合了前期法家思想家的成果，通过人性自私，"皆挟自为心"的透视，提出了一个法、术、势三者紧密相连的法家思想体系。

韩非总结前期法家思想后认为，法、术、势三者缺一不可，以往法家往往只强调三者之一而不能综合运用，所以效果有限。商鞅重法但不注意术，虽然实现了富国强兵，但秦国还是不能统一天下；申不害知道术却忽视法，在韩国搞了几十年也不能使韩国成就霸业。韩非说："人不食，十日则死；大寒之隆，不衣，亦死。谓之衣食孰急于人，则是不可一无也，皆养生之具也。今申不害言术，而公孙鞅为法。术者，因任而授官，循名而责实，操杀生之柄，课群臣之能者也，此人主之所执也。法者，宪令著于官府，刑罚必于民心，赏存乎慎法，而罚加乎奸令者也。此臣之所师也。君无术则弊于上，臣无法则乱于下，此不可一无，皆帝王之具也。"（《韩非子·定法》以下只注篇名）为君者当法术并重，以法治民，以术御下，才能成就帝王之业，否则，"释法术而心治，尧不能正一国。去规矩而妄意度，奚仲不能成一轮。废尺寸而差短长，王尔不能半中。使中主守法术，拙匠守规矩尺寸，则万不失矣。君人者，能去贤巧之所不能，守中拙之所万不失，则人力尽而功名立"。（《用人》）法、术之外还要有势："抱法处势则治，背法去势则乱。"（《难势》）

能否综合运用法术势三者与天下治乱之间有着直接、必然的联系。

关于“法”，韩非说：“法者，编著之图籍，设之于官府，而布之于百姓者也。”(《难三》)法主要是指由官府制定，明确书诸图籍的成文法典、法律或法制，内容侧重于刑法，必须使百姓普遍知晓、共同遵守的行为规范。韩非强调以法治国，社会生活一切依照法，一切由法裁断。运用法就能实现治，没有法就要乱，这也是先秦法家的基本观点。“故明主使其群臣，不游意于法之外，不为惠于法之内，动无非法。”(《有度》)“不游意于法之外”是说人的言论、行为甚至思想都不能出乎法之外；“不为惠法之内”是说依法行事的言论、行动只是照客观的法办事，而不是出于个人的恩惠或者智慧。按照韩非的想法，不仅普通百姓、群臣要遵法，即使君主也“不得背法而专制”(《南面》)，而应该“明公私之分，明法制，去私恩”。(《定法》)在韩非的名篇《五蠹》中，他明确提出：“明主之国，无书简之文，以法为教；无先王之语，以吏为师。”“以法为教”“以吏为师”典型地代表了韩非的法制思想。

关于“术”，韩非说：“术者，因任而授官，循名而责实，操杀生之柄，课群臣之能者也，此人主之所执也。”(《定法》)术是君主驾驭臣下或督课用人的方法和政治手腕，是韩非认为的“明主治吏不治民”(《外储说右下》)的重要内容，是君主专门用来针对官员的。“术者，藏之于胸中，以偶众端，而潜御群臣者也。”(《难三》)术具有隐秘性，是君主所掌握的驾驭官员的一种秘术、权术，因此“法莫如显，而术不欲见”。(《难三》)术与法都是君主掌握以控制天下的手段，但法是“著之图籍，布之百姓”的普遍而公开的内容，而术则是隐藏于君主内心，用以“潜御群臣”，不能为外人道的东西。具体如何运用术，韩非提出了一个“审合形名”的方法；“人主将欲禁奸，则审合刑(形)名者，言与事也。为人臣者陈而言，君以其言授之事，专以其事责其功。功当其事，事当其言，则赏。功不当其事，事不当其言，则罚。故群臣其言大而功小者则罚；非罚小功也，罚功不当名也。群臣其言小而功大者亦罚；非不说（悦）于大功也，以为不当名也。害甚于有大功，故罚。”（《二柄》）凡是官员所说的话与所取得的成绩不一致的，无论是言大于功还是功大于言，都要受罚。因为形名不一致就意味着官员可能蒙蔽君主，为杜绝一切可能影响君主权威的情况出现，本着“循名责实”的原则，对任何形名不实的情况都要责罚。通过这种方式，可以把群臣牢牢控制住。“故明主之畜臣，臣不得越官而有功，不得陈言而不当。越官则死，不当则罪。守业其官，所言者贞也，则群臣不得朋党相为矣。”（《二柄》）

关于“势”，韩非说：“势者，胜众之资也。”（《八经》）君主统治众人，必须以势作为凭藉。韩非借用慎到的话说，君主之于势，犹如龙蛇之于云雾，一旦君主失势，就像云罢雾霁龙蛇将同于蚯蚓，因此，君主一定必须把握权势。“夫有材而无势，虽贤不能制不肖。故立尺材于高山之上，下临千仞之溪，材非长也，位高也。桀为天子，能制天下，非贤也，势重也；尧为匹夫，不能正三家，非不肖也，位卑也。千钧得船则浮，锱铢失船则沉。非千钧轻而锱铢重也，有势之与无势也。故短之临高也以位，不肖之制贤也以势。”（《功名》）君主在国家政治中的地位是与他的权势联系在一起的，有势则有位，无势则去位。在对势的强调中，韩非破除了儒家道德至上论，认为不是人的德性，而是势成就了治世或乱世。“势必于自然，则无为言于势矣。吾所为言势者，言人之所设也。今曰尧舜得势而治，桀纣得势而乱，吾非以尧桀为不然也。虽然，非一人之所得设也。夫尧舜生而在上位，虽有十桀纣不能乱者，则势治也；桀纣亦生而在上位，虽有十尧舜而亦不能治者，则势乱也。故曰：势治者则不可乱，而势乱者则不可治也。此自然之势也，非人之所得设也。若吾所言，谓人之所得势也而已矣。”（《难势》）君主运用势的方法，韩非认为是赏罚二柄，他说：“明主之所导制其臣者，二柄而已矣。二柄者，刑德也。何谓刑德？杀戮之谓刑；庆赏之谓德。为人臣者，畏诛罚而利庆赏。故人主自用其刑德，则群臣畏其威而归其利矣。”（《二柄》）做臣子的无不畏惧受罚而喜欢受赏，君主就要利用他们的这一心理，利用杀戮和庆赏二柄，以体现自己的权势。“赏罚下共则威分”（《八经》），君主一定要利用好这两种手段。

韩非法、术、势的思想是对前期法家思想的继承和发展，这是没有问题的。同时他作为荀子的学生，其思想与荀子思想之间也存在着千丝万缕的联系。荀子侧重于人的自然属性而说人性之恶，显然，韩非不仅认同师说，还向前推进一步，认为人性没有善恶意识，只以利害相计较，《六反篇》云：“且父母之于子也，产男则相贺，产女则杀之。此具出父母之怀妊，然男子受贺，女子杀之者，虑其后便，计之长利也。故父母之于子女，犹用计算之心以相待也，而况无父子之泽乎？”在韩非眼里，人与人之间基于利害的“计算之心”是人性的基本内容，这可谓将乃师的性恶理论推向极致了。正是基于对人性的共同价值判断，韩非又继承了荀子关于人性改造的思想。《显学》中谓：“夫必恃自直之箭，百世无矢；恃自圆之木，千世无轮矣。自直之箭，自圆之木，百世无有一；然而世皆乘车射禽者何也？隐栝之道用也。虽有不恃隐栝而有自直之箭，自圆之木，良工弗贵也。……不恃赏罚而恃自善之民，明主弗贵也。……故有术之君，不随适然之善，而行必然之道。”意思很明白，没有生来就是善的人，“有术之君”要在认清这一点的基础上，运用“必然之道”也就是他说的法术势那一套，去改造百姓。韩非的这一思想与荀子在《劝学篇》中说的“木受绳则直，金就砺则利”基本是一个思路，人性需要在外力的改造和管制中才能稍掩其恶或改过迁善。荀子对韩非的另外一个思想影响是权威主义观念。在荀子“化性起伪”的经验主义成德路径的设计中，特别重视师法、礼义、圣人的作用，隐然就是一个权威主义的观念。而韩非更进一步以现实的政治权威君主作为全社会唯一的价值目的，其法术势的主体都是君主一人，在权威主义的道路上比荀子走得更远。韩非认同荀子观点并往前推进一步的思想路向，也体现在荀子提“隆礼”而韩非则提“重法”上。荀子强调以“隆礼”的方式实现“化性起伪”，他说的礼既包含了人们日常的礼仪行为，也有国家刑政典章的内容。当荀子后学在绍述师说时，他们所说的礼一旦偏向国家刑政典章的方面，儒家思想就不可避免地走向了法家。而韩非则走得更偏，他把刑政典章之礼的内容简化为刑法，强调以刑法作为全社会的最高行为准则，宣导礼义教化的儒学就此走向了严刑峻法的法家。

四　从荀子到韩非的内在逻辑

当然，这里还有一个比较有趣的问题需要讨论，即从荀子的儒家到韩非子的转变其内在的逻辑在哪里？换而言之，从荀子到韩非的转变是否是必然的？

荀子的思想体系和韩非的思想体系，有很大的相似性，这种相似性主要表现在现实的政治建构上。从儒学的脉络来说，荀子的出现是儒学现实化的一个重要转折，因为荀子对于礼的强调，对于礼法并用的主张，都在一定程度上使得儒学的道德价值具有现实的可实现性，从这个角度来说，儒学与现实政治的紧密结合，源于荀子的努力。荀子之所以有这样努力，实际上和荀子生活的时代有关系，因为那是一个完全强调现实效用的时代，在那样的背景下，如果不在现实功用方面有所努力的话，儒学基本上也就不能为君主所采用，这样，道德政治的理想永远就不可能实现。而且，生活于荀子的年代，他亲眼看到了法治的成功，作为一个集大成的、学术视野异常开阔的思想者来说，对于各种有益的思想资源的吸收，也是荀子理所当然的行为。但是，在荀子这里，最高的价值系统还是圣人，还是伦理道德，这也从根本上决定了荀子的儒家归属。

但是韩非子不一样，撇开道德层面，韩非子对于现实政治的设定与荀子基本类似，只不过在韩非这里更强调法的一面，强调以法、术、势统一的形式来加强现实政治的构建。与荀子相比，韩非子在现实效用的程度上更进一步，这与韩非的基本理论立场有着密切的关系。韩非所最为重视的就是现实效用，这是他的理论根据所在，在韩非看来，所谓的真实就是功利、实效。价值如果不能在现实中实现出来就毫无意义。功利是人世间一切考虑的基本出发点，这是一种必然之道，父母与子女，君臣之间莫不如此。“安利者就之，危害者去之，此人之情也。”（《韩非子·二柄》）“君不仁，臣不忠，则可以霸王矣。”（《韩非子·六反》）所以，在世间的一切关系中，功利是最为基础的。“霸王者，人主之大利也；富贵者，人臣之大利也。”（《韩非子·六反》）以功利作为其理论的基本出发点。这样一来，人与人之间的所有关系，在韩非子这里都可以被化约为利益关系。韩非的这种理解当然与荀子的性恶论有密切的关系，只是性恶论在韩非这里被现实化，并且推到了极致，这一点上，韩非与马基雅维利有一定的相似性。他们很少从抽象的角度去做理论阐析，更多地基于人的外在行为特征而做出一种经验判断。韩非通过观察人性的外在表现，指出“夫民之性，恶劳而乐佚”（《韩非子·心度》）、“利之所在，则忘其所恶”（《韩非子·内储说上》）、“好利恶害，夫人之所有也”（《韩非子·难二》）、“夫安利者就之，危害者去之，此人之情也”（《韩非子·二柄》）等等，这都说明趋利避害是人的本性。韩非由此推断，每个人天生“皆挟自为之心”，即是说人人都以计算之心相待，即使是父母与子女之间也是如此。父母对于子女，生下男孩就相互庆贺，生下女孩就把她杀掉。之所以如此，主要是基于孩子长大后的一种利益考虑。父母、子女之间尚且以计算之心相待，何况其余？马基雅维利对人性也有类似的看法。他认为人性是恶劣的、易变的、是趋利避害的。在他看来，客观事物不断变化，所在的利益关系也随之变化。而人又总是以自我为中心，趋利避害，所以人的好恶情感也在不断变化，容易忘恩负义，所以民众的“爱戴”是靠不住的。基于对人性恶劣的认识，韩非得出了一个结论，即治理国家千万不能指望民众去做什么好事，而只能用法律禁止他们干坏事。也就是说，必须靠法律来操纵和控制臣民。总之，韩非和马基雅维利都认为，人性恶劣、趋利避害，并且人的这种自私、好利本性是改造不了或很难改造的，韩非甚至认为这根本无须改造，倒是需要利用人的这种好利本性而进行统治。

从这个意义上，我们可以很明显地发现，韩非对于道德仁义的设定是不接受的，是反对的。因为从韩非的论述角度出发，人与人之间只有利益的交换，所谓道德仁义当然也就失去了存在的意义和可能。这与韩非批判儒学的基本立场是一致的。而对儒学最彻底的批判，就是通过对于道德的根据的取消，从而使得儒学的基础变得不可靠。其实，对于儒学的批判，既是韩非子思想的出发点，也是其法治思想发展的必然。

从荀子到韩非的转变，看上去是非常重大的转变，但事实上也是可以从荀子的逻辑推演出来的。换言之，韩非子的出现是荀子理论发展的必然。当韩非子怀疑道德仁义，将自私自利设定为人之本性的时候，很显然，在荀子思想系统中的道德仁义的价值就被利益所代替。这样的代替，不仅是理论上的可能，在当时尔虞我诈的社会现实中，也可以得到非常强有力的支撑。所以，从这个角度来说韩非是一个彻底的现实主义者，他所关注的是现实功利本身。正是从现实功利的角度出发，韩非完成了他自身的理论构建。

五　终结者韩非

其实，在先秦的学术思潮中，韩非始终是一个非常有趣的人物，从他的身上，我们可以发现很多有意义的东西，不仅仅是他的思想观念本身。从先秦学术的潮流来说，韩非是一个终结，先秦百家争鸣的历史到了韩非这里戛然而止。作为先秦子学思潮的终结者，韩非为百家争鸣所画上的一个句号却是那样的特别。

首先，先秦诸子都是以其雄辩的口才而立足于当时，享誉于后世，可是，韩非恰恰是“为人口吃，不能道说”（《史记·老子韩非列传》）。但是，他善于著书。当我们说先秦诸子的作品多少有些真伪的怀疑的时候，《韩非子》似乎很少有这样的问题，因为它都是韩非自己写成的。而且，韩非的作品也曾深深打动了秦王嬴政，使得后者以为这是古人之作，由此颇多感慨。然而，当口不能言的韩非出现在嬴政面前的时候，多少让这位盛极一时的王者有些失落。然而，这就是韩非，先秦诸子的雄辩思潮，就在这样一个口吃的韩非手里终结了。虽然，这一个句号画得不那么完美，但是，却是强有力的，以至于百家争鸣这样的盛况在中国传统的历史上再也未曾出现了。

其次，韩非（包括其他先秦诸子）都得益于私学的兴起。如同我们在前面曾经讨论过那样，私学的兴起，是学术繁荣、思想自由的关键因素。韩非的成就当然也离不开私学，因为如果没有私学，他又怎么可能师事荀子呢？如果没有荀子的启发，韩非能否完成今天所见这般理论的建树和实践是值得怀疑的。私学的广泛兴起，使得诸子有了接受更为广泛、自由的思想的可能。然而韩非在其著作中，却明确表达了禁止私学的主张，认为私学是二心之学，“而士有二心私学，岩居穴处，托伏深虑，大者非世，细者惑下。”（《韩非子·诡使》），对于现实的统治是没有任何好处的。这样的主张，后来被秦的统治者所完全接纳。“古者天下散乱，莫之能一，是以诸侯并作，语皆道古而害今，饰虚言以乱实，人善其所私学，以非上之所建立。皇帝并有天下，别黑白而定一尊。私学而相与非法之教，人闻令下，则各以其学议之，入则心非，出则巷议，夸主以为名，异取以为高，率群下以造谤，如此弗禁，则主势降乎上，党与成乎下。”（《史记·秦始皇本纪》）李斯的这段话也成为了秦政的基本立场。于是，私学由此被禁。一个得益于私学的思想者，最后主张严厉禁止和取缔私学，这除了表明韩非太在意于现实的政治构建之外，很难有其他的解释。然而，这个结果是影响深远的，由于私学传统的禁弃，导致学术的繁荣和自由也由此成为了历史。

最后，韩非本身的命运也是一个悲剧。生于韩非的时代，睿智如韩非，自然可以对当时的时事有清楚的判断——秦早晚会迎来它的统一。在这样的背景下，对于一个极度关注现实政治构建的学者来说，秦国无疑是他最好的选择，因为在那里他才有可能将其毕生的抱负实现出来。然而，韩非没得选择，因为他是韩国的公子，效忠韩国是他的宿命。于是，才智皆不如己的李斯入秦了，并且赢得了秦王的重用。而韩非则始终纠结在秦与韩之间，他的悲剧命运最终以他的死亡而结束。韩非之死，不管是不是李斯所为，从当时的情境来说，他没有其他任何更好的选择。而韩非死后，秦国的具体政治构建，则是完全按照韩非的设想来进行的，这对于韩非来说，不知道应该说是安慰，还是遗憾？

客观地说，韩非为君主提供了一套切实可行的统治术，而学术思想的自由之门，也就此被韩非掩上了。至此，从对儒学的现实批判出发，韩非在功利主义的基础上完成了其对于现实政治的基本构建，也完成了对于先秦学术思潮的终结。

六　文献选读

（一）史记·韩非列传（节选）

韩非者，韩之诸公子也。喜刑名法术之学，而其归本于黄老。非为人口吃，不能道说，而善著书。与李斯俱事荀卿，斯自以为不如非。非见韩之削弱，数以书谏韩王，韩王不能用。于是韩非疾治国不务修明其法制，执势以御其臣下，富国强兵而以求人任贤，反举浮淫之蠹而加之于功实之上。以为儒者用文乱法，而侠者以武犯禁。宽则宠名誉之人，急则用介胄之士。今者所养非所用，所用非所养。悲廉直不容于邪枉之臣，观往者得失之变，故作《孤愤》《五蠹》《内外储》《说林》《说难》十余万言。然韩非知说之难，为《说难》书甚具，终死于秦，不能自脱。

……

人或传其书至秦。秦王见《孤愤》《五蠹》之书，曰："嗟乎，寡人得见此人与之游，死不恨矣！"李斯曰："此韩非之所著书也。"秦因急攻韩。韩王始不用非，及急，乃遣非使秦。秦王悦之，未信用。李斯、姚贾害之，毁之曰："韩非，韩之诸公子也。今王欲并诸侯，非终为韩不为秦，此人之情也。今王不用，久留而归之，此自遗患也，不如以过法诛之。"秦王以为然，下吏治非。李斯使人遗非药，使自杀。韩非欲自陈，不得见。秦王后悔之，使人赦之，非已死矣。申子、韩子皆著书，传于后世，学者多有。余独悲韩子为《说难》而不能自脱耳。

（二）《韩非子·说难》

凡说之难：非吾知之有以说之之难也，又非吾辩之能明吾意之难也，又非吾敢横失而能尽之难也。凡说之难：在知所说之心，可以吾说当之。所说出于为名高者也，而说之以厚利，则见下节而遇卑贱，必弃远矣。所说出于厚利者也，而说之以名高，则见无心而远事情，必不收矣。所说阴为厚利而显为名高者也，而说之以名高，则阳收其身而实疏之；说之以厚利，则阴用其言显弃其身矣。此不可不察也。

夫事以密成，语以泄败。未必其身泄之也，而语及所匿之事，如此者身危。彼显有所出事，而乃以成他故，说者不徒知所出而已矣，又知其所以为，如此者身危。规异事而当，知者揣之外而得之，事泄于外，必以为己也，如此者身危。周泽未渥也，而语极知，说行而有功，则德忘；说不行而有败，则见疑，如此者身危。贵人有过端，而说者明言礼义以挑其恶，如此者身危。贵人或得计而欲自以为功，说者与知焉，如此者身危。强以其所不能为，止以其所不能已，如此者身危。故与之论大人，则以为间己矣；与之论细人，则以为卖重。论其所爱，则以为藉资；论其所憎，则以为尝己也。径省其说，则以为不智而拙之；米盐博辩，则以为多而交之。略事陈意，则曰怯懦而不尽；虑事广肆，则曰草野而倨侮。此说之难，不可不知也。

凡说之务，在知饰所说之所矜而灭其所耻。彼有私急也，必以公义示而强之。其意有下也，然而不能已，说者因为之饰其美而少其不为也。其心有高也，而实不能及，说者为之举其过而见其恶，而多其不行也。有欲矜以智能，则为之举异事之同类者，多为之地，使之资说于我，而佯不知也以资其智。欲内相存之言，则必以美名明之，而微见其合于私利也。欲陈危害之事，则显其毁诽而微见其合于私患也。誉异人与同行者，规异事与同计者。有与同污者，则必以大饰其无伤也；有与同败者，则必以明饰其无失也。彼自多其力，则毋以其难概之也；自勇其断，则无以其谪怒之；自智其计，则毋以其败穷之。大意无所拂悟，辞言无所系縻，然后极骋智辩焉。此道所得，亲近不疑而得尽辞也。伊尹为宰，百里奚为虏，皆所以干其上也。此二人者，皆圣人也；然犹不能无役身以进，如此其污也。今以吾言为宰虏，而可以听用而振世，此非能仕之所耻也。夫旷日离久，而周泽既渥，深计而不疑，引争而不罪，则明割利害以致其功，直指是非以饰其身，以此相持，此说之成也。

昔者郑武公欲伐胡，故先以其女妻胡君以娱其意，因问于群臣："吾欲用兵，谁可伐者？"大夫关其思对曰："胡可伐。"武公怒而戮之，曰："胡，兄弟之国也。子言伐之，何也？"胡君闻之，以郑为亲己，遂不备郑。郑人袭胡，取之。宋有富人，天雨墙坏。其子曰："不筑，必将有盗。"其邻人之父亦云。暮而果大亡其财。其家甚智其子，而疑邻人之父。此二人说者皆当矣，厚者为戮，薄者见疑，则非知之难也，处之则难也。故绕朝之言当矣，其为圣人于晋，而为戮于秦也，此不可不察。

昔者弥子瑕有宠于卫君。卫国之法：窃驾君车者罪刖。弥子瑕母病，人闻有夜告弥子，弥子矫驾君车以出。君闻而贤之，曰："孝哉！为母之故，忘其犯刖罪。"异日，与君游于果园，食桃而甘，不尽，以其半啖君。君曰："爱我哉！忘其口味以啖寡人。"及弥子色衰爱弛，得罪于君，君曰："是固尝矫驾吾车，又尝啖我以余桃。"故弥子之行未变于初也，而以前之所以见贤而后获罪者，爱憎之变也。故有爱于主，则智当而加亲；有憎于主，则智不当见罪而加疏。故谏说谈论之士，不可不察爱憎之主而后说焉。

夫龙之为虫也，柔可狎而骑也；然其喉下有逆鳞径尺，若人有婴之者，则必杀人。人主亦有逆鳞，说者能无婴人主之逆鳞，则几矣。

（三）《韩非子·五蠹》

上古之世，人民少而禽兽众，人民不胜禽兽虫蛇。有圣人作，构木为巢以避群害，而民悦之，使王天下，号之曰有巢氏。民食果蓏蚌蛤，腥臊恶臭而伤害腹胃，民多疾病。有圣人作，钻燧取火以化腥臊，而民说之，使王天下，号之曰燧人氏。中古之世，天下大水，而鲧、禹决渎。近古之世，桀、纣暴乱，而汤、武征伐。今有构木钻燧于夏后氏之世者，必为鲧、禹笑矣；有决渎于殷、周之世者，必为汤、武笑矣。然则今有美尧、舜、汤、武、禹之道于当今之世者，必为新圣笑矣。是以圣人不期修古，不法常可，论世之事，因为之备。宋人有耕者，田中有株，兔走触株，折颈而死，因释其耒而守株，冀复得兔。兔不可复得，而身为宋国笑。今欲以先王之政，治当世之民，皆守株之类也。

古者丈夫不耕，草木之实足食也；妇人不织，禽兽之皮足衣也。不事力而养足，人民少而财有余，故民不争。是以厚赏不行，重罚不用，而民自治。今人有五子不为多，子又有五子，大父未死而有二十五孙。是以人民众而货财寡，事力劳而供养薄，故民争，虽倍赏累罚而不免于乱。

尧之王天下也，茅茨不翦，采椽不斫；粝粢之食，藜藿之羹；冬日麑裘，夏日葛衣：虽监门之服养，不亏于此矣。禹之王天下也，身执耒臿以为民先，股无胈，胫不生毛，虽臣虏之劳，不苦于此矣。以是言之，夫古之让天子者，是去监门之养，而离臣虏之劳也，古传天下而不足多也。今之县令，一日身死，子孙累世絜驾，故人重之。是以人之于让也，轻辞古之天子，难去今之县令者，薄厚之实异也。夫山居而谷汲者，膢腊而相遗以水；泽居苦水者，买庸而决窦。故饥岁之春，幼弟不饷；穰岁之秋，疏客必食。非疏骨肉，爱过客也，多少之实异也。是以古之易财，非仁也，财多也；今之争夺，非鄙也，财寡也。轻辞天子，非高也，势薄也；重争士橐，非下也，权重也。故圣人议多少、论薄厚为之政。故罚薄不为慈，诛严不为戾，称俗而行也。故事因于世，而备适于事。

古者文王处丰、镐之间，地方百里，行仁义而怀西戎，遂王天下。徐偃王处汉东，地方五百里，行仁义，割地而朝者三十有六国。荆文王恐其害己也，举兵伐徐，遂灭之。故文王行仁义而王天下，偃王行仁义而丧其国，是仁义用于古不用于今也。故曰："世异则事异。"当舜之时，有苗不服，禹将伐之。舜曰："不可。上德不厚而行武，非道也。"乃修教三年，执干戚舞，有苗乃服。共工之战，铁铦短者及乎敌，铠甲不坚者伤乎体。是干戚用于古不用于今也。故曰："事异则备变。"上古竞于道德，中世逐于智谋，当今争于气力。齐将攻鲁，鲁使子贡说之，齐人曰："子言非不辩也，吾所欲者土地也，非斯言所谓也。"遂举兵伐鲁，去门十里以为界。故偃王仁义而徐亡，子贡辩智而鲁削。以是言之，夫仁义辩智，非所以持国也。去偃王之仁，息子贡之智，循徐、鲁之力使敌万乘，则齐、荆之欲不得行于二国矣。

夫古今异俗，新故异备。如欲以宽缓之政，治急世之民，犹无辔策而御駻马，此不知之患也。今儒、墨皆称先王兼爱天下，则视民如父母。何以明其然也？曰："司寇行刑，君为之不举乐；闻死刑之报，君为流涕。"此所举先王也。夫以君臣为如父子则必治，推是言之，是无乱父子也。人之情性莫先于父母，皆见爱而未必治也，虽厚爱矣，奚遽不乱？今先王之爱民，不过父母之爱子，子未必不乱也，则民奚遽治哉？且夫以法行刑，而君为之流涕，此以效仁，非以为治也。夫垂泣不欲刑者，仁也；然而不可不刑者，法也。先王胜其法，不听其泣，则仁之不可以为治亦明矣。

且民者固服于势，寡能怀于义。仲尼，天下圣人也，修行明道以游海内，海内说其仁、美其义，而为服役者七十人。盖贵仁者寡，能义者难也。故以天下之大，而为服役者七十人，而仁义者一人。鲁哀公，下主也，南面君国，境内之民莫敢不臣，民者固服于势，势诚易以服人，故仲尼反为臣而哀公顾为君。仲尼非怀其义，服其势也。故以义则仲尼不服于哀公，乘势则哀公臣仲尼。今学者之说人主也，不乘必胜之势，而务行仁义则可以王，是求人主之必及仲尼，而以世之凡民皆如列徒，此必不得之数也。

今有不才之子，父母怒之弗为改，乡人谯之弗为动，师长教之弗为变。夫以父母之爱、乡人之行、师长之智，三美加焉，而终不动，其胫毛不改。州部之吏，操官兵，推公法，而求索奸人，然后恐惧，变其节，易其行矣。故父母之爱不足以教子，必待州部之严刑者，民固骄于爱、听于威矣。故十仞之城，楼季弗能逾者，峭也；千仞之山，跛牂易牧者，夷也。故明主峭其法而严其刑也。布帛寻常，庸人不释；铄金百溢，盗跖不掇。不必害，则不释寻常；必害手，则不掇百溢。故明主必其诛也。是以赏莫如厚而信，使民利之；罚莫如重而必，使民畏之；法莫如一而固，使民知之。故主施赏不迁，行诛无赦，誉辅其赏，毁随其罚，则贤、不肖俱尽其力矣。

今则不然。其有功也爵之，而卑其士官也；以其耕作也赏之，而少其家业也；以其不收也外之，而高其轻世也；以其犯禁也罪之，而多其有勇也。毁誉、赏罚之所加者，相与悖谬也，故法禁坏而民愈乱。今兄弟被侵，必攻者，廉也；知友被辱，随仇者，贞也。廉贞之行成，而君上之法犯矣。人主尊贞廉之行，而忘犯禁之罪，故民程于勇，而吏不能胜也。不事力而衣食，则谓之能；不战功而尊，则谓之贤。贤能之行成，而兵弱而地荒矣。人主说贤能之行，而忘兵弱地荒之祸，则私行立而公利灭矣。

儒以文乱法，侠以武犯禁，而人主兼礼之，此所以乱也。夫离法者罪，而诸先生以文学取；犯禁者诛，而群侠以私剑养。故法之所非，君之所取；吏之所诛，上之所养也。法趣上下四相反也，而无所定，虽有十黄帝不能治也。故行仁义者非所誉，誉之则害功；工文学者非所用，用之则乱法。楚之有直躬，其父窃羊，而谒之吏。令君曰："杀之！"以为直于君而曲于父，报而罪之。以是观之，夫君之直臣，父之暴子也。鲁人从君战，三战三北。仲尼问其故，对曰："吾有老父，身死莫之养也。"仲尼以为孝，举而上之。以是观之，夫父之孝子，君之背臣也。故令尹诛而楚奸不上闻，仲尼赏而鲁民易降北。上下之利，若是其异也，而人主兼举匹夫之行，而求致社稷之福，必不几矣。

古者苍颉之作书也，自环者谓之私，背私谓之公，公私之相背也，乃苍颉固以知之矣。今以为同利者，不察之患也。然则为匹夫计者，莫如修行义而习文学。行义修则见信，见信则受事；文学习则为明师，为明师则显荣；此匹夫之美也。然则无功而受事，无爵而显荣，为有政如此，则国必乱，主必危矣。故不相容之事，不两立也。斩敌者受赏，而高慈惠之行；拔城者受爵禄，而信廉爱之说；坚甲厉兵以备难，而美荐绅之饰；富国以农，距敌恃卒，而贵文学之士；废敬上畏法之民，而养游侠私剑之属。举行如此，治强不可得也。国平养儒侠，难至用介士，所利非所用，所用非所利。是故服事者简其业，而游学者日众，是世之所以乱也。

且世之所谓贤者，贞信之行也；所谓智者，微妙之言也。微妙之言，上智之所难知也。今为众人法，而以上智之所难知，则民无从识之矣。故糟糠不饱者不务粱肉，短褐不完者不待文绣。夫治世之事，急者不得，则缓者非所务也。今所治之政，民闲之事，夫妇所明知者不用，而慕上知之论，则其于治反矣。故微妙之言，非民务也。若夫贤良贞信之行者，必将贵不欺之士；不欺之士者，亦无不欺之术也。布衣相与交，无富厚以相利，无威势以相惧也，故求不欺之士。今人主处制人之势，有一国之厚，重赏严诛得操其柄，以修明术之所烛，虽有田常、子罕之臣，不敢欺也，奚待于不欺之士？今贞信之士不盈于十，而境内之官以百数，必任贞信之士，则人不足官。人不足官，则治者寡而乱者众矣。故明主之道，一法而不求智，固术而不慕信，故法不败，而群官无奸诈矣。

今人主之于言也，说其辩而不求其当焉，其用于行也，美其声而不责其功焉。是以天下之众，其谈言者务为辨而不周于用，故举先王言仁义者盈廷，而政不免于乱；行身者竞于为高而不合于功，故智士退处岩穴，归禄不受，而兵不免于弱，政不免于乱，此其故何也？民之所誉，上之所礼，乱国之术也。今境内之民皆言治，藏商、管之法者家有之，而国愈贫；言耕者众，执耒者寡也；境内皆言兵，藏孙、吴之书者家有之，而兵愈弱；言战者多，被甲者少也。故明主用其力，不听其言；赏其功，必禁无用；故民尽死力以从其上。夫耕之用力也劳，而民为之者，曰："可得以富也。"战之为事也危，而民为之者，曰："可得以贵也。"今修文学，习言谈，则无耕之劳而有富之实，无战之危而有贵之尊，则人孰不为也？是以百人事智而一人用力。事智者众，则法败；用力者寡，则国贫：此世之所以乱也。

故明主之国，无书简之文，以法为教；无先王之语，以吏为师；无私剑之捍，以斩首为勇。是境内之民，其言谈者必轨于法，动作者归之于功，为勇者尽之于军。是故无事则国富，有事则兵强，此之谓王资。既畜王资而承敌国之衅，超五帝侔三王者，必此法也。

今则不然，士民纵恣于内，言谈者为势于外，外内称恶，以待强敌，不亦殆乎！故群臣之言外事者，非有分于从衡之党，则有仇雠之忠，而借力于国也。从者，合众弱以攻一强也；而衡者，事一强以攻众弱也：皆非所以持国也。今人臣之言衡者，皆曰："不事大，则遇敌受祸矣。"事大未必有实，则举图而委，效玺而请兵矣。献图则地削，效玺则名卑，地削则国削，名卑则政乱矣。事大为衡，未见其利也，而亡地乱政矣。人臣之言从者，皆曰："不救小而伐大，则失天下，失天下则国危，国危而主卑。"救小未必有实，则起兵而敌大矣。救小未必能存，而交大未必不有疏，有疏则为强国制矣。出兵则军败，退守则城拔。救小为从，未见其利，而亡地败军矣。是故事强，则以外权士官于内；救小，则以内重求利于外。国利未立，封土厚禄至矣；主上虽卑，人臣尊矣；国地虽削，私家富矣。事成，则以权长重；事败，则以富退处。人主之听说于其臣，事未成则爵禄已尊矣；事败而弗诛，则游说之士孰不为用矰缴之说而徼幸其后？故破国亡主以听言谈者之浮说，此其故何也？是人君不明乎公私之利，不察当否之言，而诛罚不必其后也。皆曰："外事，大可以王，小可以安。"夫王者，能攻人者也；而安，则不可攻也。强，则能攻人者也；治，则不可攻也。治强不可责于外，内政之有也。今不行法术于内，而事智于外，则不至于治强矣。

鄙谚曰："长袖善舞，多钱善贾。"此言多资之易为工也。故治强易为谋，弱乱难为计。故用于秦者，十变而谋希失，用于燕者，一变而计希得。非用于秦者必智，用于燕者必愚也，盖治乱之资异也。故周去秦为从，期年而举；卫离魏为衡，半岁而亡。是周灭于从，卫亡于衡也。使周、卫缓其从衡之计，而严其境内之治，明其法禁，必其赏罚，尽其地力以多其积；致其民死以坚其城守，天下得其地则其利少，攻其国则其伤大；万乘之国莫敢自顿于坚城之下，而使强敌裁其弊也，此必不亡之术也。舍必不亡之术而道必灭之事，治国者之过也。智困于外而政乱于内，则亡不可振也。

民之政计，皆就安利如辟危穷。今为之攻战，进则死于敌，退则死于诛，则危矣。弃私家之事而必汗马之劳，家困而上弗论，则穷矣。穷危之所在也，民安得勿避？故事私门而完解舍，解舍完则远战，远战则安。行货赂而袭当涂者则求得，求得则私安，私安则利之所在，安得勿就？是以公民少而私人众矣。

夫明王治国之政，使其商工游食之民少而名卑，以寡趣本务而趋末作。今世近习之请行，则官爵可买；官爵可买，则商工不卑也矣。奸财货贾得用于市，则商人不少矣。聚敛倍农而致尊过耕战之士，则耿介之士寡而商贾之民多矣。

是故乱国之俗：其学者，则称先王之道以籍仁义，盛容服而饰辩说，以疑当世之法，而贰人主之心。其言古者，为设诈称，借于外力，以成其私，而遗社稷之利。其带剑者，聚徒属，立节操，以显其名，而犯五官之禁。其患御者，积于私门，尽货赂，而用重人之谒，退汗马之劳。其商工之民，修治苦窳之器，聚弗靡之财，蓄积待时，而侔农夫之利。此五者，邦之蠹也。人主不除此五蠹之民，不养耿介之士，则海内虽有破亡之国，削灭之朝，亦勿怪矣。

七　延伸阅读书目

1. 王先慎 《韩非子集解》，北京：中华书局，1998 年。

2. 蒋重跃 《韩非子的政治思想》，北京：北京师范大学出版社，2010 年。

3. 宋洪兵 《韩非子政治思想再研究》，北京：中国人民大学出版社，2010 年。

4. 任继愈 《韩非》，北京：中华书局，1962 年。

5. 司马迁 《史记·老子韩非列传》，韩兆琦 译，北京：中华书局，2008 年。

6、王洪斌 《中国帝王术——〈韩非子〉与中国文化》，开封：河南大学出版社，1995 年。

7. 施觉怀 《韩非评传》，南京：南京大学出版社，2011 年。

8. 王邦雄 《韩非子的哲学》，台北：东大图书公司，1977 年。

9. 萧公权 《中国政治思想史》，北京：商务印书馆，2011 年。

10. 蒋礼鸿 《商君书锥指》，北京：中华书局，1986 年。

第十一讲　阴阳家

一　阴阳家的特殊性

在浩如烟海的中国传统思想中，除了我们通常熟知的儒、墨、道、法等主要的思想形态之外，其实我们对于其他思想知之甚少。即便这些思想形态在当时曾经产生过非常深远的影响，并在今日依旧在某些层面影响着我们的日常生活。阴阳家就是这样的一个例子，也许是因为其神秘性，在汉代以后的学术思想脉络中，我们已经几乎找不到它的影子。但是，在我们的日常生活中，我们却依旧在受着它的深刻影响，尤其是在术数的传统背景之下，阴阳家的观念在一定程度上成了主导神秘文化的核心价值。当然，这种神秘有的时候是因为我们不了解，或者无法理解而导致的。

《汉书·艺文志》中说："阴阳家者流，盖出于羲和之官，敬顺昊天，历象日月星辰，敬授民时，此其所长也。及拘者为之，则牵于禁忌，泥于小数，舍人事而任鬼神。"从这一段描述来看，阴阳家是出于古代的羲和之官，羲和之官究竟所谓何职？根据《尚书·尧典》的记载："乃命羲和，钦若昊天，历象日月星辰，敬授人时。"关于羲和，中国传统神话中有很多涉及，他是传说中的日神。在后来的演变中，羲和逐渐成为了对掌握天文历法的人的称呼，所谓羲和之官，大抵就是掌握天文历数之官。从这个职位的属性可以看出，对于羲和之官来说，他们所面对的对象是天象——日月星辰，他们所要做的事情就是精研天象，从而制定历法等等，由此而来，对于天象的观察成为他们的本职。

当然，如果以我们今天的角度去理解羲和之官的时候，我们似乎很难发现有什么特殊的地方。但是，有一点我们不能忘记的是，传统中国社会中的人们是靠天吃饭的，尤其是在物质生产能力和认识水平相对低下的先秦时代，人们对于天几乎有着一种近乎神秘的情感。因为从一定意义上来说，天时决定了人们物质生活的丰富与否，也就是说人们的生活在一定意义上是由天来决定的，这就使得天在先民的观念中有着非同一般的地位。这样的生活现实，也使得古人对于天的崇拜成为一种非常普遍的现象，由对于天的崇拜而上升为思想观念上对于天道的主张，并由此而形成中国传统学术思想的基本面向——天道决定人事，人事符合天道。在这样的背景下，我们再来考察羲和之官的职责的时候，我们就会发现，实际上他们所要做的就是去认识普通人所认为神秘的天象。所以，从这个意义上来说，羲和之官是十分特殊的职位，在传统中国社会中也是具有非常重要意义的，因为他们与农耕文明休戚相关。

阴阳家既然是从羲和之官而来的，那么对于天象的清晰把握，是他们的本职。从传统而言，他们的重要性也是非常明显的。所以我们可以很清楚地看到，在司马谈的《论六家要旨》中，明确地把阴阳家列为第一，所谓"阴阳、儒、墨、名、法、道德"，这是太史公对于先秦诸子之学的认定，在他的观念中，这六家是先秦思想中最为重要的六家，而首推阴阳家，则至少也表明了在太史公观念中阴阳家的地位。当然，如同前文我们所指出的那样，既然羲和之官所面对的是天象——而这在普通人的观念中是多少有些神秘的事情，所以班固接着就指出："及拘者为之，则牵于禁忌，泥于小数，舍人事而任鬼神。"(《汉书·艺文志》)也就是说这样的职业行为很有可能会涉及禁忌，走入鬼神。换而言之，很容易受到神秘观念的影响和左右，这一点，太史公也看得非常清楚，"尝窃观阴阳之术，大祥而众忌讳，使人拘而多所畏"(《论六家要旨》)。但是，即便如此，阴阳家在传统中国社会中仍有着其不可或缺的意义，"夫阴阳、四时、八位、十二度、二十四节各有教令，顺之者昌，逆之者不死则亡，未必然也，故曰'使人拘而多畏'。夫春生夏长，秋收冬藏，此天道之大经也，弗顺则无以为天下纲纪，故曰'四时之大顺，不可失也。'"(《论六家要旨》)在司马谈的理解中，阴阳家所做的事情就是"序四时之大顺"，即春生、夏长、秋收、冬藏，这是建立在通过对于天象的观察，而后以阴阳、四时、八位、十二度、二十四节等不同的设定来确立四时的变化，从而将"天道之大经"通过描述性的语言表达出来，从而使得人类的行为具有了可以依据的原则。所以，在阴阳家们制定了完备的"四时之序"后，常人所做的就是遵守经由阴阳家所揭示出来的天道的基本规律，"顺之者昌，逆之者不死则亡"，对于人类的行为形成了一定程度的限制，故使人拘而多畏。而阴阳家所做的事情，就是为常人的生活确定纲纪，这表明了在先民的日常生活中，阴阳家所具有的独特价值。

如我们前面所言，在靠天吃饭的早期社会，对于天的依赖使得天具有了某种神秘的色彩。而对于天的认识和掌握也成为不可或缺的事实，由此，阴阳家所具有的重要性是显而易见的。并且，在早期社会里，出于解释、应对各种事务的需要，具有辨识天象能力的人(或者说阴阳家)是非常重要的角色。根据班固在《汉书·艺文志》中所列阴阳共有二十一家，三百六十九篇，有《宋司星子韦》三篇，《公梼生终始》十四篇，《公孙发》二十二篇，《邹子》四十九篇，《邹子终始》五十六篇，《乘丘子》五篇，《杜文公》五篇，《黄帝泰素》二十篇，《南公》三十一篇，《容成子》十四篇，《张苍》十六篇，《邹奭子》

十二篇,《闾丘子》十三篇,《冯促》十三篇,《将钜子》五篇,《五曹官制》五篇,《周伯》十一篇,《卫侯官》十二篇,《天下忠臣》九篇,《公孙浑邪》十五篇,《杂阴阳》三十八篇。当然,这些作品基本上都没有流传下来,这可能与社会政治氛围和思想传统都有一定的关系,再加上阴阳家之言大抵有些神秘和费解,所以这也在一定程度上限制了其作品的流传。但是,即便如此,《吕氏春秋》和《淮南子》以及其他一些作品中仍保存了一些阴阳家的言论,虽然这不足以完全了解阴阳家的观念,但是,管中可以窥豹,由这些文字,我们也可以对阴阳家做大概的了解。

另外一个需要指出的有趣的现象是,在班固《汉书·艺文志》中所列的阴阳家之言,其言明作者的,以齐国为主。这与齐燕之地的特殊自然环境和统治者的倾向性有密切的关系,齐燕(尤其是齐国)濒临大海,出于对于长生的渴望,在战国时期,这里方士云集。“自威、宣、燕昭使人入海,求蓬莱、方丈、瀛洲。此三神山者,其传在渤海中,去人不远,患且至,则船风引而去。盖尝有至者,诸仙人及不死之药皆在焉。其物禽兽尽白,而黄金银为宫阙。未至,望之如云,及到,三神山反居水下,临之,风辄引去,终莫能至云。世主莫不甘心焉。”(《史记·封禅书》)这条材料说明在齐威、宣及燕昭王在位的战国中后期,神仙方士的势力在东方齐燕不仅已颇成气候,而且向上层渗透的努力也取得了相当的成功。伴随着最高统治者一次次的海上求仙活动,受到君主意志肯定的神仙——思想在社会上也越发兴盛起来,逐步摆脱了先前那些零星、分散的活动方式而开始趋向严密的师承和组织化。为了弥补自身理论系统贫乏的缺陷,方士们吸收了其他一些流派特别是齐人邹衍所论终始五德之运的阴阳五行学说,用来探讨天道玄远、天象预言和解释他们的成仙方术,从而逐渐形成了一个以长生不死为号召并且具有较高文化素养的特殊社会阶层——神仙方士集团。由此,从另外一个层面揭示出了阴阳家发展的脉络,就是阴阳家的理论和思维方式与方士的求仙行为结合,这就使得阴阳家的很多观念得以以神仙道教的思想形态保留下来，于是，我们在后世的道教经典中，很明显可以看到阴阳家的影子。

二　阴阳与五行

阴阳家之为阴阳家，是由于其理论的基础在于阴阳五行之说。阴阳，作为“中国古代哲学思考的中心，亦是贯穿始终的范畴”（张立文《中国哲学范畴发展史》）。其本意最初来自于上古向日为阳，背日为阴的观念，“侌（阴）者见云不见日，昜（阳）者云开而见日”（朱骏声《说文通训定声》）；源于上古先民对大自然的天地百象、日月轮转、昼夜交接、寒暑更替、阴晴变换、男女雌雄等对立而和谐现象的最直观的体认。后用以指两种相互对立的气、两种相对应的状态：“夫天地之气，不失其序。若过其序，民乱之也。阳伏而不能出，阴迫而不能烝，于是有地震也。”（《国语·周语上》）“万物负阴而抱阳。”（《老子·四十二章》）在战国之际，阴阳概念被进一步引申，最终被古代哲人从概括自然矛盾现象的概念，高度抽象成一种二分法的哲学范畴：“静而与阴同德，动而与阳同波。”（《庄子·天道》）“春秋冬夏，阴阳之推移也；时之短长，阴阳之利用也；日夜之易，阴阳之化也。”（《管子·乘马》）“一阴一阳之谓道。”（《易·系辞上》）“阴虽有美含之，以从王事，弗敢成也，地道也，妻道也，臣道也。”（《易·坤》）至此，阴阳这对范畴，不仅是表征自然万物状态的概念，也成为对于社会现象描述的基本概念，成为泛指对立现象的哲学范畴，诸如天地、日月、昼夜、明暗、热冷、男女、雄雌、刚柔、上下、动静、强弱、急缓、奇偶等等自然界和人类社会中具有对立统一关系的对偶性事物、现象及其属性，无不可以阴阳观念加以阐释。

五行观念的产生从时间而言要晚于阴阳，原意是指水、火、木、金、土五种物质材料，“五行：一曰水，二曰火，三曰木，四曰金，五曰土。”（《尚书·洪范》）在春秋战国时期，五行观念非常流行，成为当时学者用以解释世间现象的一种基本的模式，世界的多样性和复杂性在五行的框架内得到了妥善的处理，这也表明了古代哲人所具有的智慧。

阴阳和五行作为中国古人解释宇宙的两大基本范畴，在春秋战国时期都得到了广泛的应用，并且，在"术数"的基础之上，两者产生了合流的趋势，从而成为中国传统宇宙论的基础。以邹衍阴阳五行学派的形成为标志，早有交相渗透的阴阳与五行范畴以及各自所形成的学说开始了合流的历程，自此呈现出你中有我、我中有你而又有各自发展空间的一体状态。阴阳五行观念的合流，始于春秋战国时期的燕齐方士。"阴阳者，天地之大理也；四时者，阴阳之大经也。""东方曰星，其时曰春，其气曰风，风生木与骨。其德喜嬴，而发出节时。""南方曰日，其时曰夏，其气曰阳，阳生火与气。其德施舍修乐。""中央曰土，土德实辅四时入出，以风雨节，土益力。土生皮肌肤。其德和平用均，中正无私。""西方曰辰，其时曰秋，其气曰阴，阴生金与甲。其德忧哀、静正、严顺，居不敢淫佚。""北方曰月，其时曰冬，其气曰寒，寒生水与血。其德淳越、温怒、周密。"（《管子·四时》）在这里，阴阳观念开始与"五行""五方""四时""五德"联系在一起，用来解释自然现象的更替，以及与之相应的人世变迁。

而邹衍的"五德终始"说，则标志着这种解释框架的成熟，"五德从所不胜，虞土、夏木、殷金、周火"（《文选·魏都赋》李善注引），在邹衍看来，历史的演变是同阴阳消长、五行生克联系在一起的。邹衍的作品今已无存，但是其言"终始"之义，在《鬼谷子》中亦有阐发："捭之者，开也，言也，阳也；阖之者，闭也，默也，阴也。阴阳之和，终始其义。故言长生、安乐、富贵、尊荣、显名、爱好、财利、得意、喜欲为阳，曰始；故言死亡、忧患、贫贱、苦辱、弃损、亡利、失意、有害、刑戮、诛罚为阴，曰终。诸言法阳之类者皆曰始，言善以始其事；诸言法阴之类者皆曰终，言恶以终为谋。"（《鬼谷子·捭阖》）

三 邹衍与阴阳家

梁启超出于批判迷信的需要，曾经对于阴阳五行的观念进行过非常详细的考察，详细内容可以见梁氏著《阴阳五行说之来历》（收入《饮冰室文集》）。在梁启超看来："春秋战国以前，所谓阴阳，所谓五行，且此二事从未尝并为一谈。诸经及孔、老、墨、孟、荀、韩诸大哲，皆未尝齿及。然则造此邪说以惑世诬民者谁耶？其始盖起于燕、齐方士。而建设之、传播之，宜负罪责者三人焉：曰邹衍，曰董仲舒，曰刘向。"梁启超是出于批判的立场来清理阴阳家的脉络的，在梁氏看来，所谓阴阳家之言，大抵是迷信惑民的，而且不被主流的思想者（比如诸经及孔、老、墨、孟、荀、韩等）所接受认可。但是，从事实的角度来看，阴阳家之言影响深远，在梁任公的时代依然有着重要的表现，所以才会激发梁氏批判的想法。

我们暂且不对阴阳家之言做在先的价值判断，事实上要对一种学术思维方式做一个价值判定是很难的事情。我们但就历史的演变来看，阴阳家虽然在汉以后销声匿迹了，但是，其所确定的思维方式，确实影响了中国传统社会，直至今日，在某种意义上来说，它是中国传统思维方式的表征之一。由此，它对于人的行为方式的影响，对于民众日常生活的影响，不可谓小。从民众生活的基本事实出发，我们就有必要对阴阳家的思想脉络有所了解。

邹衍，在多数意义上被视为是阴阳家的重要人物，在某种程度上甚至可以说，他确定了阴阳家思维的基本框架。其所生活的时代，稍晚于孟子，在他的年代，邹衍也是一个非常重要的人物，按照司马迁的说法，"驺衍以阴阳主运显于诸侯"（《史记·封禅书》）。齐宣王时，邹衍就学于稷下学宫，先学儒术，改攻阴阳五行学说，然而终以儒术为其旨归。"邹子以儒术干世主，不用，即以变化始终之论，卒以显名。……邹子之作变化之术，亦归于仁义。"（《盐铁论·论儒第十一》）"邹子疾晚世之儒墨不知天地之弘，昭旷之道，将一曲而欲道九折；守一隅而欲知万方，犹无准平而欲知高下，无规矩而欲知方圆也。于是，推大圣终始之运，以喻王公列士……。”（《盐铁论·论邹第五十三》）《盐铁论》中的记载，大概地可以看出邹衍的学术倾向。而司马迁的记载，则更为生动地体现了邹衍的思想特质及其在当时社会中所具有的影响。

> 驺衍睹有国者益淫侈，不能尚德，若大雅整之于身，施及黎庶矣。乃深观阴阳消息而作怪迂之变，《终始》、《大圣》之篇十余万言。其语闳大不经，必先验小物，推而大之，至于无垠。先序今以上至黄帝，学者所共术，大并世盛衰，因载其机祥度制，推而远之，至天地未生，窈冥不可考而原也。先列中国名山大川，通谷禽兽，水土所殖，物类所珍，因而推之，及海外人之所不能睹。称引天地剖判以来，五德转移，治各有宜，而符应若兹。以为儒者所谓中国者，于天下乃八十一分居其一分耳。中国名曰赤县神州。赤县神州内自有九州，禹之序九州是也，不得为州数。中国外如赤县神州者九，乃所谓九州也。于是有裨海环之，人民禽兽莫能相通者，如一区中者，乃为一州。如此者九，乃有大瀛海环其外，天地之际焉。其术皆此类也。然要其归，必止乎仁义节俭，君臣上下六亲之施，始也滥耳。王公大人初见其术，惧然顾化，其后不能行之。是以驺子重于齐。适梁，惠王郊迎，执宾主之礼。适赵，平原君侧行撇席。如燕，昭王拥彗先驱，请列弟子之座而受业，筑碣石宫，身亲往师之。作《主运》。其游诸侯见尊礼如此，岂与仲尼菜色陈蔡，孟轲困于齐梁同乎哉！（《史记·孟子荀卿列传》）

从这段描述中，我们大概可以想见邹衍在当时的情形。其思维所具有的宏辩，也是当时少见，比如大小九州之说，这与时人传统所接受的“中国”的观念相比，具有非常明显的超越，而这样的言说，当然会给时人的观念带来较大的冲击。但是，按照司马迁的说法，虽然邹衍的论辩是出于常识之外的，但是，他所依据的却又常常是从常识出发的，所谓“其语闳大不经，必先验小物，推而大之，至于无垠”，这样的说理方式，当然是很令人信服的。而其言说主要是在于天事，即谈天，《史记》集解引刘向《别录》说：“邹衍之所言……尽言天事，故曰‘谈天’。”《史记·孟子荀卿列传》说，“齐人颂曰：‘谈天衍’”。《文心雕龙·诸子》说：“邹子养政于天文。”同书《时序》说：“邹子以谈天飞誉。”这些情形都表明了邹衍以其独特的言说而在诸子辈出的战国时代受到诸侯尊崇礼遇，非同一般。

邹衍对于阴阳家理论的阐述，主要是五德终始和五行相生。其实，无论是五德终始还是五行相生，都是围绕着五行的问题展开的。邹衍根据土、木、金、火、水五行之间的这种循环相克关系创立了五德终始说，来解释历史发展和朝代更替。五德指土、木、金、火、水五种德运，它们之间存在木克土、金克木、火克金、水克火、土克水的关系。历史发展正是按照这种顺序循环往复，每一朝代都有五德中的一种与之相配合，由此种德运决定这个朝代的命运。“五德之次，从所不胜，故虞土、夏木。”（《淮南子·齐俗训》篇高诱注引《邹子》）《文选·魏都赋》李善注引《七略》曰：“邹子有终始五德，（言土德）从所不胜：土德后，木德继之，金德次之，火德次之，水德次之。”《吕氏春秋·应同》讲得更具体：“凡帝王之将兴也，天必先见祥乎下民。黄帝之时，天先见大螾大蝼。黄帝曰：‘土气胜！’土气胜，故其色尚黄，其事则土。及禹之时，天先见草木秋冬不杀。禹曰：‘木气胜！’木气胜，故其色尚青，其事则木。及汤之时，天先见金刃生于水。汤曰，‘金气胜！’金气胜，故其色尚白，其事则金。及文王之时，天先见火，赤乌衔丹书集于周社。文王曰；‘火气胜！’火气胜，故其色尚赤，其事则火。代火者必将水，天且先见水气胜。水气胜，故其色尚黑，其事则水。”五德终始说，虽然看上去有点荒诞不经，但是确实有着非常有效的现实解释力，尤其是政治上的解释。在战国中晚期这样一个独特的时代，在统一的趋势下，诸侯王都希望从理论上找到支持其统一的根据，亦即政权的合法性论证。后来秦统一六国之后，即以秦文公出猎获黑龙作为水德兴起的符瑞，明显可以看到邹衍五德终始说的现实影响力。而秦的具体政治措施，都是围绕着水德而展开的。“东莱吕氏曰：‘方邹衍推五德之运，人视之，特阴阳末术耳，若无预于治乱之数也。及至始皇始采用之，定为水德。以为水德之治，刚毅戾深，事皆决于法，刻削毋仁恩和义，然后合五德之数。于是。急法，久者不赦，则其所系岂小哉！”（王应麟《汉书·艺文志考证》）

很长时间里，由于文献的散佚，我们对于邹衍的五行之说，大抵只限于五行相胜的五德终始观，而对于五行相生的一面，却少见论述。实际上，邹衍不仅阐释相胜之说，同样主张相生之说。而且，相胜之说见之于五德终始而具有非常明显的政治意义。相生之说，则见之于明堂制度，同样有着非常深刻的政治内涵。从五行相生的角度来看，木性温，钻灼而火出，故木生火；火热能焚木，木烬而成灰（灰即土），故火生土；金居石依山津润而生，聚土成山，山必生石，故土生金；金属遇冷，空气中的水汽凝结附着其表面，故金生水；水润而生万物，故水生木。这样木、火、土、金、水就构成了循环相生的关系。依据五行相生的顺序有春、夏、季夏、秋、冬五季（在夏秋之间加入季夏，以合五行之数），天子则应在相应的方位（东、南、中、西、北）穿相应颜色（青、赤、黄、白、黑）的衣服，这就是“五行相次转用事，随方面为服”的内容，也是明堂制度的内容之一。邹衍还认为天子应当住在一所特别的屋子里，东南西北各有一个正厅和两个厢房，这些屋子总称为“明堂”。天子每个月应换一个地方居住，所穿的衣服、所吃的饭、所听的音乐、所祭的神、所办的事等等都按这个月特有的规定去做，十二个月轮完一圈。大院子中间又有一厅，供天子在季夏之月居住（另有一说是每一季里抽出十八天住在这里）。把方向的“东、南、中、西、北”与时令的“春、夏、季夏、秋、冬”相配，使天子按“木、火、土、金、水”的顺序去做“天人相应”的工作，这就叫明堂制度。例如，邹衍认为天子居明堂按四季不同所用来取火之木也不相同。春属木，故用青色的榆柳之木；夏属火，故用赤色的枣杏之木；季夏属土，故用黄色的桑柘之木；秋属金，故用白色的柞楢之木；冬属水，故用黑色的槐檀之木。这一顺序就是按照木生火、火生土、土生金、金生水、水生木的五行相生顺序排列的，其中以土居中，而《吕氏春秋·应同》中关于“黄帝时其色尚黄，其事则土”的论述，说明黄帝应居中央为天子的奥妙，这对于制造田氏政权（田氏原为陈国公族，姬姓之后）以黄帝的后代自居代替姜姓炎帝之后的姜齐政权是很有用处的。用五行相生说论证田氏代齐的合理性并设计天子四时教令的明堂制度正是邹衍的另一大“功绩”。邹衍以阴阳五行思想规范四时明堂制度的思维模式对此后的《吕氏春秋·十二纪》、《礼记·月令》、《淮南子·时则训》等文章产生了重大影响。

四 董仲舒对阴阳家的吸收、改造

至汉代以后，儒学成为主导的思想形态，当然，汉以来所确立为官学的儒学与先秦时期的儒学相比较，已经有了较大的改观。这是思想本身发展的内在逻辑所决定的，儒学的政治化必然要求其对于现实政治的有效构建，从这个意义上来说，荀子就开始迈出了儒学现实政治化的步子。然而，儒学的政治化必须要有适当的时机和政治氛围。汉初的发展就为儒学的新发展提供了可能。

在通常意义上，我们把儒学在汉初的转变称为儒术独尊。既然称儒术而非儒学，其强调现实政治效用的意图也是非常明显了。在儒术独尊的转变过程中，董仲舒起到了非常关键的作用，他在《天人三策》中的建议，直接影响了后来汉室独尊儒术的具体操作，因此，他被班固、刘向奉为“儒宗。”（《汉书·礼乐志》：“董仲舒始推阴阳，为儒者宗。”《汉书·楚元王传》：“仲舒为世儒宗，定议有益天下。”）然其生卒年代，《史记·儒林传》和《汉书·董仲舒传》均无确言，据苏舆《董子年表》，约生于公元前176年，卒于公元前104年(《春秋繁露义证》)，其代表作品为《春秋繁露》和《天人三策》。

董仲舒“少治《春秋》，孝景时为博士。下帷讲诵，弟子传以久次相授业，或莫见其面。盖三年不窥园，其精如此。进退容止，非礼不行，学士皆师尊之。”(《汉书·董仲舒传》)由此可见其在当时思想界之影响。董仲舒的思想乃基于《公羊春秋》，强调“大一统”是其理论的基本出发点，这也是深切于当时社会发展之需要。由治公羊学而成汉室儒宗的董仲舒，在大一统观念的指导下，对于儒学进行了非常重要的改造，而使之成为与先秦儒学迥异的为现实政治服务的政治哲学或者说政治神学。

董仲舒对先秦儒学的改造，最大的特点在于大量地引进了阴阳家的观念，以阴阳五行的思想作为其论述的基本框架，《春秋繁露》中《阳尊阴卑》、《阴阳位》、《阴阳终始》、《阴阳义》、《阴阳出入上下》、《天地阴阳》等篇章都是专门论述阴阳五行的，阴阳二分和五行相生相克的系统，成为了董仲舒思想的基石。在阴阳之说基础上，董仲舒提出了其著名的“天人感应”观念。“天人感应”的理论基础，是通过天、地、人相统一的思维模式所建构的天人同构论。在董仲舒看来，“天”与“人”、自然界与人类在结构上是相同的。一方面，人在形体上与自然界有共同的数量关系：人有小骨节三百六十六块，副一年的天数；人有大骨节十二块，副一年的月数；内有五脏，副五行数；外有四肢，副四时数。这是所谓的“人副天数”；另一方面，人的精神现象也与自然变化在类型上相对应：人有好恶，天有暖冷；人有喜怒，天有寒暑；人间有上下，天地有尊卑。这是所谓的“以类合之，天人一也。”(《春秋繁露·阴阳义》)董仲舒认为，既然天与人同构，那么在“天”与“人”、自然与社会之间就可能进行无限制的模拟推理，以获得关于天人问题的新知识。在这种无限制的模拟推理中，他一方面把自然现象拟人化，赋予自然现象以社会的属性，从而塑造出了一个人格神的“天”；另一方面又把社会关系神秘化，以人格神的“天”作为社会关系的根据，认为封建社会的各种等级名分和隶属关系都符合“天”的规律。所以，在董仲舒这里，“天”实际上是一个人格神，“天者，百神之大君”(《春秋繁露·郊义》)，而人间社会是模拟、仿造天的规律而来，所以，一切必然也是效法“天”而建立起来的。“君臣、父子、夫妇之道，皆取诸阴阳之道。”(《春秋繁露·基义》)社会的等级次序，也由这种阴阳的差异而得以确立。“君为阳，臣为阴；父为阳，子为阴；夫为阳，妻为阴。”(《春秋繁露·基义》)为阳者贵，为阴者贱；为阳者居于支配、主宰地位，为阴者处于服从、辅助的地位。这些传统社会的关系，到东汉时的《白虎通义》中被经典性地概括为“君为臣纲，父为子纲，夫为妻纲”。董仲舒说：“王道之三纲，可求于天。”(《春秋繁露·基义》)“天”的法则是人间社会关系的基础，人们的社会关系都是由“天”所授予的，即所谓“受命于天”。“天子受命于天，诸侯受命于天子，子受命于父，臣妾受命于君，妻受命于夫，诸所受命者，其尊皆天也。”(《春秋繁露·顺命》)根据这种自然关系的拟人化和社会关系的神秘化，董仲舒认为：“天人之际，合而为一。”(《春秋繁露·深察名号》)并进而认为，在“天”与“人”之间存在着一种神秘的感应关系。他认为，“人”的活动必然会得到“天”的反应。如果君主按照“天”的意志办事，天下大治，国泰民安，“天”就会降下“符瑞”，表示肯定；如果君主违背了“天意”，影响到大一统封建国家的稳定和巩固，“天”就会降下灾异警告，董仲舒尤其看重这一点。“国家将有失道之败，而天乃先出灾害以谴告之。不知自省，又出怪异以警惧之。尚不知变，而伤乃至。以此见天心之仁爱人君而欲止其乱也。”(《汉书·董仲舒传》)“灾者，天之谴也。异者，天之威也。谴之而不知，乃畏之以威。凡灾异之本，尽生于国家之失。”(《春秋繁露·必仁且智》)

至此，天人感应的体系已经建构起来。从这个体系来说，君主的权威和天的权威同时都被确立起来，按照董仲舒的说法，这就是“屈民以伸君，屈君以伸天。”(《春秋繁露·玉杯》)在这样的理论诠释下，大一统的思想观念由此确立。董仲舒对于儒学的改造可以说与先秦儒学的旨趣已经大不相同，但是，正是这种经过改造后的儒学成为了大一统政治的思想基础。

而我们非常明显地看到了董仲舒在其理论系统中对于阴阳家的吸收和改造。这样一来，阴阳家观念得以顺利地进入传统儒学思想之中，并由此延续其影响。那么，董仲舒对于儒学的这种改造是不是合理的呢？如果我们从邹衍的角度出发，其实这样改造是非常顺理成章的事情。邹衍本身虽然是以阴阳家而闻名于世，但是，其说亦归于仁义，即最终还是以儒学价值作为其基本的归依的。这就表明阴阳五行框式，只是邹衍用来讨论、言说的一种方式，或者更为准确一些，是他用来说服人主的一种有效的方式。既然如此，在儒学中整合阴阳五行的观念也是合理的。从现实的角度来说，儒学要赢得新的发展，就必须对现实的政治问题提出合理的解释，而在既有的框架中，阴阳五行的系统无疑是最好的选择。所以，无论从内在的理路，还是从现实的需求角度出发，儒学和阴阳家的融合都是一种必然的选择。

此后阴阳家作为一个学术流派，离开了历史的舞台。但是，这并不意味着阴阳家的思想彻底淡出了。相反，在儒家和道教的观念中，这样的思想得到了非常完整的集成和传续。我们可以简单地说，虽然阴阳家作为一个学术流派，自汉以来就消失了，但是其影响(无论是学术的还是事实的)却一直绵延至今。

五 阴阳家的影响

对于阴阳家的观念，我们在前面已经略作介绍。这里需要着重指出的是，阴阳家的阴阳观念和我们通常所理解的阴阳概念是有差异的。在通常情况下，我们都把阴阳视为一组相对的概念，它们是相互依存，此消彼长的关系，而这样的状况是普遍存在于世间的，所以，可以用阴阳这样的概念来描述宇宙间的一切现象。概而言之，从阴阳的概念出发，我们看到的是宇宙间此消彼长、相反相成的存在状态，比如“一阴一阳之谓道”（《周易·系辞》），“万物负阴而抱阳”（《老子》）等等，都是从这个角度来论说的。然而，阴阳家所言的阴阳，原本并不是从对立面的消长来立论的。在阴阳家那里，阴阳是跟四时变化联系在一起的，也就是春生、夏长、秋收、冬藏，在这里面的阴阳消长，指的是阴阳自身的消长变化，由春至夏，是阳气渐盛而极的阶段，而由秋至冬，则是阴气渐盛而极的阶段。当然，如果一定要以阴阳对比而言的话，也可以说阳气渐盛的阶段，就是阴气渐消的阶段，反之亦然。但是，至少这样的表述在早期阴阳家那里不是十分明显，对于阴阳家来说，他们关注的是四时变迁，及由此而引发对于人事的思考。

阴阳家思想集成的路径，除了前述的儒家和道教之外，其实有很大一部分也进入了传统的中医理论，并成为中医观念的基础。当然，中医对于阴阳家思想的使用已经有了非常大的改变。比如对于阴阳观念，在中医这里，明显使用的是阴阳相对的概念，即用阴阳对立、平衡来解释病理；同时将人的机体与五行相配，从而使得阴阳五行的系统具有了解释人体病理的效用。这种方式的基本原理即在于承认宇宙万物与人之间是具有结构相似性的（即天人同构），由此，对于自然现象解释的方式（即以阴阳变异和五行框式来进行）同样适用于对于人体运行状况的解说。于是，在阴阳五行模式的基础上，传统的中医由此得以确立，这样的论说方式在中医经典，如《黄帝内经》中，有着非常详细的讨论。当然，需要指出的是，中医对于阴阳五行的基本观念有了更为深入的、复杂的发展，以适应解释病理的需要，比如中医中有“三阴”（太阴、少阴、厥阴）“三阳”（太阳、少阳、阳明）之说。这些都可以看成是在阴阳家基础之上的发展。

阴阳家的观念，对于中国人传统的思维方式和行为模式都有深刻的影响。就思维方式而言，阴阳二分的基本观念成了指导中国人传统思维的最为基本的判断，而五行的框式为中国人对于事实的解释提供了一个基本的框架。在阴阳五行的系统当中，一切现象都可以得到很好的解释，于是在传统的发展过程中，也形成了非常详细、复杂的框架，可以把人世间的一切现象都纳入到阴阳五行的系统中进行考察。

天之属						人之属						
五方	四时	五候	五行	五音	五色	五体	五脏	五声	五动	五窍	五味	五情
东	春	风	木	角	苍	筋	肝	呼	握	目	酸	怒
南	夏	热	火	徵	赤	脉	心	笑	忧	舌	苦	喜
中	长夏	湿	土	宫	黄	肉	脾	歌	哕	口	甘	思
西	秋	燥	金	商	白	皮毛	肺	哭	咳	鼻	辛	忧
北	冬	寒	水	羽	黑	骨	肾	呻	栗	耳	咸	恐

这是根据《黄帝内经·素问·阴阳应象大论篇》中的描述而归纳成的一个简单的表格，从这个表格中我们可以看到五方、四时、五候、五行、五音、五色、五体、五脏、五声、五动、五窍、五味、五情，都可以找到对应的方式进行解说。传统中还有很多其他的归纳方法，当然，都是大同小异的，其所体现的基本思路是一致的。从这样的图式之中，我们很明显可以看到：

首先，贯穿在这里面的是一种整体性的思维，换而言之，天道与人事是相通的，其之所以相通的原因就在于阴阳五行的基本框架。从根源处而言，天人都是基于阴阳五行这一基本原理的，所以，从根本上来说，两者是可以进行类比的。一切人事都可以从天道那里找到根源。这不仅在解释上为人事提供了理论的可能，更为人的现实行为找到了依据。

其次，这里同样呈现出一种决定性的倾向，即天道决定人事。天人是相通的，但是，更准确地说，天道是人事的根据，人事的合理性都来源于天，取决于天。这与传统思想中对于天人之间的关系的讨论是一致的。

最后，“五”成为一个非常重要的符号信息。有很多的信息都传递出中国传统对于“五”的重视，而这个源头就在于五行，“天数五，地数五”（《周易·系辞》），《尚书·皋陶谟》上讲“五辰”“五享”“五礼”“五服”“五章”“五刑”等，都是以“五”作为一个基本的数量单位，这应该不是一个巧合的结果，从思维方式上反映出了传统的基本行为方式。

阴阳家的阴阳五行框式，即便在今日仍旧有着很多的影响，比如我们的二十四节气，比如我们的皇历，比如我们的中医等，其背后所体现的都是阴阳五行的基本观念。由此可见，阴阳家的思维系统所具有的影响是如何之深远。

六　文献选读

（一）《春秋繁露·阳尊阴卑第四十三》

天之大数，毕于十旬。旬天地之间，十而毕举；旬生长之功，十而毕成。十者，天数之所止也。古之圣人，因天数之所止，以为数纪，十如更始。民世世传之，而不知省其所起。知省其所起，则见天数之所始；见天数之所始，则知贵贱逆顺所在；知贵贱逆顺所在，则天地之情著，圣人之宝出矣。

是故阳气以正月始出于地，生育长养于上，至其功必成也，而积十月。人亦十月而生，合于天数也。是故天道十月而成，人亦十月而成，合于天道也。故阳气出于东北，入于西北，发于孟春，毕于孟冬，而物莫不应是。阳始出，物亦始出；阳方盛，物亦方盛；阳初衰，物亦初衰。物随阳而出入，数随阳而终始，三王之正，随阳而更起。以此见之，贵阳而贱阴也。故数日者，据昼而不据夜；数岁者，据阳而不据阴，阴不得达之义。

是故《春秋》之于昏礼也，达宋公而不达纪侯之母，纪侯之母宜称而不达，宋公不宜称而达，达阳而不达阴，以天道制之也。丈夫虽贱皆为阳，妇人虽贵皆为阴。阴之中亦相为阴，阳之中亦相为阳，诸在上者皆为其下阳，诸在下者皆为其上阴。阴犹沈也，何名何有？皆并一于阳，昌力而辞功，故出云起雨，必令从之下，命之曰天雨。不敢有其所出，上善而下恶，恶者受之，善者不受。土若地，义之至也。

是故《春秋》君不名恶，臣不名善，善皆归于君，恶皆归于臣。臣之义比于地，故为人臣者视地之事天也，为人子者视土之事火也。虽居中央，亦岁七十二日之王，傅于火以调和养长，然而弗名者，皆并功于火，火得以盛，不敢与父分功美，孝之至也。是故孝子之行、忠臣之义，皆法于地也。地事天也，犹下之事上也。地，天之合也，物无合会之义。

是故推天地之精，运阴阳之类，以别顺逆之理，安所加以不在？在上下，在大小，在强弱，在贤不肖，在善恶。恶之属尽为阴，善之属尽为阳。阳为德，阴为刑。刑反德而顺于德，亦权之类也。虽曰权，皆在权成。是故阳行于顺，阴行于逆。逆行而顺，顺行而逆者，阴也。是故天以阴为权，以阳为经。阳出而南，阴出而北。经用于盛，权用于末。以此见天之显经隐权，前德而后刑也。故曰：阳，天之德；阴，天之刑也。阳气暖而阴气寒，阳气予而阴气夺，阳气仁而阴气戾，阳气宽而阴气急，阳气爱而阴气恶，阳气生而阴气杀。是故阳常居实位而行于盛，阴常居空位而行于末。天之好仁而近，恶戾之变而远，大德而小刑之意也，先经而后权，贵阳而贱阴也。故阴，夏入居下，不得任岁事；冬出居上，置之空处也。养长之时，伏于下，远去之，弗使得为阳也；无事之时，起之空处，使之备次陈、守闭塞也。此皆天之近阳而远阴，大德而小刑也。是故人主近天之所近，远天之所远；大天之所大，小天之所小。是故天数右阳而不右阴，务德而不务刑。刑之不可任以成世也，犹阴之不可任以成岁也。为政而任刑，谓之逆天，非王道也。

（二）《春秋繁露·阴阳位第四十七》

阳气始出东北而南行，就其位也；西转而北入，藏其休也。阴气始出东南而北行，亦就其位也；西转而南入，屏其伏也。是故阳以南方为位，以北方为休；阴以北方为位，以南方为伏。阳至其位而大暑热，阴至其位而大寒冻。阳至其休而入化于地，阴至其伏而避德于下。是故夏出长于上、冬入化于下者，阳也；夏入守虚地于下、冬出守虚位于上者，阴也。阳出实入实，阴出空入空，天之任阳不任阴、好德不好刑，如是也。故阴阳终岁各一出。

（三）《春秋繁露·阴阳义第四十九》

天地之常，一阴一阳。阳者，天之德也；阴者，天之刑也。迹阴阳终岁之行，以观天之所亲而任。成天之功，犹谓之空，空者之实也。故清溧之于岁也，若酸醎之于味也，仅有而已矣。圣人之治，亦从而然。天之少阴用于功，太阴用于空。人之少阴用于严，而太阴用于丧。丧亦空，空亦丧也。是故天之道以三时成生，以一时丧死。死之者，谓百物枯落也；丧之者，谓阴气悲哀也。天亦有喜怒之气、哀乐之心，与人相副。以类合之，天人一也。春，喜气也，故生；秋，怒气也，故杀；夏，乐气也，故养；冬，哀气也，故藏。四者，天人同有之。有其理而一用之。与天同者大治，与天异者大乱。故为人主之道，莫明于在身之与天同者而用之，使喜怒必当义而出，如寒暑之必当其时乃发也；使德之厚于刑也，如阳之多于阴也。是故天之行阴气也，少取以成秋，其余以归之冬；圣人之行阴气也，少取以立严，其余以归之丧。丧亦人之冬气，故人之太阴不用于刑而用于丧，天之太阴不用于物而用于空。空亦为丧，丧亦为空，其实一也，皆丧死亡之心也。

（四）《春秋繁露·人副天数第五十六》

天德施，地德化，人德义。天气上，地气下，人气在其间。春生夏长，百物以兴；秋杀冬收，百物以藏。故莫精于气，莫富于地，莫神于天。天地之精所以生物者，莫贵于人。人受命乎天也，故超然有以倚。物疢疾莫能为仁义，唯人独能为仁义；物疢疾莫能偶天地，唯人独能偶天地。人有三百六十节，偶天之数也；形体骨肉，偶地之厚也；上有耳目聪明，日月之象也；体有空窍理脉，川谷之象也；心有哀乐喜怒，神气之类也。观人之体一，何高物之甚，而类于天也。物旁折取天之阴阳以生活耳，而人乃烂然有其文理。是故凡物之形，莫不伏从旁折天地而行，人独题直立端尚，正正当之。是故所取天地少者，旁折之；所取天地多者，正当之，此见人之绝于物而参天地。是故人之身首坌而员，象天容也；发，象星辰也；耳目戾戾，象日月也；鼻口呼吸，象风气也；胸中达知，象神明也；腹胞实虚，象百物也。百物者最近地，故要以下，地也。天地之象，以要为带，颈以上者，精神尊严，明天类之状也；颈而下者，丰厚卑辱，土壤之比也；足布而方，地形之象也。是故礼，带置绅必直其颈，以别心也。带而上者尽为阳，带而下者尽为阴，各其分。阳，天气也；阴，地气也。故阴阳之动，使人足病，喉痹起，则地气上为云雨，而象亦应之也。

天地之符，阴阳之副，常设于身。身犹天也，数与之相参，故命与之相连也。天以终岁之数，成人之身，故小节三百六十六，副日数也；大节十二分，副月数也；内有五脏，副五行数也；外有四肢，副四时数也；乍视乍瞑，副昼夜也；乍刚乍柔，副冬夏也；乍哀乍乐，副阴阳也；心有计虑，副度数也；行有伦理，副天地也。此皆暗肤著身，与人俱生。比而偶之弇合，于其可数也，副数；不可数者，副类，皆当同而副天，一也。是故陈其有形以著其无形者，拘其可数以着其不可数者。以此言道之亦宜以类相应，犹其形也，以数相中也。

（五）《春秋繁露·五行相生第五十八》

天地之气，合而为一，分为阴阳，判为四时，列为五行。行者，行也，其行不同，故谓之五行。五行者，五官也，比相生而间相胜也。故为治，逆之则乱，顺之则治。

东方者木，农之本。司农尚仁，进经术之士，道之以帝王之路，将顺其美，匡捄其恶，执规而生，至温润下，知地形肥硗美恶，立事生则，因地之宜，召公是也。亲入南亩之中，观民垦草发淄，耕种五谷。积蓄有余，家给人足。仓库充实，司马实谷。司马，本朝也。本朝者，火也，故曰木生火。

南方者火也，本朝。司马尚智，进贤圣之士，上知天文，其形兆未见，其萌芽未生，昭然独见存亡之机、得失之要、治乱之源，豫禁未然之前，执矩而长，至忠厚仁，辅翼其君，周公是也。成王幼弱，周公相，诛管叔蔡叔，以定天下。天下既宁以安君。官者，司营也。司营者，土也，故曰火生土。

中央者土，君官也，司营尚信，卑身贱体，夙兴夜寐，称述往古，以厉主意，明见成败，微谏纳善，防灭其恶，绝源塞隟，执绳而制四方，至忠厚信，以事其君，据义割恩，太公是也。应天因时之化，威武强御以成。大理者，司徒也。司徒者，金也，故曰土生金。

西方者金，大理，司徒也。司徒尚义，臣死君而众人死父。亲有尊卑，位有上下，各死其事，事不逾矩，执权而伐。兵不苟克，取不苟得，义而后行，至廉而威，质直刚毅，子胥是也。伐有罪，讨不义，是以百姓附亲，边境安宁，寇贼不发，邑无狱讼，则亲安。执法者，司寇也。司寇者，水也，故曰金生水。

北方者水，执法，司寇也。司寇尚礼，君臣有位，长幼有序，朝廷有爵，乡党以齿，升降揖让，般伏拜谒，折旋中矩，立则罄折，拱则抱鼓，执衡而藏，至清廉平，赂遗不受，请谒不听，据法听讼，无有所阿，孔子是也。为鲁司寇，断狱屯屯，与众共之，不敢自专。是死者不恨，生者不怨，百工维时，以成器械。器械既成，以给司农。司农者，田官也。田官者木，故曰水生木。

七 延伸阅读书目

1. 龙建春 《阴阳家简史》，重庆：重庆出版社，2008 年。

2. 艾兰 主编 《中国古代思想模式与阴阳五行说探源》，南京：江苏古籍出版社，1998 年。

3. 谢松龄 《阴阳五行与中医学》，北京：中央编译出版社，2008 年。

4. 玉昆子 《阴阳五行里的奥秘》，北京：华夏出版社，2012 年。

5. 陆玉林、唐有伯 《中国阴阳家》，北京：宗教文化出版社，1996 年。

6. 董仲舒 《春秋繁露》，北京：中华书局，1975 年。

7. 谢松龄 《天人象：阴阳五行学说史导论》，济南：山东文艺出版社，

8. 刘九生 《循环不息的梦魇：阴阳五行观念及其历史文化效应》，北京：国际文化出版公司，1989 年。

9. 刘筱红 《神秘的五行》，南宁：广西人民出版社，2004 年。

10. 萧吉 《五行大义》，钱杭点校，上海：上海书店，2001 年。

第十二讲　纵横家

一　特殊的纵横家

纵横家在中国学术传统中事实上存在着不少的争议，关键的问题即在于纵横家能否称“家”？因为从学术思想史的角度来考察的时候，我们很自然会发现，在中国传统中但凡称“家”的，都具有自己非常鲜明的学术思想，有自己的价值系统和思维方式。当我们以这样的角度来考察历史上的纵横家的时候，我们几乎找不到这些让我们在通常意义上可以认为是某一家某一学派的基本要素。

这样的事实，也曾在历史上受到质疑，章太炎曾谓：“纵横亦惟见于淮南，由其语无执守，拨宜事制，本不可以学术名者。孔氏设科，言语文学所由分矣。淮南用伍被之邪说，恃严助之内援，造作逆谋，八公之徒，大类战国策士，故独列纵横者，由其素所好尚也。”（《诸子略说》）从这个角度来说，章先生认为纵横家根本就不能成其为一家，因为他们“语无执守，拨宜事制”，即没有基本的学术思想，只是应时而变、应事而变罢了，这样当然不能称为学术思想了。而且，之所以会有纵横家之名的产生，完全是由于伍被等人编《淮南子》时候的“邪说”所致，即编《淮南子》这些人本身就是类似于战国策士，故对战国纵横家有独特的情感，致使原本不该成“家”的纵横家在历史上出现了。蒋伯潜持大体相同的观点，他认为：“纵横本策略，不足以言学术；不但不能望儒、道、墨、法、名五家之项背，且不能与阴阳家比也。”“汉志以纵横家为诸子十家之一，可谓不伦不类。”（《诸子通考》）

如果以纯粹学术思想的角度来界定某家某学派的话，我们可以说，无论是章太炎先生的论说，还是蒋伯潜先生的观点，都是可以成立的。毕竟，随时应变这是纵横家所具有的重要特点。既然需要根据具体的情形不断调整自己的观念，以说服君主，这就更多的是需要应变的机智和善辩的能力，而不是自身思想的完善、稳定。换而言之，这样的纵横家更多可能是技术性的、技巧性的，而非思想性的。因此，对于纵横家之成立的质疑是完全合理的，至少从理论的逻辑上来讲是如此。

但是，问题的另一面在于，如果我们把这些人放在先秦特定的政治社会背景下来考察的时候，这些人都对当时的历史起到了决定性的作用，在一定程度上影响了历史发展的基本面貌。对于各个诸侯国来说，他们同样具有不可替代的价值。那么我们该如何来定位这批特殊的人群呢？当他们纵横捭阖、叱咤风云的时候，我们不可能将他们从历史的维度抹去。我们有必要而且必须去讨论这些人，由于他们所具有的重要性和特殊性。退而言之，实际上在这些讲究技巧的人群背后，他们也并非没有一致的价值观念和思维方法，他们在事实上有着自身的基本倾向性和鲜明的个性。从历史考察的角度来说，称其为“家”也并非不可以。

回到班固在《汉书·艺文志》中对于纵横家的基本解释，我们就会发现一些比较有趣的问题，按照班固的说法：“纵横家者流，盖出于行人之官。孔子曰：‘诵《诗》三百，使于四方，不能专对，虽多亦奚以为？’又曰：‘使乎，使乎！’言其当权事制宜，受命而不受辞。此其所长也。及邪人为之，则上诈谖而弃其信。”根据诸子源于王官的基本前提，纵横家源出于行人之官，所谓的行人之官，用现在的语言来说就是外交官。对于行人一职，孔夫子有他的基本看法，即这些人应当是：“诵《诗》三百，使于四方，不能专对，虽多亦奚以为？”也就是说需要有《诗》的基本训练，因为“不知诗无以言”（《论语·季氏篇》）。以今天的话语来说，作为一个外交官，你必须得会外交辞令啊，而在那个时代，这个功能由《诗》来承担。如同我们后面会讨论的那样，这其实就是要求行人之官，必须有良好的辞令训练，应该能言善辩，这是一个出色的行人的基本要求，因为只有如此你才能够说服对方，从而达到出使的目的。更为重要的是，班固在这里指出了一个非常关键的原则——“权事制宜，受命而不受辞”，这就意味着行人对于自己的行为有相当的灵活度，可以权事制宜，随机应变。当然，从最理想化的角度来说，这完全是出于为了更好地完成使命的需要，所谓“受命而不受辞”，很明显，只要是完成目的，具体的言语方式、言语内容是可以选择的。但是，班固同样看到了这样的方式存在着弊端，即“及邪人为之，则上诈谖而弃其信”，这表明方法本身并不存在价值倾向，只是使用的人不同，就会产生不同结果，价值判断由此产生。

从这样的解释出发，我们也可以对于纵横家有一些比较客观的理解。作为纵横家，他们所承担的基本功能实际上就是游说诸侯，而游说这样的形式，在春秋之际就有，非独战国为然。比如孔子、墨子就都曾经游说诸侯，奔走于列侯之间，以通过说服人主接受其观念，从而实现其价值抱负。从这个角度来说，先秦诸子都有着这样的经历（或者庄子可以例外，他是一个特例），在礼崩乐坏、诸侯林立的背景下，如果想要有所作为，就必须获得现实政权的支持，这样，个人的抱负和价值追求才有可能实现，春秋战国皆然。因此，区别不在于游说，而在于如何游说。简单地说，春秋之际的游说，是带有明显的价值立场的，是为了传布其所谓的“道”而进行的。而纵横家们的游说，则纯粹是出于私利的考虑，没有自身稳定的价值系统。

章学诚说："战国者，纵横之世也。"（《文史通义·诗教上》）在某种意义上我们甚至可以说战国时期是纵横家的时期，因为这个时代是纵横家最为活跃的时代。这样一来，纵横家这一特殊群体之所以会产生，势必和战国中晚期这样的社会状况有着密切的关系。

> 晚世之时，六国诸侯，溪异谷别，水绝山隔，各自治其境内，守其分地，握其权柄，擅其政令。下无方伯，上无天子，力征争权，胜者为右，恃连与国，约重致，剖信符，结远援，以守其国家，持其社稷。故纵横修短生焉。（《淮南子·要略》）

"春秋时犹尊礼重信，而七国绝不言礼与信矣；春秋时犹宗周王，而七国绝不言王矣；春秋时犹严祭祀，重聘享，而七国则无其事矣；春秋时犹论宗姓氏族，而七国则无一言及之矣；春秋时犹宴会赋诗，而七国则不闻矣；春秋时犹赴告策书，而七国则无有矣。邦无定交，士无定主。"（顾炎武《日知录·周末风俗》）"邦无定交，士无定主"，表明了这样的时代是具有空前的竞争性和流动性的时代，礼崩乐坏的结果使得社会失去了基本的价值系统，传统的制度规范在这个时代已经破坏殆尽，一切都面临着新的选择、新的机遇。再加上诸侯国林立的状况已经略微改观，经过春秋以来多年的征战兼并，社会在总体上呈现出了重新一统的趋势。在这样的背景下，谁能够掌握主动，谁就能获得更多的利益，甚至是一统中国。对于任何诸侯国来说，这都是巨大的利益所在。所以，在以力相争、以谋相取的这样一个时代里，诸侯国之间的竞争也趋于激烈，强者兼人，弱者图存，如何为自己谋得更多的利益，也成了他们所筹算的重心所在。而对于士人来说，由于传统制度的解体，社会的混乱，虽然带来了诸多的问题，但是，这也为个体的发展提供了更多的可能。在这样的一个时代里，个体完全有可能凭借一己的聪明才智而获得富贵，由布衣而至卿相成为现实可至的目标。在这样一个一切皆有可能的社会里，自我利益（富贵名利等）的最大限度的实现，成了士人最为关注的问题。这两方面的结合，就为纵横家的产生提供了肥沃的土壤，所以，战国是纵横家的乐土，纵横家是这个时代的弄潮儿。他们不只是在这里溅起了一点点水花而已，在一定意义上，他们甚至改变了（或者说加速了）历史的基本进程。

二　纵横家及其作品

对于纵横家的基本含义，其实也是有可以讨论的地方的。关于“纵”与“横”之来历，或者以为，因南北为“纵”，六国地连南北，因此六国结盟称为“合纵”；东西为“横”，秦偏西而六国居东，因此六国与秦国结盟称为“连横”。按照韩非子的说法，“纵者，合众弱以攻一强也；横者，事一强以攻众弱也”（《韩非子・五蠹》）。“纵”即“合纵”，指弱国联合进攻强国的外交策略，即讲究联合团结的策略，表现为战国时齐、楚、燕、韩、赵、魏等六国的联合抗秦。“横”即“连横”，指弱国随从强国进攻其他弱国的外交策略，即注重利用利益矛盾进行分化的策略，表现为六国中的某几国分别与秦国结盟而攻打他国。

然而，这样的解释都是坐定了战国七雄之间的事实而进行的，虽然从历史的角度来看，这个时代是纵横家最为活跃的时期，纵横家也几乎成为了这个时代的基本标志。但是，这样的界说多少显得有些局限性。其实，如果我们从更为宽泛的角度去理解的时候，就会发现更具有说服力的解释方式。纵与横，固然可以从六国与秦的事实位置上加以说明，但是，从宽泛的角度来看，这又何尝不是指两种不同的方向呢？甚至是矛盾的方向呢？这样从这些被称为纵横家的人所采用的言说方式而言，是非常符合的，因为对于纵横家来说，他们的言说并没有一定的规范标准，完全根据事实情形而随时改变，时横时纵，令人难以把握。也正是因为如此，西汉时称纵横之说为“长短说”，《淮南子》称“纵横修短”（《要略》），长短之说、修短之论，所指向的是为了应对不同的情境而采用的不同的言说方式。

所以，如果我们从一个比较概括性的角度来界定纵横的话，大致可以包含两个基本层面：广义的和狭义的。广义的纵横，即长短说，指的是为了应对不同的具体情境的需要而采取不同的表达方式；而狭义的纵横，指的就是合纵和连横两种具体的策略。

在班固《汉书·艺文志》中，所列举的纵横家有“十二家，百七篇”，然而先秦时纵横家著作，则只有《苏子》三十一篇（原注:“名秦，有列传”）、《张子》十篇（原注:“名仪，有列传”）、《庞煖》二篇（原注:“为燕将”）、《阙子》一篇、《国筮子》十七篇，共五家。这样的情形明显与战国时期策士横出、纵横家叱咤风云的基本事实不相符合，“山东言纵横，未尝一日而止也”（《韩非子·忠孝》），“天下方务于合纵连横，以攻伐为贤”（《史记·孟子荀卿列传》），根据韩非子和司马迁的描述，这样场面轰轰烈烈的纵横家的舞台，怎么可能只有五家呢？或者会有这样的解释，因为纵横家虽然很多，但是，留下作品的不多，唯有此五家。这也不合乎对于纵横家的基本判定，纵横家者流，本来就是善于言辞、机智异常的，他们的言论和行为都具有非常的趣味性和启示性，都不会不留下记录的。就算这只是一种推测而已，那么从最粗浅的推测出发，也断不至于才有五家而已。这表明，班固对于先秦著作的判断上或许出了差错。比如说《鬼谷子》一书，至《隋书·经籍志》才得以加载，然而在刘向那里，就已经很明显地提到过这个作品，在刘向的《说苑》中明确提到：

《鬼谷子》曰：“人之不善而能矫之者，难矣。说之不行，言之不从者，其辩之不明也；既明而不行者，持之不固也；既固而不行者，未中其心之所善也；辩之，明之，持之，固之，又中其人之所善，其言神而珍，白而分，能入于人之心，如此而说不行者，天下未尝闻也。此之谓善说。”（《说苑·善说》）

当然，这里最需要指出的不是《鬼谷子》（因为这本书比较特殊，在刘向看来属于“浅薄，不中义理”一类，所以在其《七录》中也未曾予以收入），而是《战国策》。说到这个问题的时候，我们会发现一些很有趣的问题。简单地说，我们通常都是把《战国策》列在史部，这样看来，似乎《战国策》只是历史事实的记载、描述了。可是，如果我们去翻阅一下《战国策》，我们就会发现，在这里面所记载的都是战国之际纵横家们的事迹和言论，而且基本上都是出于纵横家之手。其实，在刘向校书的时候，已经很明确地指出了这一点，认为此书是“战国时游士辅所用之国，为之策谋，宜为《战国策》。”（《战国策书录》）并且，据刘向所言，当时其所见这类书甚多，或曰《国策》，或曰《国事》，或曰《短长》，或曰《事语》，或曰《长书》，或曰《修书》，不一而足，这表明其实这就是千真万确的关于纵横家的言论、书信、行为的记录。因此，当我们试图去了解纵横家的时候，离开《战国策》是断断不行的。而《汉书·艺文志》未将《战国策》列入纵横家言，也是不太应该的。

而《战国纵横家书》，则是关于战国纵横家的又一丰富的资料。此书是1973年底在湖南长沙马王堆三号汉墓中出土的大批帛书的一部分，全书共二十七章，三百二十五行，一万一千多字。其文字介于篆隶之间，据学者们考订，大约为西汉初年所缮抄。此书本无书名，《战国纵横家书》之名，是现代的考古整理者所定。在此书的二十七章中，有十章见于今本《战国策》，八章见于《史记》，其中有些章并见二书，去其重复，则有十一章曾见已有典籍，其余十六章则为新发现的佚书。此书的发现，解决了学术界一些疑案，对研究战国史和战国文学有重要作用。《战国纵横家书》所载文字，大抵不着主名。这种情况也许正是《战国策》中许多策文的原貌。今本《战国策》中有些无主名的文字一般都不悖于史实，相反地有些文章正因为主名与文中所叙史实不符，而引起学者怀疑。《战国纵横家书》的文字一般比较平实，不似《战国策》中有些文章之铺张夸饰和富于辞彩，可能因为《战国策》中那些最富文采的篇章，大抵出于后人拟托或追记，经过加工润饰。不过《战国策》今本所存凡四百六十章，而《战国纵横家书》总共不过二十七章，所以可能有些文采华丽之作，未能保存遗留下来。

但不管如何，《战国纵横家书》及其与《战国策》之间的密切关系，再一次告诉我们，《战国策》不是（或者说不仅仅是）历史著作，而是纵横家的作品。正是因为传统上的目录分类将其列于史部，导致了我们对于它的理解产生了偏向。

三　言说的技巧

韩非子非常重视言辞的表达，重视游说，在其《说难》中有很多关于言说的讨论，对于我们理解纵横家来说非常具有启发意义。事实上，在先秦诸子中，韩非子也是对纵横家关注较多的："故群臣之言外事者，非有分于从衡之党，则有仇雠之忠，而借力于国也。从者合众弱以攻一强也，而衡者事一强以攻众弱也。皆非所以持国也。"（《五蠹》）韩非将"纵横家"归入"言谈"一类，并给予驳斥："今人主之于言也，说其辩而不求其当焉；其用于行也，美其声而不责其功焉。是以天下之众，其谈言者务为辩而不周于用。……今修文学，习言谈，则无耕之劳而有富之实，无战之危而有贵之尊，则人孰不为也？"（《五蠹》）

从韩非子的这些论说中我们可以看出，在他的判定中最为看重的是纵横家的言说，即纵横家是依靠言辞来获得人主的信任，从而获取利益的，"无耕之劳而有富之实，无战之危而有贵之尊”。我们姑且不论韩非的评价是否合乎历史的基本事实，至少在这里韩非透露出一个基本的信息，那就是纵横家是依靠言说起家的。其实这也不难理解，如果我们回到班固所给与的界说，即纵横家是源于行人之官的，那么对于行人来说，巧妙的言说是他们达到目标的基本方式。而纵横家若要打动人主，就必须要在言辞上下足功夫才有可能。所以，对于言说的研究和使用，也成为了纵横家的必备工具。关于这一点，我们从被视为纵横家之祖的鬼谷子的论述中就可以看到。

当然，目前关于鬼谷子及其书还存在着争议，我们在这里需要做的是超越这种事实的争议，而从现存的《鬼谷子》出发，来讨论它对于纵横家所具有的意义，尤其是对于纵横家的言说所具有的指导作用。

在鬼谷子看来，凡物之衰盛，皆有规律，能握其要则能说，反之则无所作为，这个盛衰变化的规律，称为捭阖，意即开合：“捭阖者，道之大化，说之变也；必豫审其变化。”所以能掌握这个规律，就可以了解事物的变化演进，就可以说客，可以置天下于掌上。“捭阖之道，以阴阳试之，故与阳言者依崇高，与阴言者依卑小。以下求小，以高求大。由此言之，无所不出，无所不入，无所不可言。可以说人，可以说家，可以说国，可以说天下。”（《捭阖》）

既然要了解物事之规律之能说，了解之方法非常重要。鬼谷子提出反应其图、察微见义及揣摩其情等三种具体的方法。所谓反应其图，即反复探知真情，或说出某种言论引对方开口，或保持缄默让对方透露实情，或从对象言语表情等现象，来见其反应，从而知得事件实情。“言有象，事有比……以象动之，以报其心，见其情，随而牧之……以听真伪，知同异，得其情诈也。”（《反应》）“见形为容，象体为貌者，谓爻为之生也，可以影响、形容、象貌而得之也。”（《中经》）有所不知，反复检验，直至得情。所谓反复，意义多重。“反以观往，复以验今；反以知古，复以知今；反以知彼，后以知己；动静虚实之理，不合于今，反古而求之。”总之，都是从多方面入手，使自己更了解事物真相，从而探得其情，做到“策而无形容，莫见其门，是得‘天神’。”(《反应》)概而言之，就是通过各种不同的方式、角度来理解对象，从而能够真正理解并掌握对象，这对于游说来说，是非常关键的。任何的行为都是有其表达的方式的，虽然各种方式之间差异甚多，但是，通过反复的比较、探求，还是可以把握其中的真实情况的。

察微见义，则以观察事情的变化为基础，在变化中把握其理。凡事情皆会变化，而其任何变化都是微妙而有规律的，这个微妙可称之为征兆，或者通常所谓的几，鬼谷子则称之为“巇”，亦即缝隙，“巇者，罅也。罅者，间也，间者成大隙也。”巇成大隙，则事已生，众人皆知，救之无用，所以只有于其萌芽未发时见之，才能起到良好的控制和掌握的效果。“圣人见萌芽巇罅，则抵之以法。世可以治则抵而塞之，不可治则抵而得之。”万物皆有变化，则有巇，有巇能察则能任事，方可说，方为圣人。“自天地之合离终始，必有巇隙，不可不察也。察之以捭阖，能用此道，圣人也。”(《抵巇》)观之变化，即捭阖，即能知其微，亦能知将来事，方可实施改变或顺从之法。

以上所述反应其图与察微见义，均为探知真情的基础，至于其应用技巧，则在于揣、摩二术。揣即量，量即量权。“何谓量权？曰：度于大小，谋于众寡。”审度长短，可以度财货、人口、盈余、地形、亲疏、贤不肖、智愚、吉凶、好憎等，范围广大。施之于口，则以飞、箝之术引诱对象吐露实情，飞是和应而使人顺己意，箝是言恶使人惧怕而不敢为，两者皆是言谈之技术，可用以揣他人之情。“揣情者，必以其甚喜之时，往而极其欲也，其有欲也，不能隐其情，必以其甚惧之时，往而极其恶也，其有恶也，不能隐其情，情欲必失其变。”换言之，揣术乃是以善恶撼他人之善恶，从而逼得其口不守之技术，以探知真情。所以不受感动之人，“乃且错其人勿语，而更问其所亲，知其所安”。反复再探，以知其情。“故虽有先王之道、智圣之谋，非揣情，隐匿无所索之。此谋之大本也，而说之法也。”(《揣》)由此，揣术对于了解对象的实情、从而进行有效的言说而言，具有十分重要的意义，通过揣术，才能够真正有效地把握实情，为有针对性地游说奠定良好的基础。而至于摩术，摩，即符也。符是古代军队用以传令之工具，通常作虎形，分两段，分二人各领其半，合则兵可出，又谓虎符。鬼谷子的摩，与之有性质上的相同："摩者，符也。内符者，揣之主也。"揣术要探知的，就是真相，即人的内心。内，即内心；符，即外在表现。任何内在的状态，都必然会有外部的表现，所谓有其心者必有其行，因此"微摩之以其所欲，测而探之，内符必应。其应也，必有为之"。所言与所做不符合，即所言非是；符合，即已得真相，只要言行一致，就可以推展下一步，就可以说人。"此言内符之应外摩也如是，故曰摩之以其类，焉有不相应者？"（《摩》）如果说揣术注重的是对于人的内心的真实情况的把握的话，那么"摩"则是通过对于内在行为和外在表现的一致与否的判断，来为具体的游说方式确定基础。

反复揣摩，乃为了说人，而说服人是需要一定的方法和技巧的，鬼谷子对于这个方面也有非常详细的讨论，概而言之，就是飞、箝、捭、阖之术。飞，指褒扬激励，即对对方进行夸奖；箝，引诱他人顺从己意，即用比较强势的方式使得他人接受自己的意见；捭，开也，引申到说话技巧，则指赞成和应对方的说话；阖，闭也，即言其害以排除对方言论。通过对言说对象的了解，并且根据对象的不同特点，采取相应之辞应对，从而以最佳的方式（或飞、或箝）达到自己的目的，"审其意，知其所好恶，乃就说其所重，以飞箝之辞钩其所好，乃以箝求之。"（《飞箝》）飞箝之术的使用，是从对象出发，根据对象的喜好，从而采取适当的应对方式，以增强言说的针对性和有效性。因此，在了解对象的喜好的基础上，才能够确定捭、阖的不同言辞方式的使用，也只有这样，才能把言辞运用得宜，切中要害。"即欲捭之贵周，即欲阖之贵密。"（《捭阖》）当然，人的语言表达并不是固定不变的，还会随着具体的情境发生改变，所以，在具体的应对过程中，需要十分重视对方的变化，以采取相应的变化方式，而不是一成不变地按照自己预先设定的想法，这就是所谓的“权”，即随机变化自己的应对言辞方式。“言其有利者，从其所长也；言其有害者，避其所短也。”(《权》)因其情势，不同之人说以不同之辞。“夫仁人轻货，不可诱以利，可使出费；勇士轻难，不可惧以患，可使据危；智者达于数，明于理，不可欺以不诚，可示以道理，可使立功，是三才也。故愚者易蔽也，不肖者易惧也，贪者易诱也。是因事而裁之。”这些都是运用捭阖于规律中，顺人之意以得人之欲，恶言其害以恐其为之。捭抑或阖，要知事物变化的规律，知其巇。“可知者，可用也；不可知者，谋者所不用也。”(《谋》)能知万事，运之掌上，“必先谋虑，计定而后行之以飞箝之术。”(《忤合》)

当然，游说不仅仅只是一种技能性的方式，它对于游说者本身也有非常高的要求。因为游说总是在游说者与游说对象之间展开的，所以，作为一个成功的游说者，必须要充分考虑游说对象的特殊性，然后采取有针对性的言说和应对方式。“计谋之用，公不如私，私不如结，结比而无隙者也……故说人主者，必与之言奇；说人臣者，必与之言私。”(《谋》)同时，必须有能力区分各种复杂的言说情形，需要对言说的各个方面都有综合的把握和观察的能力。“繁言而不乱，翱翔而不迷，变易而不危者，睹得要理。”(《权》)如何能够达到这样的状态呢？在鬼谷子看来，最佳的方式还是心清，即心无杂念的状态。“心欲安静，虑欲深运。心安静则神明荣，虑深远则计谋成。”(《本经阴符七篇》)唯其如此，才可能应对各种复杂的变化，才可能在恰当的时机以恰当的方式说服对象，否则，如果游说者总是心情不定，非常浮躁，那么显然无法对现实的情境有准确和敏锐的把握，那自然也谈不上有针对性的游说了。由此，我们大概可以看到鬼谷子对于游说的基本态度，事实上这不仅仅是一种技术，而更重要的是对于游说者的全方位的能力的要求。

从上述讨论中，我们可以很明显地感觉到《鬼谷子》对于人的心理分析的细致程度，以及对于言说之道的精到理解。当然，我们也可以很明显地感觉到，这样的论述实际上是出于一个非常现实的目的，即说服人主。他的神秘的身世和非常技术化的言说之道，都会让我们感觉到鬼谷子这个人物的不一般。高似孙有如下一段评价，颇能体现鬼谷子的神秘及其非同一般的睿智和洞见。

《鬼谷子》书，其智谋，其数术，其变谲，其辞谈，盖出于战国诸人之表。夫一捭一阖，《易》之神也；一翕一张，老氏之几也。鬼谷之术，往往有得于捭阖张翕之外，神而明之，益至于自放溃裂而不可御。予尝观诸《阴符》矣，穷天之用，贼人之私，而阴谋诡秘，有《金匮》韬略之所不可赅者，而《鬼谷子》尽得而泄之，其亦一代之雄乎！（《子略》）

四　纵横家的意义

战国的独特舞台成就了一群独特的人——纵横家，虽然我们可以从不同的角度去评价他们，但是，无论如何去评价，我们都无法抹去他们在历史上所留下的浓重一笔。战国的历史如果没有纵横家，那会显得非常单调和无奈。战国是属于纵横家的，他们以自己的才智成就了自我，当然，也成就了诸侯们。

张其昀先生在其《中华五千年史·战国史·合纵连横的纵横家》中，对纵横家有如下的评价，

战国七雄，分裂诸夏，势均力敌，天下未有所归。其形势犬牙相错，尤宜辨析运用。而游士说客，挟纵横之术，风飘电激，为六国谋秦，则出于纵，为秦谋六国，则出于横。一纵一横，乃当日必然之趋势。当此之时，秦国最

> 强，诸侯方弱，纵人合之，横人散之。纵横之辩，原如冰炭之不相容，以彼此处境不同，因而其设想亦异，然同术而异用，而集其大成者苏、张也。自秦商鞅见复戮以后，范雎主政之前，约七、八十年间，游说权谋之徒，见贵于俗，纵横短长之说，左右世主之侧；得士皆强，失士皆亡；所在国重，所去国轻。“皆高才秀士，度时君之所能行，出奇策异智，转危为安，运亡为存，亦可喜，亦可观。”（《刘向战国策书录》）

这样的界说无疑是比较公允的，因为他比较客观地呈现了纵横家们在当时情境下所采取的方式，以及合纵连横方式的现实合理性。其实，如果我们以一种比较客观的角度来考察的时候，我们会对纵横家有一个全新的了解，也是可以对有关纵横家的一些判断做出梳理和澄清的。

首先，关于纵横家的“朝秦暮楚”“反复无常”的行为方式，这也是对纵横家批评最多的地方。其实，这样的批判完全是出于后来的一种想当然的预设，即这些纵横家游说于不同的国家、不同的诸侯之间，没有自我的操守。可是，问题在于当时的诸侯各国大多均是姬姓之后，或者是周天子所封之国，根本就不存在朝秦暮楚这样的所谓操守的问题。而我们在考虑问题的时候，往往从现代的目光和价值出发，忘记了当时的具体情境。

其次，关于纵横家的学术归属。对于纵横家是否能称其为“家”的最大的争议即在于他们没有自身稳定的思想观念，于是不可以名“家”。但是，如果我们做一番仔细分析的话，其实在纵横家中我们还是可以发现一些基本共性的。他们的基本倾向性是现实功利主义，其思想的主导观念是兵家的权谋之术，其方法的根据是名家的论辩。

其三，关于纵横家的价值追求问题。这是一个非常棘手的问题，因为从纵横家的现实行为来说，他们关注的是自我的现实的利益，对于他们来说，自我价值的实现，就是成功。追求自我实现，在一定意义上可以视为纵横家的价值定位。当然，他们的这种自我实现是限定在现实事务之中的，换而言之，是与现实的利益密切相关的。自我的实现，就意味着名利和富贵的达成。

最后，纵横家的积极意义在哪里？其实从目前的研究中，加在纵横家身上的负面评价太多，这样导致的印象似乎使纵横家没有了正面的积极意义。其实纵横家的这种行为带给我们的启示也是多方位的。战国纵横家这个群体一个比较明显的特点是，这些人都起源于社会的下层，或者说家世都并不是那么显赫，而在战国这样的社会中，他们却得以至卿相，这除了表明个人的能力和努力之外，也表明了当时社会给予个人的空间是相当大的，个人有着实现自我的自由和可能。同时，战国纵横家的个人成功，对于传统社会的制度规范也形成了较大的冲击，它好像是一个信号，宣示着旧的制度、旧的规范系统的没落。当然，我们同样不能够忽视的是他们对于历史的具体进程所产生的积极影响。

五　文献选读

（一）苏秦列传

苏秦者，东周雒阳人也。东事师于齐，而习之于鬼谷先生。

出游数岁，大困而归。兄弟嫂妹妻妾窃皆笑之，曰："周人之俗，治产业，力工商，逐什二以为务。今子释本而事口舌，困，不亦宜乎！"苏秦闻之而惭，自伤，乃闭室不出，出其书徧观之。曰："夫士业已屈首受书，而不能以取尊荣，虽多亦奚以为！"于是得周书阴符，伏而读之。期年，以出揣摩，曰："此可以说当世之君矣。"求说周显王。显王左右素习知苏秦，皆少之。弗信。

乃西至秦。秦孝公卒。说惠王曰："秦四塞之国，被山带渭，东有关河，西有汉中，南有巴蜀，北有代马，此天府也。以秦士民之众，兵法之教，可以吞天下，称帝而治。”秦王曰：“毛羽未成，不可以高蜚；文理未明，不可以并兼。”方诛商鞅，疾辩士，弗用。

乃东之赵。赵肃侯令其弟成为相，号奉阳君。奉阳君弗说之。

去游燕，岁余而后得见。说燕文侯曰：“燕东有朝鲜、辽东，北有林胡、楼烦，西有云中、九原，南有嘑沱、易水，地方二千余里，带甲数十万，车六百乘，骑六千匹，粟支数年。南有碣石、雁门之饶，北有枣栗之利，民虽不佃作而足于枣栗矣。此所谓天府者也。

“夫安乐无事，不见覆军杀将，无过燕者。大王知其所以然乎？夫燕之所以不犯寇被甲兵者，以赵之为蔽其南也。秦赵五战，秦再胜而赵三胜。秦赵相毙，而王以全燕制其后，此燕之所以不犯寇也。且夫秦之攻燕也，踰云中、九原，过代、上谷，弥地数千里，虽得燕城，秦计固不能守也。秦之不能害燕亦明矣。今赵之攻燕也，发号出令，不至十日而数十万之军军于东垣矣。渡嘑沱，涉易水，不至四五日而距国都矣。故曰秦之攻燕也，战于千里之外；赵之攻燕也，战于百里之内。夫不忧百里之患而重千里之外，计无过于此者。是故愿大王与赵从亲，天下为一，则燕国必无患矣。”

文侯曰：“子言则可，然吾国小，西迫强赵，南近齐，齐、赵强国也。子必欲合从以安燕，寡人请以国从。”

于是资苏秦车马金帛以至赵。而奉阳君已死，即因说赵肃侯曰：“天下卿相人臣及布衣之士，皆高贤君之行义，皆愿奉教陈忠于前之日久矣。虽然，奉阳君妬而君不任事，是以宾客游士莫敢自尽于前者。今奉阳君捐馆舍，君乃今复与士民相亲也，臣故敢进其愚虑。

“窃为君计者，莫若安民无事，且无庸有事于民也。安民之本，在于择交，择交而得则民安，择交而不得则民终身不安。请言外患：齐秦为两敌而民不得安，倚秦攻齐而民不得安，倚齐攻秦而民不得安。故夫谋人之主，伐人之国，常苦出辞断绝人之交也。愿君慎勿出于口。请别白黑，所以异阴阳而已矣。君诚能听臣，燕必致旃裘狗马之地，齐必致鱼盐之海，楚必致橘柚之园，韩、魏、中山皆可使致汤沐之奉，而贵戚父兄皆可以受封侯。夫割地包利，五伯之所以覆军禽将而求也；封侯贵戚，汤武之所以放弑而争也。今君高拱而两有之，此臣之所以为君愿也。

"今大王与秦，则秦必弱韩、魏；与齐，则齐必弱楚、魏。魏弱则割河外，韩弱则效宜阳。宜阳效则上郡绝，河外割则道不通，楚弱则无援。此三策者，不可不孰计也。

"夫秦下轵道，则南阳危；劫韩包周，则赵氏自操兵；据卫取卷，则齐必入朝秦。秦欲已得乎山东，则必举兵而向赵矣。秦甲渡河踰漳，据番吾，则兵必战于邯郸之下矣。此臣之所为君患也。

"当今之时，山东之建国莫强于赵。赵地方二千余里，带甲数十万，车千乘，骑万匹，粟支数年。西有常山，南有河漳，东有清河，北有燕国。燕固弱国，不足畏也。秦之所害于天下者莫如赵，然而秦不敢举兵伐赵者，何也？畏韩、魏之议其后也。然则韩、魏，赵之南蔽也。秦之攻韩、魏也，无有名山大川之限，稍蚕食之，傅国都而止。韩、魏不能支秦，必入臣于秦。秦无韩、魏之规，则祸必中于赵矣。此臣之所为君患也。

"臣闻尧无三夫之分，舜无咫尺之地，以有天下；禹无百人之聚，以王诸侯；汤武之士不过三千，车不过三百乘，卒不过三万，立为天子：诚得其道也。是故明主外料其敌之强弱，内度其士卒贤不肖，不待两军相当而胜败存亡之机固已形于胸中矣，岂掩于众人之言而以冥冥决事哉！

"臣窃以天下之地图案之，诸侯之地五倍于秦，料度诸侯之卒十倍于秦，六国为一，并力西乡而攻秦，秦必破矣。今西面而事之，见臣于秦。夫破人之与破于人也，臣人之与臣于人也，岂可同日而论哉！

"夫衡人者，皆欲割诸侯之地以予秦。秦成，则高台榭，美宫室，听竽瑟之音，前有楼阙轩辕，后有长姣美人，国被秦患而不与其忧。是故夫衡人日夜务以秦权恐愓诸侯以求割地，故愿大王孰计之也。”

“臣闻明主绝疑去谗，屏流言之迹，塞朋党之门，故尊主广地强兵之计臣得陈忠于前矣。故窃为大王计，莫如一韩、魏、齐、楚、燕、赵以从亲，以畔[①]秦。令天下之将相会于洹水之上，通质，刳白马而盟。要约曰：‘秦攻楚，齐、魏各出锐师以佐之，韩绝其粮道，赵涉河漳，燕守常山之北。秦攻韩魏，则楚绝其后，齐出锐师而佐之，赵涉河漳，燕守云中。秦攻齐，则楚绝其后，韩守城皋，魏塞其道，赵涉河漳、博关，燕出锐师以佐之。秦攻燕，则赵守常山，楚军武关，齐涉勃海，韩、魏皆出锐师以佐之。秦攻赵，则韩军宜阳，楚军武关，魏军河外，齐涉清河，燕出锐师以佐之。诸侯有不如约者，以五国之兵共伐之。’六国从亲以宾秦，则秦甲必不敢出于函谷以害山东矣。如此，则霸王之业成矣。”

赵王曰：“寡人年少，立国日浅，未尝得闻社稷之长计也。今上客有意存天下，安诸侯寡人敬以国从。”乃饰车百乘，黄金千溢，白璧百双，锦绣千纯，以约诸侯。

是时周天子致文武之胙于秦惠王。惠王使犀首攻魏，禽将龙贾，取魏之雕阴，且欲东兵。苏秦恐秦兵之至赵也，乃激怒张仪，入之于秦。

于是说韩宣王曰：“韩北有巩、成皋之固，西有宜阳、商阪之塞，东有宛、穰、洧水，南有陉山，地方九百余里，带甲数十万，天下之强弓劲弩皆从韩出。溪子、少府时力、距来者，皆射六百步之外。韩卒超足而射，百发不暇止，远者括蔽洞胸，近者镝弇心。韩卒之剑戟皆出于冥山、棠溪、墨阳、合赙、邓师、宛冯、龙渊、太阿，皆陆断牛马，水截鹄雁，当敌则斩坚甲铁幕，革抉跋芮，无不毕具。以韩卒之勇，被坚甲，蹠劲弩，带利剑，一人当百，不足言也。夫以韩之劲与大王之贤，乃西面事秦，交臂而服，羞社稷而为天下

---

① “畔”，通“叛”。“衡”，通“横”，战国后期，指东方各国与秦联合。“合从”，指六国合纵抗秦。

笑，无大于此者矣。是故愿大王孰计之。

“大王事秦，秦必求宜阳、成皋。今兹效之，明年又复求割地。与则无地以给之，不与则弃前功而受后祸。且大王之地有尽而秦之求无已，以有尽之地而逆无已之求，此所谓市怨结祸者也，不战而地已削矣。臣闻鄙谚曰：‘宁为鸡口，无为牛后。’今西面交臂而臣事秦，何异于牛后乎？夫以大王之贤，挟强韩之兵，而有牛后之名，臣窃为大王羞之。”

于是韩王勃然作色，攘臂瞋目，按剑仰天太息曰：“寡人虽不肖，必不能事秦。今主君诏以赵王之教，敬奉社稷以从。”

又说魏襄王曰：“大王之地，南有鸿沟、陈、汝南、许、郾、昆阳、召陵、舞阳、新都、新郪，东有淮、颍、煮枣、无胥，西有长城之界，北有河外、卷、衍、酸枣，地方千里。地名虽小，然而田舍庐庑之数，曾无所刍牧。人民之众，车马之多，日夜行不绝，輷輷殷殷，若有三军之众。臣窃量大王之国不下楚。然衡人怵王交强虎狼之秦以侵天下，卒有秦患，不顾其祸。夫挟强秦之势以内劫其主，罪无过此者。魏，天下之强国也；王，天下之贤王也。今乃有意西面而事秦，称东藩，筑帝宫，受冠带，祠春秋，臣窃为大王耻之。

“臣闻越王句践战敝卒三千人，禽夫差于干遂；武王卒三千人，革车三百乘，制纣于牧野：岂其士卒众哉，诚能奋其威也。今窃闻大王之卒，武士二十万，苍头二十万，奋击二十万，厮徒十万，车六百乘，骑五千匹。此其过越王句践、武王远矣，今乃听于群臣之说而欲臣事秦。夫事秦必割地以效实，故兵未用而国已亏矣。凡群臣之言事秦者，皆奸人，非忠臣也。夫为人臣，割其主之地以求外交，偷取一时之功而不顾其后，破公家而成私门，外挟强秦之势以内劫其主，以求割地，愿大王孰察之。

“周书曰：‘绵绵不绝，蔓蔓柰何[①]？豪牦不伐，将用斧柯。’前虑不定，后有大患，将奈之何？大王诚能听臣，六国从亲，专心并力壹意，则必无强秦

① “柰何”，怎么样。“柰”，同“奈”。

之患。故敝邑赵王使臣效愚计，奉明约，在大王之诏诏之。”

魏王曰：“寡人不肖，未尝得闻明教。今主君以赵王之诏诏之，敬以国从。”

因东说齐宣王曰：“齐南有泰山，东有琅邪，西有清河，北有勃海，北所谓四塞之国也。齐地方二千余里，带甲数十万，粟如丘山。三军之良，五家之兵，进如锋矢，战如雷霆，解如风雨。即有军役，未尝倍泰山，绝清河，涉勃海也。临菑之中七万户，臣窃度之，不下户三男子，三七二十一万，不待发于远县，而临菑之卒固已二十一万矣。临菑甚富而实，其民无不吹竽鼓瑟，弹琴击筑，斗鸡走狗，六博蹋鞠者。临菑之涂，车毂击，人肩摩，连衽成帷，举袂成幕，挥汗成雨，家殷人足，志高气扬。夫以大王之贤与齐之强，天下莫能当。今乃西面而事秦，臣窃为大王羞之。

“且夫韩、魏之所以重畏秦者，为与秦接境壤界也。兵出而相当，不出十日而战胜存亡之机决矣。韩、魏战而胜秦，则兵半折，四境不守；战而不胜，则国已危亡随其后。是故韩、魏之所以重与秦战，而轻为之臣也。今秦之攻齐则不然。倍韩、魏之地，过卫阳晋之道，径乎亢父之险，车不得方轨，骑不得比行，百人守险，千人不敢过也。秦虽欲深入，则狼顾，恐韩、魏之议其后也。是故恫疑虚猲，骄矜而不敢进，则秦之不能害齐亦明矣。

“夫不深料秦之无奈齐何，而欲西面而事之，是群臣之计过也。今无臣事秦之名而有强国之实，臣是故愿大王少留意计之。”

齐王曰：“寡人不敏，僻远守海，穷道东境之国也，未尝得闻余教。今足下以赵王诏诏之，敬以国从。”

乃西南说楚威王曰：“楚，天下之强国也；王，天下之贤王也。西有黔中、巫郡，东有夏州、海阳，南有洞庭、苍梧，北有陉塞、郇阳，地方五千余里，带甲百万，车千乘，骑万匹，粟支十年。此霸王之资也。夫以楚之强与王之贤，天下莫能当也。今乃欲西面而事秦，则诸侯莫不西面而朝于章台之下矣。

“秦之所害莫如楚，楚强则秦弱，秦强则楚弱，其势不两立。故为大王计，莫如从亲以孤秦。大王不从〔亲〕，秦必起两军，一军出武关，一军下黔中，则鄢郢动矣。

“臣闻治之其未乱也，为之其未有也。患至而后忧之，则无及已。故愿大王蚤孰计之。

“大王诚能听臣，臣请令山东之国奉四时之献，以承大王之明诏，委社稷，奉宗庙，练士厉兵，在大王之所用之。大王诚能用臣之愚计，则韩、魏、齐、燕、赵、卫之妙音美人必充后宫，燕、代橐驼良马必实外厩。故从合则楚王，衡成则秦帝。今释霸王之业，而有事人之名，臣窃为大王不取也。

“夫秦，虎狼之国也，有吞天下之心。秦，天下之仇雠也。衡人皆欲割诸侯之地以事秦，此所谓养仇而奉雠者也。夫为人臣，割其主之地以外交强虎狼之秦，以侵天下，卒有秦患，不顾其祸。夫外挟强秦之威以内劫其主，以求割地，大逆不忠，无过此者。故从亲则诸侯割地以事楚，衡合则楚割地以事秦，此两策者相去远矣，二者大王何居焉？故敝邑赵王使臣效愚计，奉明约，在大王诏之。”

楚王曰：“寡人之国西与秦接境，秦有举巴蜀并汉中之心。秦，虎狼之国，不可亲也。而韩、魏迫于秦患，不可与深谋，与深谋恐反人以入于秦，故谋未发而国已危矣。寡人自料以楚当秦，不见胜也；内与群臣谋，不足恃也。寡人卧不安席，食不甘味，心摇摇然如县旌而无所终薄。今主君欲一天下，收诸侯，存危国，寡人谨奉社稷以从。”

于是六国从合而并力焉。苏秦为从约长，并相六国。

北报赵王，乃行过雒阳，车骑辎重，诸侯各发使送之甚众，疑于王者。周显王闻之恐惧，除道，使人郊劳。苏秦之昆弟妻嫂侧目不敢仰视，俯伏侍取食。苏秦笑谓其嫂曰：“何前倨而后恭也？”嫂委蛇蒲服，以面掩地而谢曰：“见季子位高金多也。”苏秦喟然叹曰：“此一人之身，富贵则亲戚畏惧之，贫贱则轻易之，况众人乎！且使我有雒阳负郭田二顷，吾岂能佩六国相印乎！”于是散千金以赐宗族朋友。初，苏秦之燕，贷人百钱为资，乃得富贵，以百金偿之。遍报诸所尝见德者。其从者有一人独未得报，乃前自言。苏秦曰：“我非忘子。子之与我至燕，再三欲去我易水之上，方是时，我困，故望子深，是以后子。子今亦得矣。”

苏秦既约六国从亲，归赵，赵肃侯封为武安君，乃投从约书于秦。秦兵不敢窥函谷关十五年。

其后秦使犀首欺齐、魏，与共伐赵，欲败从约。齐、魏伐赵，赵王让苏秦。苏秦恐，请使燕，必报齐。苏秦去赵而从约皆解。

秦惠王以其女为燕太子妇。是岁，文侯卒，太子立，是为燕易王。易王初立，齐宣王因燕丧伐燕，取十城。易王谓苏秦曰：“往日先生至燕，而先王资先生见赵，遂约六国从。今齐先伐赵，次至燕，以先生之故为天下笑，先生能为燕得侵地乎？”苏秦大惭，曰：“请为王取之。”

苏秦见齐王，再拜，俯而庆，仰而吊。齐王曰：“是何庆吊相随之速也？”苏秦曰：“臣闻饥人所以饥而不食乌喙者，为其愈充腹而与饿死同患也。今燕虽弱小，即秦王之少婿也。大王利其十城而长与强秦为仇。今使弱燕为雁行而强秦敝其后，以招天下之精兵，是食乌喙之类也。”齐王愀然变色曰：“然则奈何？”苏秦曰：“臣闻古之善制事者，转祸为福，因败为功。大王诚能听臣计，即归燕之十城。燕无故而得十城，必喜；秦王知以己之故而归燕之十城，亦必喜。此所谓弃仇雠而得石交者也。夫燕、秦俱事齐，则大王号令天下，莫敢不听。是王以虚辞附秦，以十城取天下。此霸王之业也。”王曰：“善。”于是乃归燕之十城。

人有毁苏秦者曰：“左右卖国反复之臣也，将作乱。”苏秦恐得罪归，而燕王不复官也。苏秦见燕王曰：“臣，东周之鄙人也，无有分寸之功，而王亲拜之于庙而礼之于廷。今臣为王却齐之兵而（攻）得十城，宜以益亲。今来而王不官臣者，人必有以不信伤臣于王者。臣之不信，王之福也。臣闻忠信者，所以自为也；进取者，所以为人也。且臣之说齐王，曾非欺之也。臣弃老母于东周，固去自为而行进取也。今有孝如曾参，廉如伯夷，信如尾生。得此三人者以事大王，何若？”王曰：“足矣。”苏秦曰：“孝如曾参，义不离其亲一宿于外，王又安能使之步行千里而事弱燕之危王哉？廉如伯夷，义不为孤竹君之嗣，不肯为武王臣，不受封侯而饿死首阳山下。有廉如此，王又安能使之步行千里而行进取于齐哉？信如尾生，与女子期于梁下，女子不来，水至不去，抱柱而死。有信如此，王又安能使之步行千里却齐之强兵哉？臣所谓以忠信得罪于上者也。”燕王曰：“若不忠信耳，岂有以忠信而得罪者乎？”苏秦曰：“不然。臣闻客有远为吏而其妻私于人者，其夫将来，其私者忧之，妻曰‘勿忧，吾已作药酒待之矣’。居三日，其夫果至，妻使妾举药酒进之。妾欲言酒之有药，则恐其逐主母也，欲勿言乎，则恐其杀主父也。于是乎详僵而弃酒。主父大怒，笞之五十。故妾一僵而覆酒，上存主父，下存主母，然而不免于笞，恶在乎忠信之无罪也？夫臣之过，不幸而类是乎！”燕王曰：“先生复就故官。”益厚遇之。

易王母，文侯夫人也，与苏秦私通。燕王知之，而事之加厚。苏秦恐诛，乃说燕王曰：“臣居燕不能使燕重，而在齐则燕必重。”燕王曰：“唯先生之所为。”于是苏秦详为得罪于燕而亡走齐，齐宣王以为客卿。

齐宣王卒，湣王即位，说湣王厚葬以明孝，高宫室大苑囿以明得意，欲破敝齐而为燕。燕易王卒，燕哙立为王。其后齐大夫多与苏秦争宠者，而使人刺苏秦，不死，殊而走。齐王使人求贼，不得。苏秦且死，乃谓齐王曰：“臣即死，车裂臣以徇于市，曰‘苏秦为燕作乱于齐’，如此则臣之贼必得矣。”于是如其言，而杀苏秦者果自出，齐王因而诛之。燕闻之曰：“甚矣，齐之为苏生报仇也！”

苏秦既死，其事大泄。齐后闻之，乃恨怒燕。燕甚恐。苏秦之弟曰代，代弟苏厉，见兄遂，亦皆学。及苏秦死，代乃求见燕王，欲袭故事。曰：“臣，东周之鄙人也。窃闻大王义甚高，鄙人不敏，释锄耨而干大王。至于邯郸，所见者绌于所闻于东周，臣窃负其志。及至燕廷，观王之群臣下吏，王，天下之明王也。”燕王曰：“子所谓明王者何如也？”对曰：“臣闻明王务闻其过，不欲闻其善，臣请谒王之过。夫齐、赵者，燕之仇雠也；楚、魏者，燕之援国也。今王奉仇雠以伐援国，非所以利燕也。王自虑之，此则计过，无以闻者，非忠臣也。”王曰：“夫齐者固寡人之雠，所欲伐也，直患国敝力不足也。子能以燕伐齐，则寡人举国委子。”对曰：“凡天下战国七，燕处弱焉。独战则不能，有所附则无不重。南附楚，楚重；西附秦，秦重；中附韩、魏，韩、魏重。且苟所附之国重，此必使王重矣。今夫齐，长主而自用也。南攻楚五年，畜聚竭；西困秦三年，士卒罢敝；北与燕人战，覆三军，得二将。然而以其余兵南面举五千乘之大宋，而包十二诸侯。此其君欲得，其民力竭，恶足取乎！且臣闻之，数战则民劳，久师则兵敝矣。”燕王曰：“吾闻齐有清济、浊河可以为固，长城、巨防足以为塞，诚有之乎？”对曰：“天时不与，虽有清济、浊河，恶足以为固！民力罢敝，虽有长城、巨防，恶足以为塞！且异日济西不师，所以备赵也；河北不师，所以备燕也。今济西河北尽已役矣，封内敝矣。夫骄君必好利，而亡国之臣必贪于财。王诚能无羞从子母弟以为质，宝珠玉帛以事左右，彼将有德燕而轻亡宋，则齐可亡已。”燕王曰：“吾终以子受命于天矣。”燕乃使一子质于齐。而苏厉因燕质子而求见齐王。齐王怨苏秦，欲囚苏厉。燕质子为谢，已遂委质为齐臣。

燕相子之与苏代婚，而欲得燕权，乃使苏代侍质子于齐。齐使代报燕，燕王哙问曰：“齐王其霸乎？”曰：“不能。”曰：“何也？”曰：“不信其臣。”于是燕王专任子之，已而让位，燕大乱。齐伐燕，杀王哙、子之。燕立昭王，而苏代、苏厉遂不敢入燕，皆终归齐，齐善待之。

苏代过魏，魏为燕执代。齐使人谓魏王曰：“齐请以宋地封泾阳君，秦必不受。秦非不利有齐而得宋地也，不信齐王与苏子也。今齐魏不和如此其甚，则齐不欺秦。秦信齐，齐秦合，泾阳君有宋地，非魏之利也。故王不如东苏子，秦必疑齐而不信苏子矣。齐秦不合，天下无变，伐齐之形成矣。”于是出苏代。代之宋，宋善待之。

齐伐宋，宋急，苏代乃遗燕昭王书曰：

夫列在万乘而寄质于齐，名卑而权轻；奉万乘助齐伐宋，民劳而实费；夫破宋，残楚淮北，肥大齐，雠强而国害：此三者皆国之大败也。然且王行之者，将以取信于齐也。齐加不信于王，而忌燕愈甚，是王之计过矣。夫以宋加之淮北，强万乘之国也，而齐并之，是益一齐也。北夷方七百里，加之以鲁、卫，强万乘之国也，而齐并之，是益二齐也。夫一齐之强，燕犹狼顾而不能支，今以三齐临燕，其祸必大矣。

虽然，智者举事，因祸为福，转败为功。齐紫，败素也，而贾十倍；越王句践栖于会稽，复残强吴而霸天下：此皆因祸为福，转败为功者也。

今王若欲因祸为福，转败为功，则莫若挑霸齐而尊之，使使盟于周室，焚秦符，曰“其大上计，破秦；其次，必长宾之”。秦挟宾以待破，秦王必患之。秦五世伐诸侯，今为齐下，秦王之志苟得穷齐，不惮以国为功。然则王何不使辩士以此言说秦王曰：“燕、赵破宋肥齐，尊之为之下者，燕、赵非利之也。燕、赵不利而势为之者，以不信秦王也。然则王何不使可信者接收燕、赵，令泾阳君、高陵君先于燕、赵？秦有变，因以为质，则燕、赵信秦。秦为西帝，燕为北帝，赵为中帝，立三帝以令于天下。韩、魏不听则秦伐之，齐不听则燕、赵伐之，天下孰敢不听？天下服听，因驱韩、魏以伐齐，曰‘必反宋地，归楚淮北’。反宋地，归楚淮北，燕、赵之所利也；并立三帝，燕、赵之所愿也。夫实得所利，尊得所愿，燕、赵弃齐如脱蹝矣。今不收燕、赵，齐霸必成。诸侯赞齐而王不从，是国伐也；诸侯赞齐而王从之，是名卑也。今收燕、赵，国安而名尊；不收燕、赵，国危而名卑。夫去尊安而取危卑，智者不为也。”秦王闻若说，必若刺心然。则王何不使辩士以此若言说秦？秦必取，齐必伐矣。

夫取秦，厚交也；伐齐，正利也。尊厚交，务正利，圣王之事也。

燕昭王善其书，曰："先人尝有德苏氏，子之之乱而苏氏去燕。燕欲报仇于齐，非苏氏莫可。"乃召苏代，复善待之，与谋伐齐。竟破齐，湣王出走。

久之，秦召燕王，燕王欲往，苏代约燕王曰："楚得枳而国亡，齐得宋而国亡，齐、楚不得以有枳、宋而事秦者，何也？则有功者，秦之深雠也。秦取天下，非行义也，暴也。秦之行暴，正告天下。

"告楚曰：'蜀地之甲，乘船浮于汶，乘夏水而下江，五日而至郢。汉中之甲，乘船出于巴，乘夏水而下汉，四日而至五渚。寡人积甲宛东下随，智者不及谋，勇士不及怒，寡人如射隼矣。王乃欲待天下之攻函谷，不亦远乎！'楚王为是故，十七年事秦。

"秦正告韩曰：'我起乎少曲，一日而断大行。我起乎宜阳而触平阳，二日而莫不尽繇。我离两周而触郑，五日而国举。'韩氏以为然，故事秦。

"秦正告魏曰：'我举安邑，塞女戟，韩氏太原卷。我下轵，道南阳，封冀，包两周。乘夏水，浮轻舟，铍弩在前，锬戈在后，决荥口，魏无大梁；决白马之口，魏无外黄、济阳；决宿胥之口，魏无虚、顿丘。陆攻则击河内，水攻则灭大梁。'魏氏以为然，故事秦。

"秦欲攻安邑，恐齐救之，则以宋委于齐。曰：'宋王无道，为木人以（写）〔象〕寡人，射其面。寡人地绝兵远，不能攻也。王苟能破宋有之，寡人如自得之。'已得安邑，塞女戟，因以破宋为齐罪。

"秦欲攻韩，恐天下救之，则以齐委于天下。曰：'齐王四与寡人约，四欺寡人，必率天下以攻寡人者三。有齐无秦，有秦无齐，必伐之，必亡之。'已得宜阳、少曲，致蔺、〔离〕石，因以破齐为天下罪。

"秦欲攻魏重楚，则以南阳委于楚。曰：'寡人固与韩且绝矣。残均陵，塞鄳阸，苟利于楚，寡人如自有之。'魏弃与国而合于秦，因以塞鄳阸为楚罪。"

“兵困于林中，重燕、赵，以胶东委于燕，以济西委于赵。已得讲于魏，至公子延，因犀首属行而攻赵。

“兵伤于谯石，而遇败于阳马，而重魏，则以叶、蔡委于魏。已得讲于赵，则劫魏，〔魏〕不为割。困则使太后弟穰侯为和，嬴则兼欺舅与母。

“适燕者曰‘以胶东’，适赵者曰‘以济西’，适魏者曰‘以叶、蔡’，适楚者曰‘以塞鄳阸’，适齐者曰‘以宋’，此必令言如循环，用兵如刺蜚，母不能制，舅不能约。

“龙贾之战，岸门之战，封陵之战，高商之战，赵庄之战，秦之所杀三晋之民数百万，今其生者皆死秦之孤也。西河之外，上雒之地，三川晋国之祸，三晋之半，秦祸如此其大也。而燕、赵之秦者，皆以争事秦说其主，此臣之所大患也。”

燕昭王不行。苏代复重于燕。

燕使约诸侯从亲如苏秦时，或从或不，而天下由此宗苏氏之从约。代、厉皆以寿死，名显诸侯。

太史公曰：苏秦兄弟三人，皆游说诸侯以显名，其术长于权变。而苏秦被反闲以死，天下共笑之，讳学其术。然世言苏秦多异，异时事有类之者皆附之苏秦。夫苏秦起闾阎，连六国从亲，此其智有过人者。吾故列其行事，次其时序，毋令独蒙恶声焉。

（二）张仪列传

张仪者，魏人也。始尝与苏秦俱事鬼谷先生学术，苏秦自以不及张仪。

张仪已学而游说诸侯。尝从楚相饮，已而楚相亡璧，门下意张仪，曰：“仪贫无行，必此盗相君之璧。”共执张仪，掠笞数百，不服，醳之。其妻曰：“嘻！子毋读书游说，安得此辱乎？”张仪谓其妻曰：“视吾舌尚在不？”其妻笑曰："舌在也。"仪曰："足矣。"

苏秦已说赵王而得相约从亲，然恐秦之攻诸侯，败约后负，念莫可使用于秦者，乃使人微感张仪曰："子始与苏秦善，今秦已当路，子何不往游，以求通子之愿？"张仪于是之赵，上谒求见苏秦。苏秦乃诫门下人不为通，又使不得去者数日。已而见之，坐之堂下，赐仆妾之食。因而数让之曰："以子之材能，乃自令困辱至此。吾宁不能言而富贵子，子不足收也。"谢去之。张仪之来也，自以为故人，求益，反见辱，怒，念诸侯莫可事，独秦能苦赵，乃遂入秦。

苏秦已而告其舍人曰："张仪，天下贤士，吾殆弗如也。今吾幸先用，而能用秦柄者，独张仪可耳。然贫，无因以进。吾恐其乐小利而不遂，故召辱之，以激其意。子为我阴奉之。"乃言赵王，发金币车马，使人微随张仪，与同宿舍，稍稍近就之，奉以车马金钱，所欲用，为取给，而弗告。张仪遂得以见秦惠王。惠王以为客卿，与谋伐诸侯。

苏秦之舍人乃辞去。张仪曰："赖子得显，方且报德，何故去也？"舍人曰："臣非知君，知君乃苏君。苏君忧秦伐赵败从约，以为非君莫能得秦柄，故感怒君，使臣阴奉给君资，尽苏君之计谋。今君已用，请归报。"张仪曰："嗟乎，此在吾术中而不悟，吾不及苏君明矣！吾又新用，安能谋赵乎？为吾谢苏君，苏君之时，仪何敢言。且苏君在，仪宁渠能乎！"张仪既相秦，为文檄告楚相曰："始吾从若饮，我不盗而璧，若笞我。若善守汝国，我顾且盗而城！"

苴蜀相攻击，各来告急于秦。秦惠王欲发兵以伐蜀，以为道险狭难至，而韩又来侵秦，秦惠王欲先伐韩，后伐蜀，恐不利；欲先伐蜀，恐韩袭秦之敝。犹豫未能决。司马错与张仪争论于惠王之前，司马错欲伐蜀，张仪曰："不如伐韩。"王曰："请闻其说。"

仪曰："亲魏善楚，下兵三川，塞什谷之口，当屯留之道，魏绝南阳，楚临南郑，秦攻新城、宜阳，以临二周之郊，诛周王之罪，侵楚、魏之地。周自知不能救，九鼎宝器必出。据九鼎，案图籍，挟天子以令于天下，天下莫敢不听，此王业也。今夫蜀，西僻之国而戎翟之伦也，敝兵劳众不足以成名，得其地不足以为利。臣闻争名者于朝，争利者于市。今三川、周室，天下之朝市也，而王不争焉，顾争于戎翟，去王业远矣。"

司马错曰："不然。臣闻之，欲富国者务广其地，欲强兵者务富其民，欲王者务博其德，三资者备而王随之矣。今王地小民贫，故臣愿先从事于易。夫蜀，西僻之国也，而戎翟之长也，有桀纣之乱。以秦攻之，譬如使豺狼逐群羊。得其地足以广国，取其财足以富民缮兵，不伤众而彼已服焉。拔一国而天下不以为暴，利尽西海而天下不以为贪，是我一举而名实附也，而又有禁暴止乱[①]之名。今攻韩，劫天子，恶名也，而未必利也，又有不义之名，而攻天下所不欲，危矣。臣请谒其故：周，天下之宗室也；齐，韩之与国也。周自知失九鼎，韩自知亡三川，将二国并力合谋，以因乎齐、赵而求解乎楚、魏，以鼎与楚，以地与魏，王弗能止也。此臣之所谓危也。不如伐蜀完。"

惠王曰："善，寡人请听子。"卒起兵伐蜀，十月，取之，遂定蜀，贬蜀王更号为侯，而使陈庄相蜀。蜀既属秦，秦以益强，富厚，轻诸侯。

秦惠王十年，使公子华与张仪围蒲阳，降之。仪因言秦复与魏，而使公子繇质于魏。仪因说魏王曰："秦王之遇魏甚厚，魏不可以无礼。"魏因入上郡、少梁，谢秦惠王。惠王乃以张仪为相，更名少梁曰夏阳。

仪相秦四岁，立惠王为王。居一岁，为秦将，取陕。筑上郡塞。

其后二年，使与齐、楚之相会啮桑。东还而免相，相魏以为秦，欲令魏先事秦而诸侯效之。魏王不肯听仪。秦王怒，伐取魏之曲沃、平周，复阴厚张仪益甚。张仪惭，无以归报。留魏四岁而魏襄王卒，哀王立。张仪复说哀王，哀王不听。于是张仪阴令秦伐魏。魏与秦战，败。

明年，齐又来败魏于观津。秦复欲攻魏，先败韩申差军，斩首八万，诸

① 禁：制止；暴：强暴；止：制止，平息；乱：混乱。抑制强暴势力，治理混乱局面。

侯震恐。而张仪复说魏王曰："魏地方不至千里，卒不过三十万。地四平，诸侯四通辐凑，无名山大川之限。从郑至梁二百余里，车驰人走，不待力而至。梁南与楚境，西与韩境，北与赵境，东与齐境，卒戍四方，守亭鄣者不下十万。梁之地势，固战场也。梁南与楚而不与齐，则齐攻其东；东与齐而不与赵，则赵攻其北；不合于韩，则韩攻其西；不亲于楚，则楚攻其南：此所谓四分五裂之道也。

"且夫诸侯之为从者，将以安社稷尊主强兵显名也。今从者一天下，约为昆弟，刑白马以盟洹水之上，以相坚也。而亲昆弟同父母，尚有争钱财，而欲恃诈伪反复苏秦之余谋，其不可成亦明矣。

"大王不事秦，秦下兵攻河外，据卷、衍、〔燕〕、酸枣，劫卫取阳晋，则赵不南，赵不南而梁不北，梁不北则从道绝，从道绝则大王之国欲毋危不可得也。秦折韩而攻梁，韩怯于秦，秦韩为一，梁之亡可立而须也。此臣之所为大王患也。

"为大王计，莫如事秦。事秦则楚、韩必不敢动；无楚、韩之患，则大王高枕而卧，国必无忧矣。

"且夫秦之所欲弱者莫如楚，而能弱楚者莫如梁。楚虽有富大之名而实空虚；其卒虽多，然而轻走易北，不能坚战。悉梁之兵南面而伐楚，胜之必矣。割楚而益梁，亏楚而适秦，嫁祸安国，此善事也。大王不听臣，秦下甲士而东伐，虽欲事秦，不可得矣。

"且夫从人多奋辞而少可信，说一诸侯而成封侯，是故天下之游谈士莫不日夜搤腕瞋目切齿以言从之便，以说人主。人主贤其辩而牵其说，岂得无眩哉。

"臣闻之，积羽沈舟，群轻折轴，众口铄金，积毁销骨，故愿大王审定计议，且赐骸骨辟魏。"

哀王于是乃倍从约而因仪请成于秦。张仪归，复相秦。三岁而魏复背秦为从。秦攻魏，取曲沃。明年，魏复事秦。

秦欲伐齐，齐楚从亲，于是张仪往相楚。楚怀王闻张仪来，虚上舍而自馆之。曰："此僻陋之国，子何以教之？"仪说楚王曰："大王诚能听臣，闭关绝约于齐，臣请献商于之地六百里，使秦女得为大王箕帚之妾，秦楚娶妇嫁女，长为兄弟之国。此北弱齐而西益秦也，计无便此者。"楚王大说而许之。群臣皆贺，陈轸独吊之。楚王怒曰："寡人不兴师发兵得六百里地，群臣皆贺，子独吊，何也？"陈轸对曰："不然，以臣观之，商于之地不可得而齐秦合，齐秦合则患必至矣。"楚王曰："有说乎？"陈轸对曰："夫秦之所以重楚者，以其有齐也。今闭关绝约于齐，则楚孤。秦奚贪夫孤国，而与之商于之地六百里？张仪至秦，必负王，是北绝齐交，西生患于秦也，而两国之兵必俱至。善为王计者，不若阴合而阳绝于齐，使人随张仪。苟与吾地，绝齐未晚也；不与吾地，阴合谋计也。"楚王曰："愿陈子闭口毋复言，以待寡人得地。"乃以相印授张仪，厚赂之。于是遂闭关绝约于齐，使一将军随张仪。

张仪至秦，详失绥堕车[①]，不朝三月。楚王闻之，曰："仪以寡人绝齐未甚邪？"乃使勇士至宋，借宋之符，北骂齐王。齐王大怒，折节而下秦。秦齐之交合，张仪乃朝，谓楚使者曰："臣有奉邑六里，愿以献大王左右。"楚使者曰："臣受令于王，以商于之地六百里，不闻六里。"还报楚王，楚王大怒，发兵而攻秦。陈轸曰："轸可发口言乎？攻之不如割地反以赂秦，与之并兵而攻齐，是我出地于秦，取偿于齐也，王国尚可存。"楚王不听，卒发兵而使将军屈匄击秦。秦齐共攻楚，斩首八万，杀屈匄，遂取丹阳、汉中之地。楚又复益发兵而袭秦，至蓝田，大战，楚大败，于是楚割两城以与秦平。

秦要楚欲得黔中地，欲以武关外易之。楚王曰："不愿易地，愿得张仪而献黔中地。"秦王欲遣之，口弗忍言。张仪乃请行。惠王曰："彼楚王怒子之负以商于之地，是且甘心于子。"张仪曰："秦强楚弱，臣善靳尚，尚得事

① "详"，通"佯"，假装。"绥"，用手拉住借以上车的绳子。

楚夫人郑袖，袖所言皆从。且臣奉王之节使楚，楚何敢加诛。假令诛臣而为秦得黔中之地，臣之上愿。”遂使楚。楚怀王至则囚张仪，将杀之。靳尚谓郑袖曰：“子亦知子之贱于王乎？”郑袖曰：“何也？”靳尚曰：“秦王甚爱张仪而不欲出之，今将以上庸之地六县赂楚，以美人聘楚，以宫中善歌讴者为媵。楚王重地尊秦，秦女必贵而夫人斥矣。不若为言而出之。”于是郑袖日夜言怀王曰：“人臣各为其主用。今地未入秦，秦使张仪来，至重王。王未有礼而杀张仪，秦必大怒攻楚。妾请子母俱迁江南，毋为秦所鱼肉也。”怀王后悔，赦张仪，厚礼之如故。

张仪既出，未去，闻苏秦死，乃说楚王曰：“秦地半天下，兵敌四国，被险带河，四塞以为固。虎贲之士百余万，车千乘，骑万匹，积粟如丘山。法令既明，士卒[①]安难乐死，主明以严，将智以武，虽无出甲，席卷常山之险，必折天下之脊，天下有后服者先亡。且夫为从者，无以异于驱群羊而攻猛虎，虎之与羊不格明矣。今王不与猛虎而与群羊，臣窃以为大王之计过也。

“凡天下强国，非秦而楚，非楚而秦，两国交争，其势不两立。大王不与秦，秦下甲据宜阳，韩之上地不通。下河东，取成皋，韩必入臣，梁则从风而动。秦攻楚之西，韩、梁攻其北，社稷安得毋危？

“且夫从者聚群弱而攻至强，不料敌而轻战，国贫而数举兵，危亡之术也。臣闻之，兵不如者勿与挑战，粟不如者勿与持久。夫从人饰辩虚辞，高主之节，言其利不言其害，卒有秦祸，无及为已。是故愿大王之孰计之。

“秦西有巴蜀，大船积粟，起于汶山，浮江已下，至楚三千余里。舫船载卒，一舫载五十人与三月之食，下水而浮，一日行三百余里，里数虽多，然而不费牛马之力，不至十日而距扞关。扞关惊，则从境以东尽城守矣，黔中、巫郡非王之有。秦举甲出武关，南面而伐，则北地绝。秦兵之攻楚也，危难在三月之内，而楚待诸侯之救，在半岁之外，此其势不相及也。夫（待）〔恃〕

① “卒”，通“猝”。

弱国之救，忘强秦之祸，此臣所以为大王患也。

“大王尝与吴人战，五战而三胜，阵卒尽矣；偏守新城，存民苦矣。臣闻功大者易危，而民敝者怨上。夫守易危之功而逆强秦之心，臣窃为大王危之。

“且夫秦之所以不出兵函谷十五年以攻齐、赵者，阴谋有合天下之心。楚尝与秦构难，战于汉中，楚人不胜，列侯执珪死者七十余人，遂亡汉中。楚王大怒，兴兵袭秦，战于蓝田。此所谓两虎相搏者也。夫秦楚相敝而韩魏以全制其后，计无危于此者矣。愿大王孰计之。

“秦下甲攻卫阳晋，必大关天下之匈。大王悉起兵以攻宋，不至数月而宋可举，举宋而东指，则泗上十二诸侯尽王之有也。

“凡天下而以信约从亲相坚者苏秦，封武安君，相燕，即阴与燕王谋伐破齐而分其地；乃详有罪出走入齐，齐王因受而相之；居二年而觉，齐王大怒，车裂苏秦于市。夫以一诈伪之苏秦，而欲经营天下，混一诸侯，其不可成亦明矣。

“今秦与楚接境壤界，固形亲之国也。大王诚能听臣，臣请使秦太子入质于楚，楚太子入质于秦，请以秦女为大王箕帚之妾，效万室之都以为汤沐之邑，长为昆弟之国，终身无相攻伐。臣以为计无便于此者。”

于是楚王已得张仪而重出黔中地与秦，欲许之。屈原曰：“前大王见欺于张仪，张仪至，臣以为大王烹之；今纵弗忍杀之，又听其邪说，不可。”怀王曰：“许仪而得黔中，美利也。后而倍之，不可。”故卒许张仪，与秦亲。

张仪去楚，因遂之韩，说韩王曰：“韩地险恶山居，五穀所生，非菽而麦，民之食大抵（饭）菽〔饭〕藿羹。一岁不收，民不餍糟糠。地不过九百里，无二岁之食。料大王之卒，悉之不过三十万，而厮徒负养在其中矣。除守徼亭鄣塞，见卒不过二十万而已矣。秦带甲百余万，车千乘，骑万匹，虎贲之士趹跔科头贯颐奋戟者，至不可胜计。秦马之良，戎兵之众，探前趹后蹄间三寻腾者，不可胜数。山东之士被甲蒙胄以会战，秦人捐甲徒裼以趋敌，左挈人头，右挟生虏。夫秦卒与山东之卒，犹孟贲之与怯夫；以重力相压，犹乌获之与婴儿。夫战孟贲、乌获之士以攻不服之弱国，无异垂千钧之重于鸟卵之上，必无幸矣。

“夫群臣诸侯不料地之寡，而听从人之甘言好辞，比周以相饰也，皆奋曰‘听吾计可以强霸天下’。夫不顾社稷之长利而听须臾之说，诖误人主，无过此者。

“大王不事秦，秦下甲据宜阳，断韩之上地，东取成皋、荥阳，则鸿台之宫、桑林之苑非王之有也。夫塞成皋，绝上地，则王之国分矣。先事秦则安，不事秦则危。夫造祸而求其福报，计浅而怨深，逆秦而顺楚，虽欲毋亡，不可得也。

“故为大王计，莫如为秦。秦之所欲莫如弱楚，而能弱楚者如韩。非以韩能强于楚也，其地势然也。今王西面而事秦以攻楚，秦王必喜。夫攻楚以利其地，转祸而说秦，计无便于此者。”

韩王听仪计。张仪归报，秦惠王封仪五邑，号曰武信君。使张仪东说齐湣王曰：“天下强国无过齐者，大臣父兄殷众富乐。然而为大王计者，皆为一时之说，不顾百世之利。从人说大王者，必曰‘齐西有强赵，南有韩与梁。齐，负海之国也，地广民众，兵强士勇，虽有百秦，将无奈齐何’。大王贤其说而不计其实。夫从人朋党比周，莫不以从为可。臣闻之，齐与鲁三战而鲁三胜，国以危亡随其后，虽有战胜之名，而有亡国之实。是何也？齐大而鲁小也。今秦之与齐也，犹齐之与鲁也。秦赵战于河漳之上，再战而赵再胜秦；战于番吾之下，再战又胜秦。四战之后，赵之亡卒数十万，邯郸仅存，虽有战胜之名而国已破矣。是何也？秦强而赵弱。

“今秦楚嫁女娶妇，为昆弟之国。韩献宜阳；梁效河外；赵入朝渑池，割河闲以事秦。大王不事秦，秦驱韩梁攻齐之南地，悉赵兵渡清河，指博关，临菑、即墨非王之有也。国一日见攻，虽欲事秦，不可得也。是故愿大王孰计之也。”

齐王曰：“齐僻陋，隐居东海之上，未尝闻社稷之长利也。”乃许张仪。

张仪去，西说赵王曰：“敝邑秦王使使臣效愚计于大王。大王收率天下以宾秦，秦兵不敢出函谷关十五年。大王之威行于山东，敝邑恐惧慑伏，缮甲厉兵，饰车骑，习驰射，力田积粟，守四封之内，愁居慑处，不敢动摇，唯大王有意督过之也。

“今以大王之力，举巴蜀，并汉中，包两周，迁九鼎，守白马之津。秦虽僻远，然而心忿含怒之日久矣。今秦有敝甲凋兵，军于渑池，愿渡河逾漳，据番吾，会邯郸之下，愿以甲子合战，以正殷纣之事，敬使使臣先闻左右。

“凡大王之所信为从者恃苏秦。苏秦荧惑诸侯，以是为非，以非为是，欲反齐国，而自令车裂于市。夫天下之不可一亦明矣。今楚与秦为昆弟之国，而韩梁称为东藩之臣，齐献鱼盐之地，此断赵之右臂也。夫断右臂而与人斗，失其党而孤居，求欲毋危，岂可得乎？

“今秦发三将军：其一军塞午道，告齐使兴师渡清河，军于邯郸之东；一军军成皋，驱韩梁军于河外；一军军于渑池。约四国为一以攻赵，赵（服）〔破〕，必四分其地。是故不敢匿意隐情，先以闻于左右。臣窃为大王计，莫如与秦王遇于渑池，面相见而口相结，请案兵无攻。愿大王之定计。”

赵王曰：“先王之时，奉阳君专权擅势，蔽欺先王，独擅绾事，寡人居属师傅，不与国谋计。先王弃群臣，寡人年幼，奉祀之日新，心固窃疑焉，以为一从不事秦，非国之长利也。乃且愿变心易虑，割地谢前过以事秦。方将约车趋行，适闻使者之明诏。”赵王许张仪，张仪乃去。

北之燕，说燕昭王曰：“大王之所亲莫如赵。昔赵襄子尝以其姊为代王妻，欲并代，约与代王遇于句注之塞。乃令工人作为金斗，长其尾，令可以击人。与代王饮，阴告厨人曰：‘即酒酣乐，进热啜，反斗以击之。’于是酒酣乐，进热啜，厨人进斟，因反斗以击代王，杀之，王脑涂地。其姊闻之，因摩笄以自刺，故至今有摩笄之山。代王之亡，天下莫不闻。

“夫赵王之很戾无亲，大王之所明见，且以赵王为可亲乎？赵兴兵攻燕，再围燕都而劫大王，大王割十城以谢。今赵王已入朝渑池，效河间以事秦。今大王不事秦，秦下甲云中、九原，驱赵而攻燕，则易水、长城非大王之有也。

“且今时赵之于秦犹郡县也，不敢妄举师以攻伐。今王事秦，秦王必喜，赵不敢妄动，是西有强秦之援，而南无齐赵之患，是故愿大王孰计之。”

燕王曰：“寡人蛮夷僻处，虽大男子裁如婴儿，言不足以采正计。今上客幸教之，请西面而事秦，献恒山之尾五城。”燕王听仪。仪归报，未至咸阳而秦惠王卒，武王立。武王自为太子时不说张仪，及即位，群臣多谗张仪曰：“无信，左右卖国以取容。秦必复用之，恐为天下笑。”诸侯闻张仪有却武王，皆畔衡，复合从。

秦武王元年，群臣日夜恶张仪未已，而齐让又至。张仪惧诛，乃因谓秦武王曰：“仪有愚计，愿效之。”王曰：“奈何？”对曰：“为秦社稷计者，东方有大变，然后王可以多割得地也。今闻齐王甚憎仪，仪之所在，必兴师伐之。故仪愿乞其不肖之身之梁，齐必兴师而伐梁。梁齐之兵连于城下而不能相去，王以其闲伐韩，入三川，出兵函谷而毋伐，以临周，祭器必出。挟天子，按图籍，此王业也。”秦王以为然，乃具革车三十乘，入仪之梁。齐果兴师伐之。梁哀王恐。张仪曰：“王勿患也，请令罢齐兵。”乃使其舍人冯喜之楚，借使之齐，谓齐王曰：“王甚憎张仪；虽然，亦厚矣王之托仪于秦也！”齐王曰：“寡人憎仪，仪之所在，必兴师伐之，何以托仪？”对曰：“是乃王之托仪也。夫仪之出也，固与秦王约曰：‘为王计者，东方有大变，然后王可以多割得地。今齐王甚憎仪，仪之所在，必兴师伐之。故仪愿乞其不肖之身之梁，齐必兴师伐之。齐梁之兵连于城下而不能相去，王以其闲伐韩，入三川，出兵函谷而无伐，以临周，祭器必出。挟天子，案图籍，此王业也。’秦王以为然，故具革车三十乘而入之梁也。今仪入梁，王果伐之，是王内罢国而外伐与国，广邻敌以内自临，而信仪于秦王也。此臣之所谓‘托仪’也。”齐王曰：“善。”乃使解兵。

张仪相魏一岁，卒于魏也。

陈轸者，游说之士。与张仪俱事秦惠王，皆贵重，争宠。张仪恶陈轸于秦王曰：“轸重币轻使秦楚之闲，将为国交也。今楚不加善于秦而善轸者，轸自为厚而为王薄也。且轸欲去秦而之楚，王胡不听乎？”王谓陈轸曰：“吾闻子欲去秦之楚，有之乎？”轸曰：“然。”王曰：“仪之言果信矣。”轸曰：“非独仪知之也，行道之士尽知之矣。昔子胥忠于其君而天下争以为臣，曾参孝于其亲而天下愿以为子。故卖仆妾不出闾巷而售者，良仆妾也；出妇嫁于乡曲者，良妇也。今轸不忠其君，楚亦何以轸为忠乎？忠且见弃，轸不之楚何归乎？”王以其言为然，遂善待之。

居秦期年，秦惠王终相张仪，而陈轸奔楚。楚未之重也，而使陈轸使于秦。过梁，欲见犀首。犀首谢弗见。轸曰：“吾为事来，公不见轸，轸将行，不得待异日。”犀首见之。陈轸曰：“公何好饮也？”犀首曰：“无事也。”曰：“吾请令公厌事[①]可乎？”曰：“奈何？”曰：“田需约诸侯从亲，楚王疑之，未信也。公谓于王曰：‘臣与燕、赵之王有故，数使人来，曰：“无事何不相见”，愿谒行于王。’王虽许公，公请毋多车，以车三十乘，可陈之于庭，明言之燕、赵。”燕、赵客闻之，驰车告其王，使人迎犀首。楚王闻之大怒，曰：“田需与寡人约，而犀首之燕、赵，是欺我也。”怒而不听其事。齐闻犀首之北，使人以事委焉。犀首遂行，三国相事皆断于犀首。轸遂至秦。

韩魏相攻，期年不解。秦惠王欲救之，问于左右。左右或曰救之便，或曰勿救便，惠王未能为之决。陈轸适至秦，惠王曰：“子去寡人之楚，亦思寡人不？”陈轸对曰：“王闻夫越人庄舄乎？”王曰：“不闻。”曰：“越人庄舄仕楚执珪，有顷而病。楚王曰：‘舄故越之鄙细人也，今仕楚执珪，贵富矣，亦

① “厌事”，形容担任的事多。“厌”通“餍”，饱。

思越不？’中谢对曰：‘凡人之思故，在其病也。彼思越则越声，不思越则楚声。’使人往听之，犹尚越声也。今臣虽弃逐之楚，岂能无秦声哉！”惠王曰：“善。今韩魏相攻，期年不解，或谓寡人救之便，或曰勿救便，寡人不能决，愿子为子主计之余，为寡人计之。”陈轸对曰：“亦尝有以夫卞庄子刺虎闻于王者乎？庄子欲刺虎，馆竖子止之，曰：‘两虎方且食牛，食甘必争，争则必斗，斗则大者伤，小者死，从伤而刺之，一举必有双虎之名。’卞庄子以为然，立须之。有顷，两虎果斗，大者伤，小者死。庄子从伤者而刺之，一举果有双虎之功。今韩魏相攻，期年不解，是必大国伤，小国亡，从伤而伐之，一举必有两实。此犹庄子刺虎之类也。臣主与王何异也。”惠王曰：“善。”卒弗救。大国果伤，小国亡，秦兴兵而伐，大克之。此陈轸之计也。

犀首者，魏之阴晋人也，名衍，姓公孙氏。与张仪不善。

张仪为秦之魏，魏王相张仪。犀首弗利，故令人谓韩公叔曰：“张仪已合秦魏矣，其言曰‘魏攻南阳，秦攻三川’。魏王所以贵张子者，欲得韩地也。且韩之南阳已举矣，子何不少委焉以为衍功，则秦魏之交可错矣。然则魏必图秦而弃仪，收韩而相衍。”公叔以为便，因委之犀首以为功。果相魏。张仪去。

义渠君朝于魏。犀首闻张仪复相秦，害之。犀首乃谓义渠君曰：“道远不得复过，请谒事情。”曰：“中国无事，秦得烧掇焚杅君之国；有事，秦将轻使重币事君之国。”其后五国伐秦。会陈轸谓秦王曰：“义渠君者，蛮夷之贤君也，不如赂之以抚其志。”秦王曰：“善。”乃以文绣千纯，妇女百人遗义渠君。义渠君致群臣而谋曰：“此公孙衍所谓邪？”乃起兵袭秦，大败秦人李伯之下。

张仪已卒之后，犀首入相秦。尝佩五国之相印，为约长。

太史公曰：三晋多权变之士，夫言从衡强秦者大抵皆三晋之人也。夫张仪之行事甚于苏秦，然世恶苏秦者，以其先死，而仪振暴其短以扶其说，成其衡道。要之，此两人真倾危之士哉！

六　延伸阅读书目

1. 郑杰文 《能辩善斗——中国古代纵横家论》，济南：山东人民出版社，1995 年。

2. 熊宪光 《纵横家研究》，重庆：重庆出版社，1998 年。

3. 熊宪光 《战国策研究》，重庆：重庆出版社，2004 年。

4. 马王堆汉墓帛书整理小组 《战国纵横家书》，北京：文物出版社，1976 年。

5. 许富宏 《鬼谷子集校集注》，北京：中华书局，2010 年。

6. 唐桂丽 《功利与权谋——纵横家的人生智慧》，武汉：武汉出版社，1998 年。

7. 张彦修 《纵横家书——〈战国策与中国文化〉》，开封：河南大学出版社，1998 年。

8. 彭永捷 《中国纵横家》，北京：宗教文化出版社，1996 年。

9. 许富宏 《〈鬼谷子〉研究》，上海：上海古籍出版社，2008 年

10. 傅剑平 《纵横家与中国文化》，台北：文津出版社，1995 年。

11. 朱星元 《战国纵横家学研究》，上海：东方学社，1935 年。

12. 苑汝贤 《纵横学研究》，快乐书店，1946 年。

第十三讲　黄老道家

一　政治舞台上的黄老

所谓黄老之学，是道家在秦汉之际的表现形态。秦汉之际的道家假托黄帝而立言，并适应时代的需要而重新改造老子学说，同时吸收先秦诸子学的思想内核，而形成一种新的道家学派。因其以黄帝、老子并称，故称其为黄老道家。“黄老”的连用，并以此来描述秦汉之际的道家思想形态的，最早当属司马迁的《史记》。

其实，根据司马迁在《史记》中的记载，在秦汉之际，或者说在西汉定鼎之初，就思想层面而言，有着相对丰富的资源和可供选择的可能。“自曹参荐盖公言黄老，而贾生、晁错明申、商，公孙弘以儒显，百年之间，天下遗文古事靡不毕集太史公。”（《史记·太史公自序》）从司马迁的这段叙述中，我们至少可以看到黄老、法家和儒家都活跃在秦汉之际的思想舞台上。当时陆贾和盖公等为新道家之代表人物，贾谊、晁错等为新法家之代表，而叔孙通、公孙弘等则为儒家之代表。从思想形态的层面来说，秦汉之际似乎一去秦代法家一统的局面，在某种程度上也表现出了诸家并存的发展事实。然而由于宗室和将相的推崇，以及出于汉初特殊时代的需要，黄老之学在汉高祖到汉武帝的六七十年间，盛极一时。

哲学观念从来都不是游离于现实之外的，都是一定时代的精神价值的体现，或者说，真正的哲学观念从来都是面向当时的社会现状、解决时代的问题的。唯其如此，哲学才能真正契入社会历史的内核，真正关心人类的当下存在。黄老之学之所以会成为秦汉之际的选择，也与时代需求密切相关。秦汉鼎革之际，战事连年，生灵涂炭，社会动荡，民生凋敝。在这样的背景之下，与民休息、无为而治无疑是一种拯救时弊的最佳选择。而且，秦代灭亡的教训也表明，必须采取一种相对缓和的、宽松的思想观念来治理天下，才能够重新理顺政治关系，赢得民心和天下。关于这一点，汉初诸贤如陆贾和贾谊等均有深入的讨论，陆贾的《新语》称："秦非不欲治也，然失之者，举措太众，而用刑太极故也。"（《新语・无为第四》）贾谊在其著名的《过秦论》中同样指出："繁刑严诛，吏治刻深，赏罚不当，赋敛无度，天下多事，吏弗能纪。百姓困穷而主弗收恤。然后奸伪并起，而上下相遁，蒙罪者众，刑戮相望于道，而天下苦之。自君卿以下，至于众庶，人怀自危之心，亲处穷苦之实，咸不安其位，故易动也。"（《史记・秦始皇本纪》）面对这样的社会现实，如何尽快摆脱社会凋敝的现状，缓和因秦政而来的社会矛盾，与民休息、无为而治是必然的选择，也是最佳的选择。

在汉初的政治实践中，陆贾应当是较早提倡无为而治的人物。"夫道莫大于无为，行莫大于谨敬。何以言之？昔虞舜治天下，弹五弦之琴，歌南风之诗，寂若无治国之意，漠若无忧民之心，然天下治。"（《新语・无为》）"君子之为治也，块然若无事，寂然若无声，官府若无吏，亭落若无民，闾里不讼于巷，老幼不愁于庭。近者无所议，远者无所听。邮无夜行之卒，乡无夜召之征。犬不夜吠，鸡不夜鸣。老者息于堂，丁男耕耘于田。在朝者忠于君，在家者孝于亲。"（《新语・至德》）而高祖刘邦早在入关之初，就曾约法三章。

(《史记·高祖本纪》)与民休息、无为而治成为汉室的基本选择，著名的萧规曹随，无疑是这一时代政治特点的突出表现。其实，不仅是曹参，汉初的名臣陈平、汲黯等均以无为作为治理社会的基本方式。以黄老的无为作为社会统治的手段，是时代的选择，它在汉初的政治实践中成为一种共识和习惯，所以，从这个角度出发，也就很容易理解窦太后为什么要求宗室和窦姓都必须得学黄老。“窦太后好黄帝、老子言，景帝及诸窦不得不读《老子》，尊其术。”(《新语·至德》)时代需要清静无为，而黄老之学，则正是以清静、无为作为其基本的思想内核，这样，黄老之学在汉初的盛行，也就是情理之中的事情。

根据司马谈《论六家要旨》的总结：“其为术也，因阴阳之大顺，采儒墨之善，撮名法之要，与时迁移，应物变化，立俗施事，无所不宜，指约而易操，事少而功多。”(《史记·太史公自序》)而王充则更是简明扼要地指出恬淡、无为是黄老之学的根本旨趣：“贤之纯者，黄老是也。黄者，黄帝也；老者，老子也。黄老之操，身中恬淡，其治无为。”(《论衡·自然》)从这两段论述中，我们当可以对黄老之学有一个比较概括的认识，首先，黄老之学乃是综合儒、墨、名、法、阴阳诸家之精华的产物，换而言之，它是在道家的基础上融合了其他诸子百家的观念；其次，黄老之学是一种统治术，这种统治术的主旨强调清静无为；其三，黄老学作为一种统治术，从实效上来说，具有与时俱进的特点与事半功倍的效果。这种效果，自然是经过汉初政治实践检验的，汉室由高祖开始，经惠帝、文帝、景帝，皆一贯地坚持实行黄老无为而治的统治策略，六十余年的积累，终究成就了历史上著名的“文景之治”，社会终于摆脱了弊破的境地，呈现出繁荣的景象。

汉初的政治实践表明了黄老道家的观念在应对社会凋敝时所具有的积极意义，这无疑也表明思想观念之于现实社会层面的重要影响。可以说，黄老与汉初的政治处于一种良性的互动之中，黄老带来了政治的效验，而政治也促成了黄老之学的鼎盛。虽然黄老之学最早产生于战国末期，但是它真正带来影响的，无疑是在秦汉之际。

二　《黄老帛书》

若就黄老之学的经典著作而言，当推《黄帝书》和《老子》，依班固《汉书·艺文志》，秦汉之际以黄老而名书者不在少数，其中以《黄帝四经》最为著名。"汉时诸子道书之流，有三十七家，大旨皆去健羡，处冲虚而已。其《黄帝》四篇，《老子》二篇，最得深旨。"(《隋书·经籍志》)但是汉以后，该书即已亡佚。1973年12月，在湖南长沙马王堆三号汉墓中，出土了大批帛书，其中有帛书《老子》甲、乙本，而乙本卷前的《经法》《十六经》《称》《道原》引起了学界的极大关注，后经唐兰先生的考证，确定此四篇即为《汉书·艺文志》中所说的《黄帝四经》(唐兰:《黄帝四经初探》)。不过，我们认为这四篇帛书既然是与老子合卷，且年代久远，很多问题恐一时难以定论，故称《黄老帛书》为宜。目前对于《黄老帛书》的作者尚有争论，但是，视其为流行于西汉初年，代表汉初黄老基本思想倾向，当无问题。

《黄老帛书》继承《老子》的基本观念，同时又融合刑名法术、阴阳术数及兵家的观念，表现出以道家思想为主兼综诸家的基本特点。其对于道家基本观念的继承，主要表现在其基本的思维方法和天道观方面。在思维方法上，《老子》非常重视"反者道之动"(《老子》第四十章)，强调于相反相成的对立运动之中，去体认现实存在的根本。《黄老帛书》同样非常重视对相反相成这一基本方法的应用，"凡论必以阴阳明大义"(《称》)，阴阳或者说对立，是这个世界存在的基本事实，阴阳、牝牡、左右等等这些相对的事物构成了我们生活的基本状态，"阴阳备物，化变乃成"(《十六经·果童》)，"两相养，时相成"(《十六经·姓争》)，事物的存在与变化都是相反相成的，而且，都是循环往复的。“极而反，盛而衰，天地之道也。”（《经法·四度》）从这个角度出发，《黄老帛书》同样吸收了《老子》柔弱胜刚强的基本观念：“先而不凶者，是恒备雌节存也；后而不吉者，是恒备雄节存也。先亦不凶，后亦不凶，是恒备雌节存也。”（《十六经·雌雄节》）从对雌雄节的论述中，我们同样可以看到《老子》的思维方式在其间所产生的影响。

当然，《黄老帛书》受《老子》最为根本的影响还是在于其对于天道观的阐述。在中国哲学史上，《老子》第一次以思辨哲学的方法讨论了“道”，并以之作为其整个思想体系的基础，这对后世道家哲学的发展有着根本的影响。《黄老帛书》作为道家理论的发展，毫无疑问坚持了道家思想这一基本的理论特点。在《黄老帛书》四篇中，都讨论到了道的问题，可见其对于作为思想基石的道的观念的重视程度。在《道原》的开篇，对于道的讨论相当系统和深入：“恒先之初，迵同太虚。虚同为一，恒一而止。湿湿梦梦，未有明晦。神微周盈，精静不熙。古未有以。万物莫以。古无有刑（形），太迵无名。天弗能复（覆），地弗能载。小以成小，大以成大。盈四海之内，又包其外。在阴不腐，在阳不焦。一度不变，能适规（蚑）侥（蛲）。鸟得而蜚（飞），鱼得而流（游），兽得而走。万物得之以生，百事得之以成。人皆以之，莫知其名。人皆用之，莫见其刑（形）。一者其号也。虚其舍也，无为其素也，和其用也。是故上道高而不可察也，深而不可则（测）也。显明弗能为名，广大弗能为刑（形），独立不偶，万物莫之能令。”（《道原》）从这段描述来看，作为本体的“道”是无形无名的一，是万有赖以存在之根本，它是超越时空的永恒存在。就其作用而言，“和”是它的基本作用方式，无为是它的本质，它遍在于一切事物之中，并成就世间一切万有。道既然为万有存在之根据，人作为万有之一，自然也不例外。“道者，神明之原也。神明者，处于度之内而见于度之外者也。处于度之内者，不言而信。”（《经法·名理》）

对于《黄老帛书》来说，对于道的理论性诠释并不是其根本意图所在，黄老之学希望通过对道的阐释以达到对于现实的治理。换句话说，道的这种根本性、超越性必然是要落实在现实的人事上的，尤其是要落在现实的社会政治之上的。在《老子》那里，这就是无为而治的方式。而《黄老帛书》通过系统论述“道”之后，认为这样的“道”不仅只是天道而已，同样也是人道的表现，或者说，人类社会同样是遵循着天道的基本规范。“极而反，盛而衰，天地之道也，人之理也。”（《经法·四度》）因此，对于人类社会来说，应该顺应天道的要求，“顺则生，理则成，逆则死”（《经法·论约》）。所以，治理天下应当是执道而行。“故执道者之观于天下也，无执也，无处也，无为也，无私也。”（《经法·道法》）也就是无为而治，这是最为根本的要求。但是，在此前提之下，《黄老帛书》将刑名和法治的观念引入了具体的统治术中，认为刑名和法治，都是以道治国的内在要求。法是直接产生于道的：“道生法。法者，引得失以绳，而明曲直者也。故执道者，生法而弗敢犯也，法立而弗敢废也。夫能自引以绳，然后见知天下而不惑矣。”（《经法·道法》）法是从天道而来。法，是判断对错得失的准绳，明辨是非曲直的标准。所以执道者，制定出法律而自己不敢违犯法律，法律建立起来而自己不敢废置法律不用。同时，能够自觉地引用法律为准绳，然后就能明白天下之事而不迷惑。既然法是源于道的，那么，它自然应当成为人间一切具体行为的衡量标准：“是非有分，以法断之；虚静谨听，以法为符。审察名理冬（终）始，是胃（谓）究理。”（《经法·名理》）对于法律的实施来说，必须要做到公平无私，这样才能真正达到社会治理之目的。“精公无私而赏罚信，所以治也。”（《经法·君正》）刑名，同样也是无为而治的内在要求：“虚无有，秋毫成之，必有形名。形名立，则黑白之分矣……是故天下有事，无不自为形名声号矣。形名已立，声号已建，则无所逃迹匿正矣”。（《经法·道法》）刑名即为形名，指的是治理社会所需要的各种制度规范、标准，唯其如此，才能够真正对社会具有约束和导向的作用。“名正则治，名倚则乱”（《十六经·行守》），这样的观念实际上是对于名实关系的重视，强调循名责实。此外，《黄老帛书》融合阴阳家之观念，强调在现实政治中刑德并用、以德为先，“春夏为德，秋冬为刑，先德后刑以养生”（《十六经·观》）。“天德皇皇，非刑不行。谬［穆］缪天刑，非德必顷。刑德相养，逆顺若成。刑晦而德明，刑阴而德阳，刑微而德章（彰）。其明者以为法，而微道是行。”（《十六经·姓争》）而修养生息之政策，实际上与刑德并用、先德后刑的观念有着密切的关系。

三 《吕氏春秋》与《淮南子》的政治努力

我们说黄老是汉初的统治形态，或者说主流的价值观念，这并不意味着黄老只是在汉初才出现的，其实在战国之际，特别是在稷下学宫时期，黄老之说便开始产生。黄老之说之所以会出现，实际上是出于以道家思想与现实政治相结合的结果，即将道家的基本观念应用于现实的政治，这是道家思想在新的时代背景下的发展。犹如荀子和董仲舒对于儒学的改造一样，为了适应道家的现实政治化，就必须对于老庄道家的基本观念加以现实化的改造，最简单的、有效的改造形式，就是对于现存的刑名法术的容纳，以增强其在现实统治方面的实际效果。这样的努力，在《吕氏春秋》中就已经明显地表现了出来。

《吕氏春秋》，可以说是在先秦诸多作品之中唯一标明写作时间的，虽然对这个时间学界也是有争议的，但是相比其他作品而言，它的年代还是相对可以确认的。另外一点需要指出的是，《吕氏春秋》通常都被视为杂家的作品，刘向的《六艺略》和班固的《汉书·艺文志》均是这样去定位的，这也是主导的观念。其原因即在于该书论述驳杂，涉及儒、墨、名、法、道等诸家观念，似无一主导的思想形态，所以称为杂家。吕不韦之编《吕氏春秋》明显是有其政治意图和设想的，虽然此书是经众手凑合而成的，但是作为主导者，吕不韦的基本观念无疑是显现在其间的。而对于吕不韦来说，其编写此书最大的用意即在于为即将统一的秦政权提供一种思想的基础，而这种思想基础，无疑是建立在黄老道家的基础之上的。所以，从这个意义上来说，《吕氏春秋》同样是黄老道家的一种政治努力的体现，它不可能像通常所说的那样只是一杂家，没有其思想主旨。高诱在《吕氏春秋序》中非常明确地指出，“然此书所尚，以道德为标的，以无为为纲纪，以忠义为品式，以公方为检格，与孟轲、孙卿、淮南、扬雄相表里也。”“以道德为标的，以无为为纲纪”这一断语明显地表明了其道家思想的归属，而且这种道家是适用于现实统治需要的，所以“以忠义为品式，以公方为检格”，即对于刑名法术之学，亦有很好地融合，唯有如此，才能真正实现道家对于现实政治的效用。

《吕氏春秋》的论述根基同样在于“道”，而这个“道”明显受到了稷下学派的“精气”说的影响，认为宇宙间的一切都是由“太一”派生出来的，由阴阳二气变化而成的。“太一”即是“道”，它是没有形状的“至精”的“气”，即“精气”。万物是由精气所构成的，精气一上一下的运动形成了“天道”循环往复的运动，由此，天地万物均是出于循环往复的运动之中的。由天地万物之运作之中，我们自然可以体认到无为而又无不为之道，因此，“天曰顺，顺维生。地曰固，固维宁。人曰信，信维听。三者咸当，无为而行。行也者，行其理也。”(《序意》)这表明从道的角度出发，对于现实的人事行为最为基本的要求是顺从天道，即无为而行，这也成为对于一切人事的最为基本的要求，因为这本身就是天道的运作的体现，天道是无为的，所以，人道也应该是无为的。所以，对于无为而治的基本设定，也是《吕氏春秋》政治建构的基础。但是，与先秦道家不同的是，《吕氏春秋》的政治设定，在无为而治的基本原则下，引入了儒家、法家、墨家、阴阳家的基本观念。比如，它认为儒家的仁义教化，是治国不可缺少的，“天下及国，莫若以德，莫若行义”。(《上德》)“古之君民者，仁义以治之，爱利以安之，忠信以导之。”(《适威》)

它又认为儒家的“乐”是“天地之和，阴阳之调也”。(《大乐》)“孝”是“三皇五帝之本务，而万事之纪也”。(《行孝览》)还认为儒家的“举贤”，是治国治天下的“良医”；如果人君不知“疾求”，“岂不过哉”(《察贤》)。《吕氏春秋》选择儒家的这些思想，并不是出于吕氏个人的嗜好，而是服从于时代的需要。《吕氏春秋》采用仁义教化，是为了纠正法家的严酷；重视孝道，是为了卫护以宗法家长制为基础的封建经济；提倡举贤，是为了反对贵族世袭政治。对于法家，它认为“治国无法则乱”，即法令度量是不可废置的。但它反对以“常法”治国，主张因势而变更法令度量。如果对法一成不变，那就要“悖乱不可以持国”(《察今》)。它还大胆地批评了法家的严刑重罚，认为刑罚必须以信、义节制之，即“赏罚信乎民，何事而不成”。(《慎小》)赏罚与信义结合，是文武并用。所以它又说：“凡用民，太上以仁义，其次以赏罚”(《用民》)；“文武有常，圣人之元也”(《召类》)。另外，它又把道家的“无为”与法家的人主之术相结合，说“古之善为君者，劳于论人而佚于官事”。对于墨家，《吕氏春秋》反对其“非乐”，但取其“节葬”的思想；不同意其“兼爱”，但同意其“尚贤”的思想；不赞成它“非攻”，而主张实行“义兵”。而对于阴阳家，则基本上完全采纳了其论述的框架，成为自己讨论的基础，这也使得在一定程度上，有些学者将《吕氏春秋》视为阴阳家的作品。

《吕氏春秋》的努力从最后的结果来说是没有成功的，因为秦所采纳的是法家之术。但是，即便如此，吕不韦在这里所做的努力还是应该肯定的。同样，《吕氏春秋》的编纂虽然有这样那样的可以非议的地方，但是，其贡献依然是有目共睹的。首先，《吕氏春秋》中所表现出来的包容百家的胸襟值得我们去肯定。这也在某种意义上对先秦诸子进行了一次大融合。其次，经过吕不韦的整理，我们得以看到很多保留下来的先秦资料，比如阴阳家的很多论说，虽然在历史的长河中很多记载都不见了，但是，经由《吕氏春秋》，保存下了大量的先秦资料。所以撇开实际的政治效用，《吕氏春秋》的价值同样是值得肯定的。

《淮南子》是继《吕氏春秋》之后，黄老道家对于现实政治理论构建的又一次努力。《淮南子》原名《淮南鸿烈》，是汉初宗室淮南王刘安组织门客苏飞、李尚、伍被等八公及诸儒大山、小山之徒（高诱《淮南鸿烈解序》），共同编撰而成，《汉书》称刘安“招致宾客方术之士数千人，作《内篇》二十一篇，《外书》甚众，又为《中篇》八卷，言神仙黄白之术，亦二十余万言”（《汉书·淮南厉王刘长传》），可见此书规模之宏大。《汉书·艺文志》载《淮南内》二十一篇，《淮南外》三十三篇，今通行本《淮南子》二十一篇，东汉有高诱、许慎的注本，近代有刘文典《淮南鸿烈集解》。

《淮南子》一书的编撰与当时黄老之学盛行之背景有着密切的关系，它是汉初黄老学的集大成之作。因其所涉及内容之广泛，通常是以杂家称之。然高诱却明白地指出了该书的基本倾向乃是道家：“其旨近《老子》。澹泊无为，蹈虚守静，出入经道。言其大也，则焘天载地。说其细也，则沦于无垠。及古今治乱存亡祸福，世间诡异瑰奇之事。其义著，其文富，物事之类，无所不载，然其大较，归之于道。”（高诱《淮南鸿烈解序》）所以，从这个角度来说，《淮南子》是以道家思想为纲，兼摄儒、墨、阴阳、名、法等诸家，将道家的观念融入到了对于现实事务的处理和把握之中，这与作为全书总纲性质的《要略》里面的说法也是符合的：“言道不言事，则无以与世沉浮。言事不言道，则无以与化游息。”因此，《淮南子》的写作必须要符合“纲纪道德，经纬人事，上考之天，下揆之地”。这样的一种理论的旨趣和抱负，很明显与刘安作为宗室的政治立场以及黄老之学盛行的背景有密切的关系。所以，在《要略》中，作者明确地把《淮南子》称为“刘氏之书”，其政治抱负也是显而易见的。“若刘氏之书，观天地之象，通古今之事，权事而立制，度形而施宜。原道之心，合三王之风，以储与扈冶。玄眇之中，精摇靡览，弃其畛挈，斟其淑静，以统天下。理万物，应变化，通殊类，非循一迹之路，守一隅之指，拘系牵连之物，而不与世推移也。”（以上均见《淮南子·要略》）故《淮南子》的政治意图非常明显，这也可以从刘安的实际行动中看出，刘安在撰成之后，即将此书献给了汉武帝。

作为道家思想的继承、黄老学的集大成之作，《淮南子》中对于作为最高存在的“道”有着非常详尽的呈现，诸如《原道训》《俶真训》《精神训》《天文训》等等都有很多涉及，总体来说，《淮南子》对于道的认识基本上沿袭了黄老道家的一贯立场，即在坚持先秦道家的基本阐述的同时，吸纳了阴阳家对于宇宙描述的基本框式。“道始于虚廓，虚廓生宇宙，宇宙生气，气有涯垠，清阳者薄靡而为天，重浊者凝滞而为地。”“天地以设，分而为阴阳，阳生于阴，阴生于阳，阴阳相错，四维万通，或生或死，万物乃成。”（《淮南子·天文训》）从这两段论述当中，我们可以很清楚地看到道与天地万物之化生的关系，道生宇宙。《淮南子》首次对宇宙进行了哲学的阐释。“往来古今谓之宙，四方上下谓之宇，道在其间，而莫知其所。”（《淮南子·齐俗训》）宇宙生气，气有阴阳而生天地万物，当然，这是从宇宙生成论的角度来讨论道的。在《淮南子》中，同样也有本体论的论说形式，在本体论的角度，道被视为一，而成为万有之根据。“道者，一立而万物生矣。”（《淮南子·原道训》）“一也者，万物之本也，无敌之道也。”（《淮南子·诠言训》）

作为黄老学的代表之作，《淮南子》对于道家无为而治的观念的阐释也随处可见，在《主术训》中，对这种清静无为的治术进行了深入的剖析：“人主之术：处无为之事，而循行不言之教，清静而不动，一度而不摇，因循而任下，责成而不劳。是故心知规而师傅谕导，口能言而行人称辞，足能行而相者先导，耳能听而执正进谏。是故虑无失策，谋无过事；言为文章，行为仪表于天下；进退应时，动静循理；不为丑美好憎，不为赏罚喜怒；名各自名，类各自类，事犹自然，莫出于己。”这种因任自然的方式才是真正的清静无为的治理国家的方法，也是最佳的治国之术。若要深究这种治国之术的基本方式，在《淮南子》看来，非“虚心弱志”和“俭约率下”莫属。“夫人主之听治也，清明而不暗，虚心而弱志，是故群臣辐凑并进，无愚智贤不肖莫不尽其能。于是乃始陈其礼，建以为基，是乘众势以为车，御众智以为马，虽幽野险涂，则无由惑矣。”“君人之道，处静以修身，俭约以率下。静则下不扰矣，俭则民不怨矣。”所以，毫无疑问，清静无为的黄老治术是最佳的治理国家的方式。“清静无为，则天与之时；廉俭守节，则地生之财；处愚称德，则圣人为之谋。是故下者万物归之，虚者天下遗之。”从这些论述中，我们很清楚地可以看到无为政治和与民休息的政策的影子，在某种意义上，我们可以说它是对汉初以来黄老政治实践的总结和发挥。《淮南子》同样强调法在现实政治中的重要性：“法者，天下之度量，而人主之准绳也。县法者，法不法也。设赏者，赏当赏也。法定之后，中程者赏，缺绳者诛；尊贵者不轻其罚，而卑贱者不重其刑。犯法者虽贤必诛，中度者虽不肖必无罪；是故公道通而私道塞矣。”以法来明赏罚，从而达到社会公平，这对于现实政治来说具有非常重要的可操作性的意义。但是，《淮南子》同样认为，法并不是最为重要的东西，法之外，还需要特别强调义。“府吏守法，君子制义，法而无义，亦府吏也，不足以为政。”有义然后可以说为政，这表明《淮南子》对于君子或者说对于政治有着儒家式的要求，受到了儒家观念的影响。儒家观念在《淮南子》中的表达，譬如对于人才的选拔强调各任其才：“贤主之用人也，犹巧工之制木也，大者以为舟航柱梁，小者以为楫楔，修者以为榈榱，短者以为朱儒枅护。无小大修短，各得其所宜；规矩方圆，各有所施。”（以上均见《淮南子·主术训》）对于君民的关系，强调以民为本。“为治之本，务在安民。安民之本，在于足用。足用之本，在于勿夺时。勿夺时之本，在于省事。省事之本，在于节欲。节欲之本，在于返性。”（《淮南子·诠言训》）虽然，《淮南子》在具体的治术的讨论中兼摄法家和儒家的观念，但是，对于《淮南子》来说，最佳的统治形式无疑还是道家式的清静无为。“太上神化，其次使不得为非，其次赏贤而罚暴。”“神化”的方式即是以清静无为、因任自然的方式来达到教化百姓之目的，这是最高的、最为理想化的统治方式。“故圣人事省而易治，求寡而易澹，不施而仁，不言而信，不求而得，不为而成，块然保真，抱德推诚，天下从之，如响之应声，景之像形，其所修者本也。刑罚不足以移风，杀戮不足以禁奸，唯神化为贵，至精为神。”（以上均见《淮南子·主术训》）

当然，刘安通过编撰《淮南子》而达到“总万方之指，而归于一本”（《淮南子·要略》）的目的，以及他所希望的“神化”的政治实践，均未能在历史上被真实地呈现出来，因为《淮南子》最终被汉武帝束之高阁，而汉武帝本人选择了儒家。

四 黄老道家的历史命运

一种哲学形态，它要成为政治哲学，就必须要响应社会政治的现实问题。从黄老之学的具体演变来说，我们可以很清楚地看到这种积极响应的努力。这一点在战国晚期表现得非常明显，当阴阳家、法家、墨家、名家、儒家等等的观念被不断地吸纳进入道家思想体系，从而成为他们解决现实问题的具体方略，当道家的人物不断地出现在现实的政治舞台上，这一切都表明了黄老道家之作为政治哲学的努力。在汉初六十余年的时间里，黄老道家也确实赢得了政治哲学的基本地位，以社会发展繁荣的事实，无可置疑地表明了其对于现实社会治理的价值所在。期间，其政治哲学的理论也在不断地完善，《黄老帛书》《淮南子》等，都是一种非常积极的理论建构。

但是，在汉武帝亲政之后不久，作为政治哲学的黄老之学退出了政治实践的核心，被经过董仲舒改造而成的儒家哲学所取代。我们不能说这一取代的过程是偶然的，虽然在某些面向它确实表现出偶然性，但是，此后延及两千多年的儒家一尊的事实，却绝非偶然可以概括。这里就必须要看到哲学观念的差异性和由此以来所导致的应对社会存在的差异性。道家哲学原本所指向的乃是个体精神的提升与超越，强调的是一种超越现实存在的永恒价值，用庄子的话来说，就是“独与天地精神往来”（《庄子・天下篇》），就是逍遥游。可是，作为一种政治哲学，它就必须处理现实的社会问题，提出诸种解决之方式，换而言之，这个时候它必须又是面向社会的当下存在，并且是深入其里的。毋庸置言，两者之间确实是存在着距离的。反之，儒家哲学原本就没有这方面的问题。再加上至汉武帝时代，社会民生已非汉初之凋敝，故一味地清静无为、修养生息，自然也难以满足现实的需求。在这样的状态下，黄老之学被取代也就成了情理之中的事情。

作为政治哲学的黄老之学就此离开了政治舞台，但这并不表明黄老之学对于现实的政治毫无意义，至少，在历史上的特定时期它已然证明了自身的价值。同样，这也不表明黄老之学从此在中国思想领域中被抹去了。东汉末期，黄老思想与神仙信仰的结合，导致了道教的产生，此后，黄老之学作为宗教哲学而继续发挥着其对中国传统社会的影响。

五　文献选读

（一）道法

道生法。法者，引得失以绳，而明曲直者也。故执道者，生法而弗敢犯也，法立而弗敢废也。故能自引以绳，然后见知天下而不惑矣。

虚无形，其裻冥冥，万物之所从生。生有害，曰欲，曰不知足。生必动，动有害，曰不时，曰时而背。动有事，事有害，曰逆，曰不称，不知所为用。事必有言，言有害，曰不信，曰不知畏人，曰自诬[1]，曰虚夸，以不足为有余。

① 言而不能行谓之“诬”。

故同出冥冥，或以死，或以生；或以败，或以成。祸福同道，莫知其所从生。见知之道，唯虚无有。虚无有，秋毫成之，必有形名。形名立，则黑白之分已。故执道者之观于天下也，无执也，无处也，无为也，无私也。是故天下有事，无不自为形名声号矣。形名已立，声号已建，则无所逃迹匿正矣。

公者明，至明者有功。至正者静，至静者圣。无私者智，至智者为天下稽[①]。

称以权衡，参以天当[②]，天下有事，必有巧[③]验。事如直木，多如仓粟。斗石已具，尺寸已陈，则无所逃其神。故曰：度量已具，则治而制之矣。

绝而复属，亡而复存，孰知其神。死而复生，以祸为福，孰知其极。反索之无形，故知祸福之所从生。

应化之道，平衡而止。轻重不称，是谓失道。天地有恒常，万民有恒事，贵贱有恒位，畜臣有恒道，使民有恒度。天地之恒常，四时、晦明、生杀、柔刚。万民之恒事，男农、女工。贵贱之恒位，贤不肖不相放。畜臣之恒道，任能毋过其所长。使民之恒度，去私而立公。

变恒过度，以奇相御。正奇有立，而名形弗去。凡事无小大，物自为舍。逆顺死生，物自为名。名形已定，物自为正。

故唯执道者能上明于天之反，而中达君臣之半，密察于万物之所终始，而弗为主。故能至素至精，浩弥无形，然后可以为天下正。(《黄老帛书》)

（二）国次

国失其次，则社稷大匡。夺而无予，国不遂亡。不尽天极，衰者复昌。诛禁不当，反受其殃。禁伐当罪当亡，必虚其国。兼之而勿擅，是谓天功。

① 稽，通“楷”，法则、标准。
② 天当，自然恰当。
③ 巧，当为“考”，形近而误。

天地无私，四时不息。天地立，圣人故载。

过极失当，天将降殃。人强胜天，慎避勿当。天反胜人，因与俱行。先屈后伸，必尽天极，而毋擅天功。兼人之国，修其国郭，处其廊庙，听其钟鼓，利其资财，妻其子女，是谓重逆以荒，国危破亡。故唯圣人能尽天极，能用天当。

天地之道，不过三功[①]。功成而不止，身危有殃。故圣人之伐也，兼人之国，堕其城郭，焚其钟鼓，布其资财，散其子女，裂其地土，以封贤者。是谓天功。功成不废，后不逢殃。

毋阳窃，毋阴窃，毋土敝[②]，毋故执，毋党别。阳窃者天夺其光，阴窃者土地荒，土敝者天加之以兵，人执者流之四方，党别者外内相攻。阳窃者疾，阴窃者饥，土敝者亡地，人执者失民，党别者乱，此谓五逆。五逆皆成，乱天之经，逆地之纲，变故乱常，擅制更爽，心欲是行，身危有殃。是谓过极失当。（《黄老帛书》）

（三）君正

一年从其俗，二年用其德，三年而民有得，四年而发号令，五年而以刑正，六年而民畏敬，七年而可以正。一年从其俗，则知民则。二年用其德，则民力。三年无赋敛，则民有得。四年发号令，则民畏敬。五年以刑正，则民不幸。六年民畏敬，则知刑罚。七年而可以正，则胜强敌。俗者，顺民心也。德者，爱勉之也。有得者，发禁弛关市之正也。号令者，连为什伍，选练贤不肖有别也。以刑正者，罪杀不赦也。畏敬者，民不犯刑罚也。可以正者，民死节也。

若号令发，必厩而上九，壹道同心，上下不□，民无它志，然后可以守战

① 三功，指春、夏、秋三季农作物的生长和成熟。
② 土敝，指土地使用过度，地方遭到破坏。

矣。号令发必行，俗也。男女劝勉，爱也。动之静之，民无不听，时也。受赏无德，受罪无怨，当也。贵贱有别，贤不肖衰也。衣备不相逾，贵贱等也。国无盗贼，诈伪不生，民无邪心，衣食足而刑罚必也。以有余守，不可拔也；以不足攻，反自伐也。

天有死生之时，国有死生之正。因天之生也以养生，谓之文；因天之杀也以伐死，谓之武：文武并行，则天下从矣。

人之本在地，地之本在宜，宜之生在时，时之用在民，民之用在力，力之用在节。知地宜，须时而树，节民力以使，则财生，赋敛有度则民富，民富则有佴，有佴则号令成俗而刑伐不犯，号令成俗而刑伐不犯则守固战胜之道也。

法度者，正之至也。而以法度治者，不可乱也。而生法度者，不可乱也。精公①无私而赏罚信，所以治也。省苛事，节赋敛，毋夺民时，治之安。无父之行，不得子之用；无母之德，不能尽民之力。父母之行备，则天地之德也。三者②备，则事得矣。能收天下豪杰骠雄，则守御之备具矣。审于行文武之道，则天下宾矣。号令合于民心，则民听令；兼爱无私，则民亲上。(《黄老帛书》)

(四)六分

观国者观主，观家者观父。能为国则能为主，能为家则能为父。

凡观国，有六逆：其子父，其臣主，虽强大不王。其谋臣在外位者，其国不安，其主不悟，则社稷残。其主失位则国无本，臣不失处则下有根，国忧而存；主失位则国荒，臣失处则令不行，此之谓颓国。主暴则生杀不当，臣乱则

① 精公，至公、大公的意思。
② 三者，即天、地、父母。

贤不肖并立，此谓危国。主两则失其明，男女争威，国有乱兵，此谓亡国。

嫡子父，命曰上怫，群臣离志。大臣主，命曰雍塞：在强国削，在中国破，在小国亡。主失位，臣不失处，命曰外根，将与祸邻：在强国忧，在中国危，在小国削。主失位，臣失处，命曰无本，上下无根，国将大损：在强国破，在中国亡，在小国灭。主暴臣乱，命曰大荒，外戎内戎，天将降殃：国无大小，有者灭亡。主两，男女分威，命曰大麋，国中有师：在强国破，在中国亡，在小国灭。

凡观国，有六顺：主不失其位则国有本，臣失其处则下无根，国忧而存。主惠臣忠者，其国安。主主臣臣，上下不斥者，其国强。主执度，臣循理者，其国霸昌。主得位臣辐属者，王。

六顺六逆乃存亡兴坏之分也。主上执六分以生杀，以赏罚，以必伐。天下太平，正以明德，参之于天地，而兼覆载而无私也，故王天下。王天下者之道，有天焉，有地焉，有人焉，三者参用之，然后而有天下矣。为人主，南面而立。臣肃敬，不敢蔽其主。下比顺，不敢蔽其上。万民和辑而乐为其主上用，地广人众兵强，天下无敌。

文德究于轻细，武刃于当罪，王之本也。然而不知王术，不王天下。知王术者，驱骋驰猎而不禽荒，饮食喜乐而不湎康，玩好嬛好而不惑心，俱与天下用兵，费少而有功，战胜而令行。故福生于内，则国富而民昌。圣人其留，天下其与。不知王术者，驱骋驰猎则禽荒，饮食喜乐而湎康，玩好嬛好则惑心，俱与天下用兵，费多而无功，战胜而令不行。故福失于内，财去而仓廪空虚，与天相逆，则国贫而民荒。至圣之人弗留，天下弗与。如此而又不能重士而师有道，则国人之国矣。

王天下者有玄德，有玄德独知王术，故而王天下而天下莫知其所以。王天下者，轻县国而重士，故国重而身安；贱财而贵有知，故功德而财生；贱身而贵有道，故身贵而令行。故王天下者，天下则之。霸王积甲士而征不备，诛禁当罪而不私其利，故令天下而莫敢不听。自此以下，兵战力争，危亡无日，而莫知其所从来。夫言霸王，其无私也，唯王者能兼覆载天下，物曲成焉。(《黄老帛书》)

（五）四度

君臣易位谓之逆，贤不肖并立谓之乱，动静不时谓之逆，生杀不当谓之暴。逆则失本，乱则失职，逆则失天，暴则失人。失本则损，失职则侵，失天则饥，失人则疾。周迁动作，天为之稽。天道不远，入与处，出与反。

君臣当位谓之静，贤不肖当位谓之正，动静参于天地谓之文，诛禁时当谓之武。静则安，正则治，文则明，武则强。安则得本，治则得人，明则得天，强则威行。参于天地，合于民心。文武并立，命之曰上同。

审知四度，可以定天下，可安一国。顺治其内，逆用于外，功成而伤。逆治其内，顺用于外，功成而亡。内外皆逆，是谓重殃，身危为戮，国危破亡。内外皆顺，功成而不废，后不逢殃。

声华实寡者，庸也。顺者，动也。正者，事之根也。执道循理，必从本始，顺为经纪。禁伐当罪，必中天理。背约则窘，达刑则伤。背逆合当，为若有事，虽无成功，亦无天殃。(达、逆，疑为同一字)

毋止生以死，毋御死以生，毋为虚声。声溢于实，是谓灭名。极阳以杀，极阴以生，是谓逆阴阳之命。极阳杀于外，极阴生于内。已逆阴阳，又逆其位，大则国亡，小则身受其殃。故因阳伐死，因阴建生。当者有数，极而反，盛而衰：天地之道也，人之理也。逆顺同道而异理，审知逆顺，是谓道纪。以强下弱，何国不克；以贵下贱，何人不得；以贤下不肖，何事不治。

规之内曰圆，矩之内曰方，悬之下曰正，水之上曰平；尺寸之度曰大小短长，权衡之称曰轻重不爽，斗石之量曰少多有数，绳墨之立曰曲直有度。

八度者，用之稽也。日月星辰之期，四时之度，动静之立，外内之处，天之稽也。高下不蔽其形，美恶不匿其情，地之稽也。君臣不失其位，士不失其处，任能毋过其所长，去私而立公，人之稽也。美恶有名，逆顺有形，情伪有实，王公执之以为天下正。

因天时，伐天悔，谓之武。武刃而以文随其后，则有成功矣，用二文一武者王。其主道，离人理，处狂惑之位，处而不悟，身必有戮。柔弱者无罪而几，不及而趯，是谓柔弱。刚正而强者临罪而不究。名功相抱，是故长久。名功不相抱，名进实退，是谓失道，其卒必有身咎。黄金珠玉藏积，怨之本也。女乐玩好燔材，乱之基也。守怨之本，养乱之基，虽有圣人，不能为谋。（《黄老帛书》）

（六）论

人主者，天地之稽也，号令之所出也，司民之命也。不天天则失其神，不重地则失其根，不顺四时之度而民疾。不处外内之位，不应动静之化，则事窘于内而举窘于外。八正皆失，与天地离。天天则得其神，重地则得其根。顺四时之度而民不有疾。处外内之位，应动静之化，则事得于内而举得于外。八正不失，则与天地总矣。

天执一，明三，定二，建八正，行七法，然后施于四极，而四极之中无不听命矣。蚑行喙息，扇飞蠕动，无不宁其心，而安其性，故而不失其常者，天执一也。天执一以明三，日信出信入，南北有极，度之稽也。月信生信死，进退有长，数之稽也。列星有数，而不失其行，信之稽也。天明三以定二，则壹晦壹明，壹阴壹阳，壹短壹长。天定二以建八正，则四时有度，动静有立，而外内有处。天建八正以行七法：明以正者，天之道也；适者，天度也；信者，天之期也；极而反者，天之性也；必者，天之命也；顺正者，天之稽也；

有常者，天之所以为物命也：此之谓七法。

七法各当其名，谓之物。物各合于道者，谓之理。理之所在，谓之顺。物有不合于道者，谓之失理。失理之所在，谓之逆。逆顺各有命也，则存亡兴坏可知也。

强生威，威生惠，惠生正，正生静。静则平，平则宁，宁则素，素则精，精则神。至神之极，见知不惑。帝王者，执此道也。是以守天地之极，与天俱见，尽施于四极之中，执六柄以令天下，审三名以为万事稽，察逆顺以观于霸王危亡之理，知虚实动静之所为，达于名实相应，尽知情伪而不惑，然后帝王之道成。

六柄：一曰观，二曰论，三曰动，四曰专，五曰变，六曰化。观则知死生之国，论则知存亡兴坏之所在，动则能破强兴弱，专则不失是非之分，变则伐死养生，化则能明德除害。六柄备则王矣。

三名：一曰正名立而偃，二曰倚名法而乱，三曰无名而强主灭：三名察则事有应矣。

动静不时，种树失地之宜，则天地之道逆矣。臣不亲其主，下不亲其上，百族不亲其事，则内理逆矣。逆之所在，谓之死国，死国伐之。反此之谓顺，顺之所在，谓之生国，生国养之。逆顺有理，则情伪密矣。实者示人虚，不足者示人有余。以其有事，起之则天下听；以其无事，安之则天下静。名实相应则定，名实不相应则争。名自命也，物自正也，事之定也。三名察则尽知情伪而不惑矣。有国将昌，当罪先亡。(《黄老帛书》)

（七）亡论

凡犯禁绝理，天诛必至。一国而服六危者，灭；一国而服三不辜者，死；废令者，亡；一国而服三壅者，亡地更君；一国之君而服三凶者，祸反自及也。上溢者死，下溢者刑。德薄而功厚者隳，名禁而不匡（救）者死。抹利，襦传，达刑，为乱首，为怨媒：此五者，祸皆反自及也。守国而恃其地险者削，用国而恃其强者弱。兴兵失理，所伐不当，天降二殃。逆节不成，是谓得天；逆节果成，天将不盈其命而重其刑。

赢极必静，动举必正。赢极而不静，是谓失天；动举而不正，是谓后命。大杀服民，戮降人，刑无罪，祸皆反自及也。所伐当罪，其福五之；所伐不当，其祸十之。国受兵而不知固守，下邪恒以地界为私者保。救人而弗能存，反为祸门，是谓危根。声华实寡，危国亡土。夏起大土功，命曰绝理。犯禁绝理，天诛必至。

六危：一曰嫡子父，二曰大臣主，三曰谋臣外其志，四曰听诸侯之废置，五曰左右比周以壅塞，六曰父兄党以拂。六危不胜，祸及于身。

三不辜：一曰妄杀贤，二曰杀服民，三曰刑无罪：此三不辜。

三壅：内位胜谓之塞，外位胜谓之拂，外内皆胜则君孤直。以此有国，守不固，战不克。此谓一壅。从中令外谓之惑，从外令中谓之贼。外内遂争，则危都国：此谓二壅。一人擅主，命曰蔽光。从中外周，此谓重壅。外内为一，国乃更。此谓三壅。

三凶：一曰好凶器，二曰行逆德，三曰纵心欲：此谓三凶。

昧天下之利，受天下之患；昧一国之利者，受一国之祸。约而背之，谓之襦传。伐当罪，见利而反，谓之达刑。上杀父兄，下走子弟，谓之乱首。外约不信，谓之怨媒。有国将亡，当罪复昌。（《黄老帛书》）

（八）论约

始于文而卒于武，天地之道也；四时有度，天地之理也；日月星辰有数，天地之纪也。三时成功，一时刑杀，天地之道也；四时而定，不爽不忒，常有法式，天地之理也；一立一废，一生一杀，四时代正，终而复始，人事之理也。逆顺是守，功溢于天，故有死刑。功不及天，退而无名；功合于天，名乃大成。人事之理也。顺则生，理则成，逆则死，失则无名。

背天之道，国乃无主。无主之国，逆顺相攻。伐本隳功，乱生国亡。为若得天、亡地、更君；不循天常，不节民力，周迁而无功。养死伐生，命曰逆成。不有人戮，必有天刑。逆节始生，慎毋戡正，彼且自抵其刑。故执道者之观于天下也，必审观事之所始起，审其形名。形名已定，逆顺有位，死生有分，存亡兴坏有处，然后参之于天地之恒道，乃定祸福死生存亡兴坏之所在。是故万举不失理，论天下无遗策。故能立天子，置三公，而天下化之：之谓有道。(《黄老帛书》)

（九）名理

道者，神明之原也。神明者，处于度之内而见于度之外者也。处于度之内者，不言而信；见于度之外者，言而不可易也。处于度之内者，静而不可移也；见于度之外者，动而不可化也。静而不移，动而不化，故曰神。神明者，见知之稽也。

有物始生，建于地而溢于天，莫见其形，大盈终天地之间而莫知其名。莫能见知，故有逆成；物乃下生，故有逆刑，祸及其身。养其所以死，伐其所以生。伐其本而离其亲，伐其与而败其根。后必乱而卒于无名。

如燔如倅，事之反也；如遥如骄，生之反也。凡物群财，超长非恒者，其死必应之。三者皆动于度之外，而欲成功者也，功必不成，祸必反自及也。

以刚为柔者活，以柔为刚者伐。重柔者吉，重刚者灭。诺者，言之符也；已者，言之绝也。已诺不信，则知大惑矣。已诺必信，则处于度之内也。

天下有事，必审其名。名理者，循名究理之所之，是必为福，非必为灾。

是非有分，以法断之；虚静谨听，以法为符。审察名理终始，是谓究理。唯公无私，见知不惑，乃知奋起。故执道者之观于天下也，见正道循理，能与曲直，能与终始。故能循名究理。形名出声，声实调和。祸灾废立，如影之随形，如响之随声，如衡之不藏重与轻。故唯执道者能虚静公正，乃见正道，乃得名理之诚。

乱积于内而称失于外者伐，亡形成于内而举失于外者灭，逆则上溢而不知止者亡。国举袭虚，其事若不成，是谓得天；其若果成，身必无名。重逆以荒，守道是行，国危有殃。两逆相攻，交相为殃，国皆危亡。(《黄老帛书》)

六 延伸阅读书目

1. 丁原明 《黄老学论纲》，济南：山东大学出版社，1997 年。

2. 王晓波 《道与法——法家思想和黄老哲学解析》，台北：国立台湾大学出版中心，2007 年。

3. 王洪图总编 《黄帝内经研究大成》，北京：北京出版社，1999 年。

4. 潘美月 《〈黄老帛书〉研究》，台北：花木兰出版社，2011 年。

5. 陈鼓应 《黄帝四经今注今译》，北京：商务印书馆，2007 年。

6. 郑国瑞 《两汉黄老思想研究》，台北：花木兰出版社，2010 年。

7. 金晟焕 《黄老道探源》，北京：中国社会科学出版社，2008 年。

8. 王葆玹 《黄老与老庄》，北京：中国人民大学出版社，2012 年。

9. 熊铁基 《秦汉新道家略论稿》，上海：上海人民出版社，1984 年。

10. 郭沫若 《十批判书·稷下黄老学派的批判》，北京：人民出版社，2012 年。

11. 张增田 《黄老治道及其实践》，广州：中山大学出版社，2005 年。

12. 陈丽桂 《战国时期黄老思想》，台北：联经出版事业公司，1991 年。

第十四讲　出土文献与先秦学术

一　出土文献概观

“出土文献”是最近十几年在学术界受到特别关注的一个热点，其特点是与“传世文献”相对举。“传世文献”是指从古时传抄递印下来的文献，一般来说就是我们今天所能见到的各种古籍，而“出土文献”指的是通过地下考古发掘得到的文献，属于考古文物的范围。“出土文献”如就广义来讲，时代跨度可以很长，甚至下及明清，但通常多偏重秦以前（或稍延到汉初）以古文字书写的材料。晚近百年以来，出土所见的大量甲骨文、金文、石片盟书、骨鉴文书、简牍、帛书、纸质文书、墓志刻石等等，都是出土文献的表现形式，在这些出土文献之中，简帛文献则是其中最为普遍的一种形式，因而，在一般的场合中，简帛文献也成为了出土文献的代名词。

简牍和帛书的发现，是近百年来我国文物考古重大发现的一个重要方面。所谓简帛，是指我国古代使用墨笔书写的有文字的竹、木简牍和绢帛的总称，因各种复杂的自然环境因素而流传至今。简帛发现的历史源远流长，据记载，在西汉初就有简帛的问世，鲁恭王时孔壁藏书，以及后来颇为盛行的民间献书之中，都有简帛文献的出现。此后，西晋武帝太康年间，汲郡人盗掘战国时的魏襄王墓，出土了竹简书籍数十车，这就是著名的《汲冢书》。汉晋间发现的简帛文献中，以古文《尚书》、《论语》、《礼记》、《孝经》、《竹书纪年》、《穆天子传》等文献最具有影响力，对于古代学术研究和学术争鸣均产生了极其深远的影响。

当然，我们今天意义上的出土文献，主要是指近代以来的考古发现。上个世纪的简帛发掘从时间上大体可划分为两个时期，约从19世纪末和20世纪初到1949年是一个历史时期，在这个时期内，一些外国考察队首先相继进入我国西北边陲，也就是汉代的河西与西域地区，开始了考古调查和所谓的探险活动，揭开了西北简牍大发现的序幕。其代表人物有瑞典人斯文赫定、贝格曼，英籍匈牙利人斯坦因，日本的大谷光瑞、桔瑞超等。20世纪初西北简帛的发现，立即引起了当时国际东方学界、考古学界、语言学界的轰动。此后，我国科学家或与外国合作，或独立发掘，使古代简帛逐步被世人所认识。20世纪上半叶简帛的发现，主要集中在西北地区，举其要者，有敦煌汉简、居延汉简、罗布淖尔汉简等。建国以后，尤其是七十年代以来更不断有惊人的简帛发现，重要的竹、木简发现有云梦秦简、龙岗秦简、武威汉简、银雀山汉简、甘谷汉简、马王堆汉墓竹简、定县汉简、江陵凤凰山汉简、张家山汉简、居延新简、阜阳汉简、大通汉简、马圈湾汉简、郭店楚简、悬泉置汉简、尹湾汉简、长沙走马楼三国吴简等。帛书包括斯坦因在敦煌汉代烽燧遗址中发现的几件帛书、长沙子弹库楚墓发现的“楚缯书”、敦煌马圈湾烽燧遗址出土的帛书1件、长沙马王堆3号墓出土的一大批帛书、敦煌悬泉置遗址出土的帛书10件等。

对中国思想文献的研究者而言，1973年与1993年、1994年是具有特殊意义的年份，因为继1972年山东临沂县银雀山两座汉墓中《孙子兵法》《孙膑兵法》《尉缭子》《六韬》等大量古兵书的出土，于1973年，长沙马王堆三号汉墓，前所未有的大量帛书古佚文献，以及定州八角廊西汉中山怀王刘修墓中的竹简《文子》相继出土，这不仅是中国考古学上的盛事，更是中国学术思想史上的盛事。因为在马王堆三号汉墓中，不仅有前所未见的古兵书、医书、房中书、历书的出土，更重要的是，也有不同于传世本编排顺序与书写工具的帛书《老子》，以及亡佚已久、内藏丰富的黄老思想理论的黄老帛书，乃至足以证明先秦真有《文子》一书的2790字残简《文子》，都在这一年相继出土。这些文献的出土，揭开了先秦儒、道、兵学与医学、哲学研究的新篇章。随后，1975年湖北云梦睡虎地11号秦墓大量秦简的出土，与1990—1992年间敦煌悬泉二万多枚汉简的相继发现，更揭开了中国秦汉历史、政治、法律、社会，乃至汉代边关事务研究的新的一页。到了1993年，湖北荆门郭店村一号楚墓——极可能是战国中晚期楚太子老师（所谓“东宫之师”）的墓葬中，804枚战国楚简又出土了，计共13000多字的三种竹简本《老子》和十多种儒家文献，以及被归为道家文献的《太一生水》，再一次震惊了汉学界。紧接着，1994年，上海博物馆购自香港的战国楚简又面世了。1200多支，计共35000多字，涉及80多种典籍的战国古文献的出土，更将中国思想文化领域的相关研究的热潮推向了空前的高峰。而这样的发现，并没有停止，2008年7月，一位清华的校友向清华大学捐赠了2388枚战国竹简（通称“清华简”），此批竹简年代在战国中晚期，内容大多为前所未见的经、史类作品，而随后浙大简、北京大学汉代竹书等等，都将极为丰富的资源呈现在了研究者的面前。

二　出土文献的方法论价值

新材料的不断出现，带来的是越来越多的新的诠释和讨论的可能性，在这种背景下，对于传统研究的方法论问题也提出了越来越多的改进的要求。王国维、陈垣、胡适是20世纪中国新历史考证学的奠基人和代表人物，他们治史的共性是生当西方学术大量输入的时代，本人既熟悉传统的经史典籍，又各有相当的接触西学的背景；方法上，既服膺乾嘉学者精良的考证方法并自觉地加以继承，同时又融合西方近代学者治学的新理念、新方法。二者融通起来，起点很高，因而首次撰成的论著即为学界所推崇。其中，王国维最早重视运用新史料考证上古史上的重大问题，成为民国初年饮誉士林的杰出学者。1925年，由王国维提倡："吾辈生于今日，幸于纸上之材料外，更得地下之新材料。由此种材料，我辈固得据以补正纸上之材料，亦得证明古书之某部分全为实录，即百家不雅训之言亦不无表示一面之事实。此二重证据法惟在今日始得为之。"（《古史新证》）其意思即是要运用"地下之新材料"与古文献记载相量印证，以考古代历史文化，这也成为一种公认的科学的学术正流，因为新的考古材料的不断出现，提出了越来越多的新问题，在王国维的那个时代是甲骨文和金文的出现，这些新材料为相应的研究提供了新的思路和佐证。在这种背景下，作为最早研究甲骨文的学者之一，王国维先生强调以之印证古史，提倡二重证据法，并由此而成为新史学研究之开山。

何谓"二重证据法"？就是将"地下发现之新材料"与"纸上之材料"二者互相释证，以达到考证古史的目的。作为一种重要的治史观念和方法，它是20世纪初年中西学术交融和新史料大量发现下的产物，此为其所具有的强烈的时代性。而此一观念和方法与中国传统学术亦存在着一定的渊源继承关系，乾嘉考史名家钱大昕利用碑刻史料与历史文献互相比勘解释对考证元史问题等项得到创获，可视为"二重证据法"的萌发。但钱氏因时代的关系，没有达到自觉运用阶段，所利用的材料和以之研究的领域都很有限，也未能解决对于历史研究具有重要意义的大问题。王国维处于20世纪初年，由于时代的机遇和本人的创造精神，方有可能较乾嘉前辈更胜一筹。甲骨文、汉简等重要发现为他提供了新的史料凭借，西方近代学术的相继传入，尤其是19世纪后期以来欧洲学者重视考古材料的运用，和"审查史料"即强调对于历史文献应以审慎态度究明其来历、考辨其真伪然后作出正确分析的观念和方法，给予他以深刻的启发。以此与他所熟悉的中国传统历史考证学的优良方法互相结合，遂能在治史观念和方法上取得重大突破。

二重证据法之提出，实有赖于新的考古资料的出现，从这个角度，我们也可以非常清晰地感受到不同的学术方法对于学术研究本身可能带来的影响。王国维这种研究方法提出以后，二重证据法很快就成为学术界普遍接受的方法，从而得到了普遍的应用，并在中国古代学术思想的研究中取得了长足的进步。此后，这样的研究方法也成了学界所普遍认可的古学研究的基本思路，并且，在此基础上还发展出三重证据法。

当然，三重证据法在王国维那里就已经很清楚地表现出来了。陈寅恪在《王静安遗书序》中就将王国维的治学方法概括为：一曰取地下之实物与纸上之遗文互相释证，二曰取异族之故书与吾国之旧籍互相补正，三曰取外来之观念，以固有之材料互相参证。在此后中国学术界的研究中，这样的思路也成为了主流。强调以出土材料与传世材料相互印证的方式来考察古代的学术观念，并辅以其他多种可能的考据。三重证据法只是一种比较概括的称谓而已，它所强调的实际上就是王国维在倡导二重证据法时所坚持的基本原则，即一个观念、论断需要由各种可能的材料来检验，在本质上，这是考据学的一种方法，所以所谓的三重证据法，实际上是建立在二重证据法基础上并运用三重或多重证据研究历史的考据方法。因为学科的特点和研究者的专业训练不同，三重证据法在现实应用中有不同的表现。比如黄现璠三重证据法（又称黄氏三重证据法）是在二重证据法的基础上，结合调查资料或材料中的“口述史料”研究历史学、民族学；徐中舒三重证据法是在二重证据法的基础上，运用边裔的少数民族，包括民族史、民族学、民俗学、人类学史料研究先秦史；饶宗颐的三重证据法是在二重证据法的基础上，将考古材料又分为两部分——考古数据和古文字数据；叶舒宪的三重证据法是在二重证据法的基础上，再加上文化人类学的数据与方法的运用。叶舒宪的三重证据法是考据学、甲骨学和人类学互相沟通结合的结果。

由于考古材料的不断出现，这也为学术研究提供了新的资料。在这样的背景下，对于学术研究方法论的改进也成为了学界的共识。从王国维开始的二重证据法，到现下广泛流行的三重（或多重）证据法，都表明了出土数据为学术研究所提供的新的价值，以及对于这些数据使用时需要多方印证的谨慎态度。

三　出土文献能否改写思想史？

在越来越多的新材料面前，在出土文献所提供的越来越多的惊喜的同时，一个非常普遍的问题被提出来了，那就是既然出土文献可以在这么多层面弥补传世文献的不足，出土文献的发现是不是有了改变思想史面貌的可能？由之而来，“改写思想史”的呼声也成为伴随着出土文献不断涌现而越来越受到关注的一个命题。可是，出土文献真的足以改变传世文献所形成的基本思想脉络，从而形成全新的思想演进脉络吗？

当然，我们不可否认，出土文献为当前的思想史研究提供了大量的材料，由于这些材料的出现，我们可以更好地去理解思想史演进的具体进程，也可以解决长期以来在思想史上存在的问题，比如某种古代典籍的真伪问题，比如思想观念演进的具体脉络等。这些新出土的文献都在某种程度上带给了我们这个意义上的惊喜，比如最受到学界关注的郭店楚简。但是，这样的结果是不是意味着我们可以改写思想史呢？这里涉及一个极其重要的问题，就是所谓的思想史是何以成立的？以我们今日的状态来理解，思想史大概就是思想演变的具体历史过程，这个过程是以文献与具体的人的共同作用的结果，换而言之，这就表明，构成思想史的要件中，不仅需要有文献的佐证，同样需要考察具体的文献与历史事实之间的内在关联性，即思想文献与人类具体生活之间的内在联络，思想只有作用于现实的生活，才有可能形成真正的历史影响，成为整个民族历史文化的有机组成部分。如果从这样的角度来看待的时候，我们明显可以看到，虽然出土文献越来越多，似乎越来越重要，但是，它所具有的局限性也是非常清楚的。

首先，出土文献的材料，尚不足以改变思想史的基本脉络。我们传统思想史的基本脉络是依靠传世文献构建起来的，这些传世文献是我们理解思想史的根本。虽然晚近以来有各种出土材料的出现，但是，对于主流的思想脉络基本上没有太大的改观。主流的学术流派，诸如儒、墨、道、法等等，都没有因此受到根本性的冲击。而传统的基本价值观念，同样没有受到根本性的挑战。相反，出土文献中的材料在主要概念、基本价值的使用，甚至是思想精英层面，都与我们传统的理解没有根本性的出入。当然，不可否认，出土文献提供了更为丰富的材料，可能使我们对于思想史的某些细节有更为深入的理解。于是，出土文献对于我们最大的意义是在细节上完善了我们对于传统的理解，但是，并没有从根本的意义上改变传统思想史的观念系统和发展脉络，从这个角度来说，改写之说无从谈起。

其次，出土文献是否是真实可靠的，尚存在争议。越来越多的出土文献，当然给我们的学术研究提供了很多新的材料，但是，有一个问题也是不容忽视的，即这些新出土文献的价值有效性问题，他们是否是真实可靠的？所谓文献的价值有效性问题涉及两个层面，历史的有效性和价值的有效性。所谓历史的有效性，指的是这些文献是否经过了历史的检验？很显然是没有，或者说，它不像传世文献那样是经过历史的沉淀而形成的，并且在历史的基本事实上产生过广泛而又持久的影响，这些出土文献大多都是在非常偶然的情况下所发现的，并未受到时间的检验。所谓价值的有效性，即出土文献所传递的价值观念是否是在当时被广泛接受的？另外，这个文献的影响程度如何？其实这些问题的解决对于出土文献本身来说，具有十分重要的甄别意义。如果我们不对此类问题进行考察，而妄言改写思想史，事实上是对建立在经过历史检验并且真实发生有效影响的传世文献的忽视，也是对于思想史本身的历史继承性和有效性的抛弃，这是一种极为可怕的倾向。所以，我们可以使用出土文献，但必须对出土文献使用的边际和论证的效力做审慎的考察。

其三，出土文献的地域性差异问题。目前在思想史领域所重视的出土文献，比如马王堆帛书、郭店楚简、上博楚简，都出自楚地。而如我们一般的经验所知，楚地在春秋战国之时，在整个历史的脉络中，并不能算是最有代表性的区域。那么这些出自楚地的文献所代表的价值是否可以代表整个中国思想的主流呢？楚地出土的文献，与主流的传世文献的差异，能改写传统的思想史的脉络吗？用这些楚地的文献当然可以表明在楚地在当时对于具体思想、文本的认识、理解的状况，表明楚地的一种特点，这个应该是可以接受的，当然，这里还有一个前提，那就是这些出土文献，与楚地的传统文献之间是否存在着差异？如果与其自身的传统是吻合的，那么大概可以代表楚地的特点，如果不符合，那么只能说明楚地在当时的传统中亦有多样性的存在。在这个意义上，以楚地为主的出土材料事实上也不能完全论证楚地的传统，更何况是整个中国传统的思想史进程。所以，当我们用某个地域的出土文献来论证传统的时候，就必须要十分审慎，因为这里所透露出来的观念，并非必然是适合说明整个大的传统的。

其四，出土文献的释读同样存在着较大的差异。由于新鲜资料对于学术研究具有重要的意义，所以，晚近以来，尤其是随着出土文献大量发现以来，简帛研究也成为了学术研究中的显学，很多学者都加入了这个研究的队伍，这样的好处在于，从各个角度出发，我们似乎可以对文献进行比较可靠的解读。然而，由于出土文献的特殊性，至今有一个非常重要的问题我们仍然无法解决，即对于出土文献的释读，仍然存在着较大的差异性。目前所能够见到的重要的简帛文献中，文本释读的差异是非常明显的，甚至不同的释读者之间的差别有时候是截然不同的。这意味着我们对于文本资料本身的理解、研究，尚处于一种争议的阶段，这种争议性的解读怎么可以用来推翻传统的思想史呢？换而言之，当我们甚至在基本的释读上都无法达成一致的时候，我们怎么可以讨论思想史的改写呢？

最后，需要特别指出的是，在目前出土文献似乎甚嚣尘上的背景下，我们尤其需要注意的是，在日益繁多的出土文献背后，我们能够确信什么？在当前的出土文献界中，甚至出现了一种十分奇怪的状况，我们想要证明某个文献、某种观念的时候，相应出土文献似乎会应时产生，为我们提供某种论证，比如清华简之于《尚书》，浙大简之于《左传》。这样的现象本身就值得我们警惕，警惕对于出土文献的过分信任和过度诠释。当文献本身的真伪性和释读的准确性都无法得到绝对的保证的时候，对于思想史研究来说，应该慎用这样的材料来推翻传统文献所形成的理解，更当慎言改写思想史。

我们今天所接受的思想史，大体而言是在传世文献的基础上发展起来的，其基本的观念系统和演进脉络是经过漫长的历史进程的筛选的，是经过检验和淘汰的。从这个角度来说，这样的思想史才是合乎我们基本生活经验和逻辑演进过程的。而出土文献，作为一种文献来说，当然会对以往的研究产生一定的影响，但是，这种影响终究是细部的，它不可能从根本上改变思想史的进程。从这个意义上来说，它不仅不可能改写思想史，也无法取代传世文献的地位。它的意义，至多是一种补充。

四 文献选读

《性自命出》

凡人虽有性，心亡奠志，待物而后作，待悦而后行，待习而后奠。喜怒哀悲之气，性也。及其见于外，则物取之也。性自命出，命自天降。道始于情，情生于性。始者近情，终者近义。知情者能出之，知义者能内（入）之。

好恶，性也。所好所恶，物也。善不善性也，所善所不善，势也。凡性为主，物取之也。金石之有声，弗扣不鸣，人之虽有性，心弗取不出。凡心有志也，无与不可，性不可独行[①]，犹口之不可独言也。

牛生而长，雁生而伸，其性使然，人而学或使之也。凡物无不异也者，刚之柱也，刚取之也。柔之约[也]，柔取之也。四海之内，其性一也。其用心各异，教使然也。

凡性，或动之，或逆之，或交之，或厉之，或出之，或养之，或长之。凡动性者，物也；逆性者，悦也；交性者，故也；厉性者，义也；出性者，势也；养性者，习也；长性者，道也。

凡见者之谓物，快于已者之谓悦，物之势者之谓势，有为也之谓故。义也者，群善之蕝也。习也者，有以习其性也。

道者，群物之道。凡道，心术为主。道四术，唯人道为可道也。其三术者，道之而已。

《诗》、《书》、《礼》、《乐》，其始出皆生于人。《诗》，有为为之也；《书》，有为言之也；《礼》、《乐》，有为举之也。

圣人比其类而论会之，观其先后，而逆训之，体其义而节度之，理其情而出入之，然后复以教。教，所以生德于中者也。

礼作于情，或兴之也，当事因方而制之。其先后之舍（序）则义道也。或舍（序）为之节则也。

致容貌，所以度节也。君子美其情，贵其义，善其节，好其容，乐其道，悦其教，是以敬焉。拜，所以为？与，其谀度也。币帛，所以为信与证也，其词义道也。

① “性”字或补作“人”字。（李零《郭店楚简校读记》）

笑，礼之浅泽也。乐，礼之深泽也。凡声，其出于情也信，然后其入拨人之心也厚。闻笑声，则鲜如也斯喜。闻歌谣，则陶如也斯奋。听琴瑟之声，则悸如也斯叹。观《赉》《武》，则齐如也斯作。观《韶》《夏》，则勉如也斯俭。咏思而动心，==如也，其居次也旧（久），其反善复始也慎，其出入也顺，司（始）其德也。郑卫之乐，则非其听而从之也。凡古乐龙（动）心，益（淫）乐龙（动）指（嗜），皆教其人者也。《赉》《武》乐取，《韶》《夏》乐情。

凡至乐必悲，哭亦悲，皆至其情也。哀、乐，其性情相近也，是故其心不远。哭之动心也，浸杀，其央恋恋如也，戚然以终。乐之动心也，浚深郁陶，其央则流如也悲，悠然以思。

凡忧，思而后悲；凡乐，思而后忻。凡思之用，心为甚。叹，思之方也，其声变则其心变，其心变则其声亦然。吟游（流）哀也，噪游（流）乐也，啾游（流）声［也］，呕游（流）心也。

喜斯陶，陶斯奋，奋斯咏，咏斯犹，犹斯作。作，喜之终也。愠斯忧，忧斯戚，戚斯叹，叹斯辟，辟斯通。通，愠之终也。

凡学者隶［求］其心为难。从其所为，近得之矣，不如以乐之速也。唯［虽］能其事，不能其心，不贵。求其心有为也，弗得之矣。人之不能以为（伪）也，可知也。其过十举，其心必在焉，察其见者，情安失哉？察，义之方也。义，敬之方也。敬，物之节也。笃，仁之方也。仁，性之方也。性或生之。忠，信之方也。信，情之方也。情出于性。

爱类七，唯性爱为近仁。智类五，唯义道为近忠。恶类三，唯恶不仁为近义。所为道者四，唯人道为可道也。凡用心之躁者，思为甚。用智之疾者，患为甚。用情之至者，哀乐为甚。用身之弁者，悦为甚。用力之尽者，利为甚。目之好色，耳之乐声，郁陶之气也，人不难为之死。

有其为人之节节如也，不有夫柬柬之心则采。有其为人之柬柬如也，不有夫恒怡之志则缦。人之巧言利词者，不有夫诎诎之心则流。人之悦然可与和安者，不有夫奋作之情则侮。有其为人之快如也，弗牧不可。有其为人之渊如也，弗辅不足。凡人伪为可恶也。伪斯吝矣，吝斯虑矣，虑斯莫与之结矣。慎，仁之方也。然而其过不恶。速，谋之方也，有过则咎。人不慎斯有过，信矣。

凡人情为可悦也。苟以其情，唯（虽）过不恶；不以其情，唯（虽）难不贵。苟有其情，唯（虽）未之为，斯人信之矣。

未言而信，有美情者也。未教而民恒，性善者也。未赏而民劝，含福者也。未型（刑）而民畏，有心畏者也。贱而民贵之，有德者也。贫而民聚焉，有道者也。

独处而乐，有内（入）礼者也。恶之而不可非者，达于义者也。非之而不可恶者，笃于仁者也。

行之不过，知道者也。闻道反上，上交者也。闻道反下，下交者也。闻道反己，修身者也。上交近事君，下交得众近从政，修身近至仁。

同方而交，以道者也。不同方而交，以[①]者[也]。同悦而交，以德者也。不同悦而交，以猷者也。门内之治，欲其逸也。门外之治，欲其制也。

凡悦人勿吝也，身必从之，言及则明举之而毋伪。凡交毋央，必使有末。凡于征毋畏，毋独言。独处则习父兄之所乐。苟毋大害，少枉内（入）之可也，已则勿复言也。

凡忧患之事欲任，乐事欲后。身欲静而毋==，虑欲渊而毋拔，行欲勇而必至，貌欲壮而毋拔，[心][②]欲柔齐而泊，喜欲智而亡末，乐欲怿而有志，忧欲俭而毋惛（闷），怒欲盈而毋希，进欲逊而毋巧，退欲循而毋轻，欲皆度而毋伪。君子执志必有夫光光之心，出言必有夫柬柬之信，宾客之礼必有夫齐齐之容，祭祀之礼必有夫齐齐之敬，居丧必有夫恋恋之哀。君子身以为主心。

---

① 李零补作“义”。

② 此缺一字，李零补作“心”，或可作“容”。

五　延伸阅读书目

1. 王国维 《古史新证》，北京：清华大学出版社，1994 年。

2. 李学勤 《简帛佚籍与学术史》，南昌：江西教育出版社，2001 年。

3. 余嘉锡 《古书通例》，上海：上海古籍出版社，1985 年。

4. 裘锡圭 《中国出土古文献十讲》，上海：复旦大学出版社，2004 年。

5. 李学勤、林庆彰等 《新出土文献与先秦思想重构》，台北：台湾古籍出版公司，2007 年。

6. 郭梨华 《出土文献与先秦儒道哲学》，台北：万卷楼图书公司，2008 年。

7. 浅野裕一 《上博楚简与先秦思想》，台北：万卷楼图书公司，2008 年。

8. 李零 《简帛古书与学术源流》，北京：生活·读书·新知三联书店，2008 年。

9. 李学勤 《走出疑古时代》，长春：长春出版社，2007 年。

10. 曹峰 《出土文献与儒道关系》，桂林：漓江出版社，2012 年。

11. 梁涛 《出土文献与古书的反思》，桂林：漓江出版社，2012 年。

12. 杨庆中 《疑古、出土文献与古史重建》，桂林：漓江出版社，2012 年。

第十五讲 结语：道、道术与方术

一 道与中国传统

不管是何种思想形态，从根本上来说，都是希望通过人类的智性来超越人类自身的有限性存在而进入一种绝对的境界，这种绝对的境界就是道。东西方思想虽然其表现出来的具体形式有较大的差异，但是在对于道的追求这一点上，却是相通的。这也许就是人类思维的天性，希望从纷繁复杂的现象存在背后去寻找那个固定的、永恒不变的存在——道。当然，对于"道"的名称可以是差异的，不管称为"道"，或者"逻各斯"，或者"存在"，抑或是"理念""本体"等，它们最终的指向还是那个最后、最高的存在，作为现象世界的根据的存在。

但是，如何达至对于"道"（本体）的认识，如何处理"道"与天地万物之间的关系，在不同的思想形态中，有不同的处理方式，中西方哲学也是在这里体现出了差异性。从根本上来说，中西方哲学对于"道"的认识采取了两种截然不同的路径。在西方的传统中，是通过对于天地万物的个别的认识和了解，进而概括、抽象出"道"的存在，换而言之，它所采取的是经由对形而下的天地万物的认识，从而去理解和把握“道”，由形而下的存在进入形而上的境界。而中国哲学所采取的路径恰恰相反，中国古人强调的是对于天地之道的直接体悟，形而上之道是可以被认识主体直接感悟到的，可以完全超越天地万物，直接达到形而上。

由此所呈现出来的道与天地万物之间的关系处理也是不一样的，在西方的传统里，强调的是对于万物的分析、观察，进而呈现“道”，这样的方式在促进逻辑思辨理性发展的同时，也使得该传统下的人对于具体事物的认识有着极大的兴趣，这种兴趣在一定程度上也促使了西方科学传统的产生和发展。而中国的传统是直接从“道”出发的，“道”对于任何的理论来说都是一个被规定好的最高的存在（这一点与西方传统极为不同，西方的传统是通过分析的路径而达到对于道的认识），或者说是理论的预设，这个“道”根源于天道，是人类生活的基本根据，人类可以通过自我的觉悟而领会到“道”的存在，但不是通过分析得出“道”。当然，不同的思想流派对于“道”的内涵可以有自己的设定，比如儒家把它规定为伦理道德之道，道家把它设定为自然无为之道等等，这样的设定无改于对于道的最原初规定（源于天道）。既然“道”是被规定的最高依据，那么剩下来的就是要在现实生活中把“道”实践出来。于是“道”对于中国传统来说，是一个行为实践的问题，而不是一个逻辑分析的问题。

所以，从这样对于“道”的基本设定出发，中西方哲学在其后来的发展中呈现出了不同的特质。在西方的传统中，由于强调对于万物的认识，强调理性分析，故而其学术思想重于逻辑分析，强调纯粹学术意义上的沉思，为学术而学术，为思想而思想，这样的思维方式，也只有在西方这样的传统观下才有可能成立。由此，学术的路径被规定为通过对于现象的分析和认识而达到对于本体的把握，这样的一种方式，更多是以纯粹学术的致思形式来实现的，所以，我们在西方的传统中也可以看到生活世界与思维世界可以独立开来考察，犹如著名的说法“上帝的归上帝，西泽的归西泽”，在这里，我们同样可以说，学术的归学术，而生活的归生活。

但是，在中国的传统中，我们所看到的却是道与现实生活的融合，道普遍存在于一切，存在于人类的日常生活之中，所以，对于个体来说，重要的不是去认识道，而是以自己的行为去实践道。“道”作为对于实践行为的基本要求，贯穿于人类日常生活的始终，所谓人伦日用无非道也。道是现实存在于世间的，并且是以日常生活的形式向个体展开的，对于个体来说，需要做的就是遵循道的基本原则来规范自己的行为，最终达到自我与道合一的境界。

因此，中西哲学在最后所呈现出来的样态也就有了非常明显的差异，西方哲学最后呈现出来的是经过理性分析而得到的关于“道”的认识，这是一种关于天地万物最终根据的理性认识。而在中国的传统中，最后呈现出来的是主体与道相融的境界，是一种生命的情调和审美的境界，在这样的境界中，作为根源的“道”是直接向主体敞开的，而主体则以自我的行为符合“道”的基本规定性。

对于“道”的不同界定方式，使得中西方思想在其源头之处就开始产生出了不同的发展脉络。由轴心时期的哲学突破开始，两个不同的传统都为各自的思想形态奠定了基础，确立了自己独特的思想和文化形态。

二 道与术

在中国思想的传统里，“道”之作为被预设的基本前提，或者说被设定的天地万物的根本规定，虽然各家对于“道”有不同的界定方式，但是，“道”的存在并支撑世间一切这一点是无可怀疑的基本事实。中国思想的特点是将“道”的存在直接引入到现实的生活世界，从而成为生活世界的基本规范，而人们的行为，则是要求合乎道的基本规定，所以，在传统思想的诠释中，更多讨论的是关于道的现实效用问题。这种现实的效用，就体现为对于人的行为的规范化要求和对于现实政治的合理性构建。从这个意义上，我们通常说，中国思想的基本特点是实践的，所谓实践的，也就是强调在现实的各个层面将“道”的基本要求实现出来，使得“道”与现实生活本身达到圆融无二的境地。

在某种意义上，作为根本的“道”是无法用语言去描述的，因为人类的语言总是具有局限性的，是无法用来指称终极的存在的。关于这一点，庄子在他的作品中有非常独到的看法。在中国传统中，“道”是通过个体的直觉去体悟到的，而不是通过描述性的语言去理解的。这种对于“道”的认识方式多少有些神秘主义的倾向，但是，如若要将道作为生活的根本依据的话，这种解释的方式无疑最具有说服力，因为这样一来，关于道的体认与主体自身的生活实践紧密结合在一起，对于道的认识的过程，实际上也就是道的现实展开的过程。

从语言的局限性出发，我们可以很清楚地看到，终极的“道”其实是无法用描述性的语言来界定的，因为任何用来描述的语言与被描述的对象之间都是有差异的，所以庄子说：“一与言为二，二与一为三。自此以往，巧历不能得，而况其凡乎！”（《齐物论》）这就意味着，从根本的意义上来说，道是不可以被言说的。但是，吊诡的事实是，我们又不得不在现实中去言说道，在中国传统中，儒、墨、道、法诸家无不以他们自己的方式来界定道。可是这样界定出来的“道”，已然不是那个浑然一体的“道”本身，只不过是儒之道、墨之道、道之道、法之道罢了。而由此而来的对于人的行为规范的要求，也只能是儒、墨、道、法各自所做的对于人的行为的基本要求，或者说是符合于儒、墨、道、法各家之道的行为方式。

中国传统思想最大的特色即在于诸家皆用其“道”去指导人的现实行为，构建合理的政治制度，即由道而直接指向对于行为的具体要求。这实际上是对于道的现实功用性的强调，在传统中称之为“术”。所谓术：“邑中道也。邑，国也。引伸为技术。”（段玉裁《说文解字注》）作为方法和技术，其所重视的就是现实的效用性。这种基于道而来的术，我们可以称之为道术。作为一个概念的基本内涵，道术所指向的乃是道的现实运用，即在日常生活中将道实现出来的具体方式。

道术的概念，在《庄子·天下篇》中与方术的概念并提，考虑到《天下篇》乃是庄子对先秦学术的一个基本判定，这样的并提形式可以引发我们的很多思考。我们先来看一下庄子本身是如何使用这两个概念的：

> 天下之治方术者多矣，皆以其有为不可加矣。古之所谓道术者，果恶乎在？（《天下篇》）

从行文的角度来看，方术与道术，无疑是两个相对的概念，就像古和今一样。如果说道术是针对古而言的，那么，方术可以说是针对今而言的。这段描述的字面意思不难理解，就是现在治方术的人很多，并且都认为自己的术是无可复加的，亦即达到了道术的地步，但是，果真如此的话，那么古代所谓的道术又在哪里呢？从这样的梳理来看，方术指向的是现实的种种言说形式，而道术，则高于方术，因为方术的“不可加”才到道术。所以，从价值判断来说，道术高于方术。钟泰先生对于道术和方术，曾经有一段描述：

> 全者谓之“道术”，分者谓之“方术”，故“道术”无乎不在，乃至瓦甓屎溺皆不在道外。若方术，则下文所谓“天下之人各自为其所欲焉以自为方”者。既有方所，即不免拘执，始则“各为其所欲”，终则“以其有为不可加”。“其有”者，其所得也。所得者一偏，而执偏以为全，是以自满，以为无所复加也。此一语已道尽各家之病。（《庄子发微》）

按照钟先生的说法，道术实际上就是道，因为在庄子那里，道是无所不在的，甚至在于瓦砾屎溺。而方术则指的是“天下之人各自为其所欲焉以自为方”，也就是现实中存在的各持己见、自以为是的种种不同的言论方式。

这样的解释，看上去似乎很圆满，因为它可以很好地体现出道术之高于方术的地方。但是，其实还是有问题的，如果道术指的就是道的话，那就直言道即可，何必言道术？难道仅仅是为了行文上的工整起见？显然不是。从字面来理解，道术与道是根本不同的两个概念，因为大凡术都是指向现实运用的，而道本身不是。言道与道术，则表明两者之间定然有分别。这种分别即在于道术是源于道的（且是直接源于道的）一种方法、手段，但不是道本身。

由道而道术而方术，这样的过程实际上是非常值得深思的，按照“一与言为二，二与一为三”（《齐物论》）这样的框式来解释的时候，我们可以说，“道——道术——方术”之间的演变关系，就是一而二，二而三的关系。道术是对于道的现实运用的第一层描述，这样的描述可以视为在道的不同具体规定性下的对于其现实效用的讨论，从这个角度来说，儒、墨、道、法的创立，实际上也是儒、墨、道、法之术的形成，但需要注意的是，这恰恰还是在道术的层面上来讨论的，虽然这个时候儒、墨、道、法的术都是指向不同的现实效用的规定，然而从其根源来说，都是源于他们对于道的不同的基本界定。这是有道而至道术的变化，即原本圆融为一的道分化成不同的具体的道的现实形式，道术在一定意义上就是道的现实呈现方式。接下来的阶段，才是方术的阶段，所谓的方术，是从道术而来的。换而言之，自从有了儒、墨、道、法之术后，世之学儒、墨、道、法者各以其术为是，对于己之术的坚持和阐发，也成为他们基本的行为要求。这时候，由于个体的差异、社会的现实以及儒、墨、道、法本身的发展状态，所呈现出来的对于儒、墨、道、法之术的学习和阐发方式又有种种不同，比如儒分为八、墨分为三等等，此一分化，所形成的就是在战国时期纷纷争鸣的百家之言。如果以儒、墨、道、法来做例子，道术指的是儒者、墨者、道者、法者之术，而方术指的是习儒者、习墨者、习道者、习法者之术，两者之间的层级差异也是非常清楚的。虽然术都是强调应用，但是，道术与方术之间的差异就在于他们对于道的认识和理解的程度是不一样的。庄子悲叹“后世之学者，不幸不见天地之纯，古人之大体，道术将为天下裂”（《天下篇》），道术之裂即为方术。

由道而道术而方术，这可以视为一个不断现实化的过程，因为术本身就很明显地表明了现实功用的倾向，从这个角度来说，中国传统思想具有很强的实践性这一结论是显而易见的。由此，我们也可以说，中国的传统思想在其发展脉络中，发展出了一个很强大的术的传统。术的传统，从根本上决定了中国传统思想的特质。所以，我们需要注意到的是，在汉武帝确立儒学为居统治地位的意识形态的时候，准确的描述是“儒术独尊”。从这样的基本事实出发，我们也可以说，中国的传统重的是术而非学。

三　学与术

“学”与“术”在中国传统事实上是区分开来的两个概念，学强调的是思想，术强调的是功用，我们的传统重视的是术，故而在一定意义上学是从属于术的。这样的事实很明显地导致两个结果，一方面，中国传统缺乏纯粹学术的兴趣，在中国传统中，思想在很大程度上不具有纯粹意义，它的意义乃是在与现实的效用相结合的时候才得以呈现出来，离开现实的功用，思想本身将会很难被主流社会所接受，比如名家之不被中国传统所接纳，就是一个很好的例子；另外一个方面，中国传统思想中，有很明显的现实倾向，强调对于现实的功用乃是思想发展的基础，所以在中国传统中特别发达的是伦理学和政治学，因为这两者直接指向的就是现实的功用。

中国传统发展的这个路径和轴心时期中国哲学突破的大氛围有着密切的关系。中国哲学之所以有可能突破的原因，即在于春秋战国时期的礼崩乐坏的基本事实，在这样的背景下兴起了后来的诸子百家之学，从而奠定了中国传统学术的特质。而中国思想中固有的对于人事的重视，以及现实的政治困境，都使得诸子百家（虽然他们的言说方式是如何的不同，但是，他们根本的理论旨趣却是一致的）怀有改变现实的强大愿望和抱负。也就是说，他们都希望以自己的方式来改变礼崩乐坏的现实局面，重新构建稳定的、持久的社会政治和价值系统，从而为人的日常生活确定基础。从这样的社会事实出发，也许我们可以更好地理解诸子的思想观念以及他们的精神世界。

从轴心时期开始，中国思想的突破就开始确立了和西方传统不一样的发展路径。然而殊途同归、百虑一致，在两个思想体系的差异背后，我们也应当看到，不管思想体系之间有多大的差异，它所呈现出来的都是人类的智性对于现实生活超越的一种方式。从这个意义上来说，任何思想都是人类精神的家园，是人类对于平凡的日常生活超越的一种方式。

四　文献选读

（一）《荀子·非十二子第六》

假今之世[①]，饰邪说，文奸言，以枭[②]乱天下，矞宇[③]嵬琐[④]，使天下混然不知是非治乱之所存者，有人矣。

纵情性，安恣睢，禽兽行，不足以合文通治；然而其持之有故，其言之

① 假：如。假今之世：如今之世，指战国时代。

② 枭，通“挠”，扰。

③ 矞（yù）宇：谲诡（jué guǐ）。矞，同“谲”，欺诈。宇，杨倞《荀子注》：“宇，未详；或曰，宇，大也，放荡恢大也。”俞樾《诸子平议》：“训宇为大，则与谲谊不伦，宇当读为讦。《说文·言部》：‘讦，诡讹也。’然则矞宇犹言谲诡矣。”

④ 嵬（wéi）琐：险诈奸邪。王先谦《荀子集解》：“嵬，谓为狂险之行者也；琐者，谓为奸细之行者也。《说文》云：‘嵬，高不平也。’今言嵬者其行狂险，亦犹山之高不平也。”

成理，足以欺惑愚众。是它嚣、魏牟也。

忍情性，綦溪[①]利跂[②]，苟以分异人为高，不足以合大众，明大分[③]；然而其持之有故，其言之成理，足以欺惑愚众，是陈仲、史䲡[④]也。

不知壹天下、建国家之权称，上功用、大俭约而僈差等，曾不足以容辨异、县君臣；然而其持之有故，其言之成理，足以欺惑愚众，是墨翟、宋钘也。

尚法而无法，下修而好作，上则取听于上，下则取从于俗，终日言成文典，反紃察之，则倜然无所归宿，不可以经国定分；然而其持之有故，其言之成理，足以欺惑愚众，是慎到、田骈也。

不法先王，不是礼义，而好治怪说，玩琦辞，甚察而不急，辩而无用，多事而寡功，不可以为治纲纪；然而其持之有故，其言之成理，足以欺惑愚众，是惠施、邓析也。

略法先王而不知其统，然而犹材剧志大，闻见杂博。案往旧造说，谓之五行，甚僻违而无类，幽隐而无说，闭约而无解。案饰其辞而祗敬之曰：此真先君子之言也。子思唱之，孟轲和之，世俗之沟犹瞀儒，嚾嚾然不知其所非也，遂受而传之，以为仲尼、子游为兹厚于后世，是则子思、孟轲之罪也。

若夫总方略，齐言行，壹统类，而群天下之英杰而告之以大古，教之以至顺，奥窔之间，簟席之上，敛然圣王之文章具焉，佛然平世之俗起焉，六说者不能入也，十二子者不能亲也，无置锥之地而王公不能与之争名，在一大夫之位则一君不能独畜，一国不能独容，成名况乎诸侯，莫不愿以为臣，是圣人之不得势者也，仲尼、子弓是也。

壹天下，财万物，长养人民，兼利天下，通达之属，莫不从服，六说者立

---

① 綦（qí）溪，指在人生的道路上节制自己而只在小路上行走。綦，《谷梁传·昭公二十年》："两足不能相过，齐谓之綦。"即一只腿瘸了而踮着走路。溪，通"蹊"，小路。利跂（qí），离世独立，超出凡俗。

② 利，通"离"，跂，踮起脚跟。

③ 大分，指忠孝的大义。

④ 䲡：音 qiū 。

息，十二子者迁化，则圣人之得势者，舜、禹是也。

今夫仁人也，将何务哉？上则法舜、禹之制，下则法仲尼、子弓之义，以务息十二子之说，如是则天下之害除、仁人之事毕、圣王之迹著矣。

信信，信也；疑疑，亦信也。贵贤，仁也；贱不肖，亦仁也。言而当，知也；默而当，亦知也。故知默犹知言也。故多言而类，圣人也；少言而法，君子也；多言无法而流湎然，虽辩，小人也。故劳力而不当民务谓之奸事，劳知而不律先王谓之奸心，辩说譬谕、齐给便利而不顺礼义谓之奸说。此三奸者，圣王之所禁也。知而险，贼而神，为诈而巧，言无用而辩，辩不惠而察，治之大殃也。行辟而坚，饰非而好，玩奸而泽，言辩而逆，古之大禁也。知而无法，勇而无惮，察辩而操僻，淫大而用之，好奸而与众，利足而迷，负石而坠，是天下之所弃也。

兼服天下之心：高上尊贵不以骄人，聪明圣知不以穷人，齐给速通不以先人，刚毅勇敢不以伤人；不知则问，不能则学，虽能必让，然后为德。遇君则修臣下之义，遇乡则修长幼之义，遇长则修子弟之义，遇友则修礼节辞让之义，遇贱而少者则修告导宽容之义。无不爱也，无不敬也，无与人争也，恢然如天地之苞万物，如是则贤者贵之，不肖者亲之。如是而不服者，则可谓訞怪狡猾之人矣。虽则子弟之中，刑及之而宜。《诗》云："匪上帝不时，殷不用旧。虽无老成人，尚有典刑。曾是莫听，大命以倾。"此之谓也。

古之所谓士仕者，厚敦者也，合群者也，乐可贵者也，乐分施者也，远罪过者也，务事理者也，羞独富者也。今之所谓士仕者，污漫者也，贼乱者也，恣睢者也，贪利者也，触抵者也，无礼义而唯权势之嗜者也。

古之所谓处士者，德盛者也，能静者也，修正者也，知命者也，著是者也。今之所谓处士者，无能而云能者也，无知而云知者也，利心无足而佯无欲者也，行伪险秽而强高言谨悫[①]者也，以不俗为俗，离纵而跂訾[②]者也。

---

① 悫（què），恭谨。

② 訾（zī），通"恣"，恣纵，狂放。

士君子之所能不能为：君子能为可贵，不能使人必贵己；能为可信，不能使人必信己；能为可用，不能使人必用己。故君子耻不修，不耻见污；耻不信，不耻不见信；耻不能，不耻不见用。是以不诱于誉，不恐于诽，率道而行，端然正己，不为物倾侧，夫是之谓诚君子。《诗》云："温温恭人，维德之基。"此之谓也。

士君子之容：其冠进，其衣逢，其容良，俨然，壮然，祺然，蕼然，恢恢然，广广然，昭昭然，荡荡然，是父兄之容也。其冠进，其衣逢，其容悫，俭然，恀然，辅然，端然，訾然，洞然，缀缀然，瞀瞀然，是子弟之容也。

吾语汝学者之嵬容：其冠絻，其缨禁缓，其容简连；填填然，狄[1]狄然，莫莫然，瞡瞡[2]然，瞿瞿然，尽尽然，盱盱然。酒食声色之中则瞒瞒然，瞑瞑然；礼节之中则疾疾然，訾訾然；劳苦事业之中则儢儢[3]然，离离然，偷儒而罔，无廉耻而忍谟诟[4]：是学者之嵬也。

弟佗其冠，衶禫[5]其辞，禹行而舜趋，是子张氏之贱儒也。正其衣冠，齐其颜色，嗛然而终日不言，是子夏氏之贱儒也。偷儒惮事，无廉耻而耆饮食，必曰君子固不用力，是子游氏之贱儒也。彼君子则不然。佚而不惰，劳而不僈，宗原应变，曲得其宜，如是，然后圣人也。

（二）《庄子·天下》

天下之治方术[6]者多矣，皆以其有为不可加矣。古之所谓道术[7]者，果

① 狄，通"趯"（tì），跳跃。
② 瞡（guī）瞡，见识浅陋。
③ 儢（lǚ）儢，懈怠，不尽力。
④ 谟（xǐ）诟（gòu），辱骂。
⑤ 衶（zhòng）禫（dān），通"冲淡"，平淡。
⑥ 方术：学术，指世俗学术，与下文的"道术"相对。
⑦ 道术：有关大道的学问。简单来说，"道术"是对万事万物的总体认识，无所不包；而"学术"只是对事物某一方面的认识，内容较狭窄。

恶乎在？曰："无乎不在。"曰："神何由降？明何由出？""圣有所生，王有所成，皆原于一。"

不离于宗，谓之天人。不离于精，谓之神人。不离于真，谓之至人。以天为宗，以德为本，以道为门，兆于变化，谓之圣人。以仁为恩，以义为理，以礼为行，以乐为和，熏然慈仁，谓之君子。以法为分，以名为表，以参为验，以稽为决，其数一二三四是也，百官以此相齿。以事为常，以衣食为主，蕃息畜藏，老弱孤寡为意，皆有以养，民之理也。

古之人其备乎！配神明，醇天地，育万物，和天下，泽及百姓，明于本数，系于末度，六通四辟，小大精粗，其运无乎不在。其明而在数度者，旧法世传之史尚多有之。其在于《诗》、《书》、《礼》、《乐》者，邹鲁之士、搢绅先生多能明之。《诗》以道志，《书》以道事，《礼》以道行，《乐》以道和，《易》以道阴阳，《春秋》以道名分。其数散于天下而设于中国者，百家之学时或称而道之。

天下大乱，贤圣不明，道德不一。天下多得一察焉以自好。譬如耳目鼻口，皆有所明，不能相通。犹百家众技也，皆有所长，时有所用。虽然，不该不徧，一曲之士也。判天地之美，析万物之理，察古人之全，寡能备于天地之美，称神明之容。是故内圣外王之道，暗而不明，郁而不发，天下之人各为其所欲焉以自为方。悲夫，百家往而不反，必不合矣！后世之学者，不幸不见天地之纯，古人之大体，道术将为天下裂。

不侈于后世，不靡于万物，不晖于数度，以绳墨自矫而备世之急。古之道术有在于是者。墨翟、禽滑厘闻其风而说之，为之大过，已之大循。作为《非乐》，命之曰《节用》；生不歌，死无服。墨子泛爱兼利而非斗，其道不怒；又好学而博，不异，不与先王同，毁古之礼乐。

黄帝有《咸池》，尧有《大章》，舜有《大韶》，禹有《大夏》，汤有《大濩》，文王有《辟雍》之乐，武王、周公作《武》。古之丧礼，贵贱有仪，上下有等，天子棺椁七重，诸侯五重，大夫三重，士再重。今墨子独生不歌，死不服，桐棺三寸而无椁，以为法式。以此教人，恐不爱人；以此自行，固不爱己。未败墨子道。虽然，歌而非歌，哭而非哭，乐而非乐，是果类乎？其生也勤，其死也薄，其道大觳；使人忧，使人悲，其行难为也。恐其不可以为圣人之道，反天下之心，天下不堪。墨子虽独能任，奈天下何！离于天下，其去王也远矣。

墨子称道曰："昔者禹之湮洪水，决江河而通四夷九州也，名川三百，支川三千，小者无数。禹亲自操橐耜[①]而九杂天下之川。腓无胈，胫无毛，沐甚雨，栉疾风，置万国。禹大圣也，而形劳天下也如此。"使后世之墨者，多以裘褐为衣，以跂蹻为服，日夜不休，以自苦为极，曰："不能如此，非禹之道也，不足谓墨。"

相里勤之弟子，五侯之徒，南方之墨者苦获、已齿、邓陵子之属，俱诵《墨经》，而倍谲不同，相谓别墨；以坚白同异之辩相訾，以觭偶不仵之辞相应；以巨子为圣人，皆愿为之尸，冀得为其后世，至今不决。

墨翟、禽滑[②]厘之意则是，其行则非也。将使后世之墨者，必自苦以腓无胈、胫无毛相进而已矣。乱之上也，治之下也。虽然，墨子真天下之好也，将求之不得也，虽枯槁不舍也，才士也夫！

不累于俗，不饰于物，不苟于人，不忮于众，愿天下之安宁以活民命，人我之养，毕足而止，以此白心。古之道术有在于是者。宋钘、尹文闻其风而悦之，作为华山之冠以自表，接万物以别宥为始。语心之容，命之曰心之行，以聏合驩，以调海内，请欲置之以为主。见侮不辱，救民之斗，禁攻寝兵，救世之战。以此周行天下，上说下教，虽天下不取，强聒而不舍者也。故曰：上下见厌而强见也。

---

① 橐耜：(tuó)(sì)，两种农具名。

② 滑：(gǔ)，读三声，禽滑厘是墨子的弟子。

虽然，其为人太多，其自为太少。曰："请欲固置五升之饭足矣。先生恐不得饱，弟子虽饥，不忘天下。"日夜不休，曰："我必得活哉！图傲乎救世之士哉！"曰："君子不为苛察，不以身假物。"以为无益于天下者，明之不如已也，以禁攻寝兵为外，以情欲寡浅为内。其小大精粗，其行适至是而止。

公而不党，易而无私，决然无主，趣物而不两，不顾于虑，不谋于知，于物无择，与之俱往。古之道术有在于是者，彭蒙、田骈、慎到闻其风而悦之。齐万物以为首，曰："天能覆之而不能载之，地能载之而不能覆之，大道能包之而不能辩之。知万物皆有所可，有所不可，故曰选则不徧，教则不至，道则无遗者矣。"

是故，慎到弃知去己而缘不得已，泠汰[①]于物以为道理。曰："知不知，将薄知而后邻伤之者也。"謑髁无任[②]，而笑天下之尚贤也；纵脱无行，而非天下之大圣。椎拍輐断，与物宛转；舍是与非，苟可以免。不师知虑，不知前后，魏然而已矣。推而后行，曳而后往，若飘风之还，若落羽之旋，若磨石之隧，全而无非，动静无过，未尝有罪。是何故？夫无知之物，无建己之患，无用知之累，动静不离于理，是以终身无誉。故曰："至于若无知之物而已。无用贤圣，夫块不失道。"豪杰相与笑之，曰："慎到之道，非生人之行，而至死人之理，适得怪焉。"

田骈亦然，学于彭蒙，得不教焉。彭蒙之师曰："古之道人，至于莫之是、莫之非而已矣。其风窢然，恶可而言？"常反人，不见观，而不免于魭断。其所谓道非道，而所言之韪，不免于非。彭蒙、田骈、慎到不知道。虽然，概乎皆尝有闻者也。

以本为精，以物为粗，以有积为不足，澹然[③]独与神明居。古之道术有在于是者，关尹、老聃闻其风而悦之。建之以常无有，主之以太一，以濡弱谦

① 泠汰：放任。
② 謑髁无任：思想不正确，没有什么能力。
③ 澹然：心情恬淡的样子。

下为表，以空虚不毁万物为实。

关尹曰："在己无居，形物自著。"其动若水，其静若镜，其应若响。芴乎若亡，寂乎若清。同焉者和，得焉者失。未尝先人，而常随人。

老聃曰："知其雄，守其雌，为天下溪；知其白，守其辱，为天下谷。"人皆取先，己独取后，曰"受天下之垢"；人皆取实，己独取虚，无藏也故有余，岿然而有余。其行身也，徐而不费，无为也而笑巧；人皆求福，己独曲全，曰"苟免于咎"。以深为根，以约为纪。曰："坚则毁矣，锐则挫矣。"常宽容于物，不削于人，可谓至极。

关尹、老聃乎！古之博大真人哉！

芴漠无形，变化无常。死与？生与？天地并与？神明往与？芒乎何之，忽乎何适，万物毕罗，莫足以归。古之道术有在于是者。庄周闻其风而悦之，以谬悠之说，荒唐之言，无端崖之辞，时恣纵而不傥，不以觭见之也。以天下为沈浊，不可与庄语，以卮言为曼衍，以重言为真，以寓言为广。独与天地精神往来而不敖倪于万物，不谴是非，以与世俗处。其书虽瑰玮，而连犿无伤也。其辞虽参差，而諔诡可观。彼其充实，不可以已，上与造物者游，而下与外死生、无终始者为友。其于本也，弘大而辟，深闳而肆；其于宗也，可谓稠适而上遂矣。虽然，其应于化而解于物也，其理不竭，其来不蜕，芒乎昧乎，未之尽者。

惠施多方，其书五车，其道舛驳，其言也不中。历物之意，曰："至大无外，谓之大一；至小无内，谓之小一。无厚，不可积也，其大千里。天与地卑，山与泽平。日方中方睨，物方生方死。大同而与小同异，此之谓'小同异'；万物毕同毕异，此之谓'大同异'。南方无穷而有穷，今日适越而昔来。连环可解也。我知天下之中央，燕之北、越之南是也。泛爱万物，天地一体也。"

惠施以此为大，观于天下而晓辩者，天下之辩者相与乐之。卵有毛，鸡三足，郢有天下，犬可以为羊，马有卵，丁子有尾，火不热，山出口，轮不蹍地，目不见，指不至，至不绝，龟长于蛇，矩不方，规不可以为圆，凿不围枘，飞鸟之景未尝动也，镞矢之疾而有不行、不止之时，狗非犬，黄马骊牛三，白狗黑，孤犊未尝有母，一尺之捶，日取其半，万世不竭。辩者以此与惠施相应，终身无穷。

桓团、公孙龙，辩者之徒，饰人之心，易人之意；能胜人之口，不能服人之心，辩者之囿也。惠施日以其知与人之辩，特与天下之辩者为怪，此其柢也。

然惠施之口谈，自以为最贤，曰："天地其壮乎？施存雄而无术。"南方有倚人焉曰黄缭，问天地所以不坠不陷，风雨雷霆之故。惠施不辞而应，不虑而对，偏为万物说。说而不休，多而无已，犹以为寡，益之以怪。以反人为实，而欲以胜人为名，是以与众不适也。弱于德，强于物，其涂隩矣。由天地之道观惠施之能，其犹一蚉一虻之劳者也。其于物也何庸？夫充一尚可，曰愈贵道，几矣！惠施不能以此自宁，散于万物而不厌，卒以善辩为名。惜乎！惠施之才，骀荡而不得，逐万物而不反，是穷响以声，形与影竞走也。悲夫！

五 延伸阅读书目

1. 郦正、邵汉明 《为学与为道——中国学人的学术之路》，北京：人民出版社，2006 年。

2. 刘东 《道术与天下》，北京：北京大学出版社，2011 年。

3. 张广保 《道家的根本道论与道教的心性学》，成都：巴蜀书社，2008 年。

4. 雷戈 《道术为天子和》，保定：河北大学出版社，2008 年。

5. 钱列阳 《道与术》，北京：中国法制出版社，2008 年。

6. 张克明 《周易道术通解》，天津：天津人民出版社，2005 年。

7. 柳存仁 《道家与道术》，上海：上海古籍出版社，1999 年。

8. 杜维明 《道·学·政：儒家公共知识分子的三个面向》，钱文忠，盛勤译，北京：生活·读书·新知三联书店，2013 年。

9. 陆毅 《学易明道》，香港：三联书店香港有限公司，2009 年。

参考文献

B

《百子全书》，杭州：浙江古籍出版社，1988 年。
《诸子集成》影印本，北京：中华书局，1954 年。
艾兰主编 《中国古代思想模式与阴阳五行说探源》，南京：江苏古籍出版社，1998 年。
白奚 《稷下学研究》，北京：三联书店 1998 年版。
邴正、邵汉明 《为学与为道——中国学人的学术之路》，北京：人民出版社，2006 年。

C

蔡仁厚 《孔子的生命境界：儒学的反思与开展》，长春：吉林出版集团，2010 年。
曹峰 《出土文献与儒道关系》，桂林：漓江出版社，2012 年。
陈鼓应 《黄帝四经今注今译》，北京：商务印书馆，2007 年。
陈鼓应 《老子注译及评介》，北京：中华书局，1984 年。
陈来 《孔夫子与现代世界》，北京：北京大学出版社，2011 年。
陈丽桂 《战国时期黄老思想》，台北：联经出版事业公司，1991 年。
陈荣庆 《荀子与战国学术思潮》，北京：中国社会科学出版社，2012 年。
陈柱 《墨子十论》，上海：商务印书馆，1928 年。
储昭华 《明分之道——从荀子看儒家文化与民主政道融通的可能性》，北京：商务印书馆，2005 年。
崔宜明 《生存与智慧——庄子哲学的现代阐释》，上海：上海人民出版社，1996 年。

D

丁原明 《黄老学论纲》，济南：山东大学出版社，1997 年。

东方朔 《合理性之寻求：荀子思想研究论集》，台北：国立台湾大学出版社，2011 年。

杜而未 《庄子宗教与神话》，台北：台湾学生书局，1985 年。

杜维明 《道·学·政：儒家公共知识分子的三个面向》，钱文忠，盛勤译，北京：生活·读书·新知三联书店，2013 年。

F

方授楚 《墨学源流》，北京：中华书局，1989 年。

傅剑平 《纵横家与中国文化》，台北：文津出版社，1995 年。

G

高峰 《大道希夷——近现代的先秦道家研究》，沈阳：辽宁教育出版社，1997 年。

高正 《诸子百家研究》，北京：中国社会科学出版社，1997 年。

关峰 《孙子军事哲学思想研究》，武汉：湖北人民出版社，1957 年。

郭梨华 《出土文献与先秦儒道哲学》，台北：万卷楼图书公司，2008 年。

郭沫若 《十批判书·稷下黄老学派的批判》，北京：人民出版社，2012 年。

郭志坤 《旷世大儒——荀况》，石家庄：河北人民出版社，2001 年。

H

韩德民 《荀子与儒家的社会理想》，济南：齐鲁书社，2001 年。

赫伯特·芬格莱特 《孔子：即凡而圣》，南京：江苏人民出版社，2010 年。

黄俊杰 《中国孟学诠释史论》，北京：社会科学文献出版社，2004 年。

黄克剑 《名家琦辞疏解——惠施公孙龙研究》，北京：中华书局，2010 年。

黄克剑 《由“命”而“道”：先秦诸子十讲》，北京：线装书局，2006 年。

黄朴民 《老子解读》，北京：中国人民大学出版社，2011 年。

J

蒋百里、刘邦骥 《孙子浅说》，武汉：武汉出版社，2011 年。

蒋伯潜 《诸子通考》，杭州：浙江古籍出版社，1985 年。

蒋礼鸿 《商君书锥指》，北京：中华书局，1986 年。

蒋重跃 《韩非子的政治思想》，北京：北京师范大学出版社，2010 年。

金晟焕 《黄老道探源》，北京：中国社会科学出版社，2008 年。

K

康有为 《孟子二十讲》，北京：华夏出版社，2008 年。

L

雷戈 《道术为天子和》，保定：河北大学出版社，2008年。
李零 《兵以诈立》，北京：中华书局，2006年。
李零 《简帛古书与学术源流》，北京：生活·读书·新知三联书店，2008年。
李零 《丧家狗：我读〈论语〉》，太原：山西人民出版社，2007年
李硕 《贵族的黄昏：孔子与他的时代》，北京：现代出版社，2010年。
李学勤、林庆彰等 《新出土文献与先秦思想重构》，台北：台湾古籍出版公司，2007年。
李学勤 《简帛佚籍与学术史》，南昌：江西教育出版社，2001年。
李学勤 《走出疑古时代》，长春：长春出版社，2007年。
李浴日 《孙子兵法之综合研究》，北京：商务印书馆，1938年。
梁启超 《孔子》，长春：吉林出版集团，2012年。
梁启超 《墨子学案》，《饮冰室合集》卷八·专集之三十九，北京：中华书局，1989年。
梁涛 《出土文献与古书的反思》，桂林：漓江出版社，2012年。
梁涛 《孟子解读》，北京：中国人民大学出版社，2010年。
林宏星 《〈荀子〉精读》，上海：复旦大学出版社，2011年
林庆彰 《战国时期道家与法家"道—法"思想研究：荀子的人性论与理想社会研究》，台北：花木兰出版社，2011年。
林语堂 《老子的智慧》，西安：陕西师范大学出版社，2006年。
刘东 《道术与天下》，北京：北京大学出版社，2011年。
刘鄂培 《孟子大传》，北京：清华大学出版社，1998年。
刘九生 《循环不息的梦魇：阴阳五行观念及其历史文化效应》，北京：国际文化出版公司，1989年。
刘腾升 《荀子的哲学思想：一个道统天人的观点》，台北：花木兰出版社，2012年
刘筱红 《神秘的五行》，南宁：广西人民出版社，2004年。
刘笑敢 《老子古今》，北京：中国社会科学出版社，2006年。
刘笑敢 《庄子哲学及其演变》，北京：中国人民大学出版社，2010年。
柳存仁 《道家与道术》，上海：上海古籍出版社，1999年。
龙建春 《阴阳家简史》，重庆：重庆出版社，2008年。
陆建华 《荀子礼学研究》，合肥：安徽大学出版社，2004年。
陆毅 《学易明道》，香港：三联书店香港有限公司，2009年。
陆玉林、唐有伯 《中国阴阳家》，北京：宗教文化出版社，1996年。
吕思勉 《先秦学术概论》，上海：东方出版中心，1985年。
罗安宪 《老庄论道》，沈阳：沈阳出版社，2012年。

M

马积高 《荀学源流》，上海：上海古籍出版社，2000 年。
马王堆汉墓帛书整理小组 《战国纵横家书》，北京：文物出版社，1976 年。
蒙培元 《蒙培元讲〈孟子〉》，北京：北京大学出版社，2006 年。
牟宗三 《名家与荀子》，长春：吉林出版集团有限责任公司，2010 年。

N

倪培民 《孔子：人能弘道》，上海：上海人民出版社，2013 年。

P

潘美月 《〈黄老帛书〉研究》，台北：花木兰出版社，2011 年。
潘美月 《〈老子〉研究在美国》，台北：花木兰出版社，2012 年。
庞朴 《公孙龙子研究》，北京：中华书局，1979 年。
彭永捷 《中国纵横家》，北京：宗教文化出版社，1996 年。

Q

钱列阳 《道与术》，北京：中国法制出版社，2008 年。
钱穆 《惠施公孙龙》，上海：上海书店，1992 年。
钱穆 《孔子传》，北京：生活·读书·新知三联书店，2012 年。
钱穆 《先秦诸子系年》，北京：中华书局，1985 年。
钱穆 《庄子纂笺》，北京：生活·读书·新知三联书店，2010 年。
浅野裕一 《上博楚简与先秦思想》，台北：万卷楼图书公司，2008 年。
裘锡圭 《中国出土古文献十讲》，上海：复旦大学出版社，2004 年。

R

任继愈 《韩非》，北京：中华书局，1962 年。

S

施觉怀 《韩非评传》，南京：南京大学出版社，2011 年。
施忠连 《世界眼光中的孔子》，北京：中华书局，2010 年。
宋洪兵 《韩非子政治思想再研究》，北京：中国人民大学出版社，2010 年。

T

谭宝刚 《老子及其遗著研究》，成都：巴蜀书社，2009 年。
谭戒甫 《公孙龙子形名发微》，武汉：武汉大学出版社，2006 年。
谭戒甫 《墨辩发微》，北京：中华书局，2004 年。
唐桂丽 《功利与权谋——纵横家的人生智慧》，武汉：武汉出版社，1998 年。

陶东风 《从超迈到随俗——庄子与中国美学》，北京：首都师范大学出版社，1995 年。
陶汉章 《孙子兵法概论》，北京：中国人民解放军出版社，2009 年。

W

王邦雄 《韩非子的哲学》，台北：东大图书公司，1977 年。
王葆玹 《黄老与老庄》，北京：中国人民大学出版社，2012 年。
王博 《老子思想的史官特色》，北京：文津出版社，1993 年。
王博 《庄子哲学》，北京：北京大学出版社，2004 年。
王琯 《公孙龙子悬解》，北京，中华书局，1992 年。
王国维 《古史新证》，北京：清华大学出版社，1994 年。
王洪斌 《中国帝王术——〈韩非子〉与中国文化》，开封：河南大学出版社，1995 年。
王洪图总编 《黄帝内经研究大成》，北京：北京出版社，1999 年。
王军 《荀子思想研究》，北京：中国社会科学出版社，2010 年。
王楷 《天然与修为：荀子道德哲学的精神》，北京：北京大学出版社，2011 年。
王桐龄 《儒墨之异同》，上海：上海书店，1992 年。
王先慎 《韩非子集解》，北京：中华书局，1998 年。
王晓波 《道与法——法家思想和黄老哲学解析》，台北："国立"台湾大学出版中心，2007 年。
王永祥 《燕赵先秦思想家公孙龙、慎到、荀况研究》，保定：河北大学出版社，2002 年。
吴如嵩 《孙子兵法新论》，北京：解放军出版社，1989 年。
伍晓明 《吾道一以贯之：重读孔子》，北京：北京大学出版社，2013 年。

X

萧公权 《中国政治思想史》，北京：商务印书馆，2011 年。
萧吉 《五行大义》，钱杭点校，上海：上海书店出版社，2001 年。
谢松龄 《天人象：阴阳五行学说史导论》，济南：山东文艺出版社，1989 年。
谢松龄 《阴阳五行与中医学》，北京：中央编译出版社，2008 年。
信广来（Kwong-Loi Shun）：*Mencius and Early Chinese Thought*，Stanford, Calif.: Stanford University Press，1997 年。
邢兆良 《墨子评传》，南京，南京大学出版社，1993 年。
熊铁基 《秦汉新道家略论稿》，上海：上海人民出版社，1984 年。
熊宪光 《战国策研究》，重庆：重庆出版社，2004 年。
熊宪光 《纵横家研究》，重庆：重庆出版社，1998 年。
徐复观 《公孙龙子讲疏》，台北：学生书局，1966 年。
徐洪兴 《〈孟子〉精读》，上海：复旦大学出版社，2010 年。
徐希燕 《墨子研究——墨子学说的现代诠释》，北京：商务印书馆，2001 年。

许富宏 《〈鬼谷子〉研究》，上海：上海古籍出版社，2008 年。
许富宏 《鬼谷子集校集注》，北京：中华书局，2010 年。
许抗生 《老子与道家》，北京：宗教文化出版社，2012 年。

Y

杨炳安 《孙子集校》，北京：中华书局，1959 年。
杨国荣 《孟子的哲学思想》，上海：华东师范大学出版社，2009 年。
杨俊光 《〈墨经〉研究》，南京，南京大学出版社，2002 年。
杨俊光 《惠施公孙龙评传》，南京：南京大学出版社，2011 年。
杨庆中 《疑古、出土文献与古史重建》，桂林：漓江出版社，2012 年。
杨泽波 《孟子评传》，南京：南京大学出版社，2011 年。
余嘉锡 《古书通例》，上海：上海古籍出版社，1985 年。
玉昆子 《阴阳五行里的奥秘》，北京：华夏出版社，2012 年。
袁宝新 《老子哲学之诠释与重建》，台北：台北文津出版社，1991 年。
袁宙宇 《庄子学说体系阐微》，沈阳：黎明文化，1977 年。
苑汝贤 《纵横学研究》，快乐书店，1946 年。

Z

张广保 《道家的根本道论与道教的心性学》，成都：巴蜀书社，2008 年。
张克明 《周易道术通解》，天津：天津人民出版社，2005 年。
张明凯 《孟子思想与中国文化》，北京：商务印书馆，1985 年。
张松辉 《庄子研究》，北京：人民出版社，2009 年。
张松辉 《庄子疑义考辨》，北京：中华书局，2007 年。
张涛 《孔子在美国：1849 年以来孔子在美国报纸上的形象变迁》，北京：北京大学出版社，2011 年。
张文儒 《中国兵法文化》，北京：北京大学出版社，1997 年。
张彦修 《纵横家书——〈战国策与中国文化〉》，开封：河南大学出版社，1998 年。
张永义 《墨——苦行与救世》，广州：广东人民出版社，1996 年。
张增田 《黄老治道及其实践》，广州：中山大学出版社，2005 年
郑国瑞 《两辩汉黄老思想研究》，台北：花木兰出版社，2010 年。
郑杰文 《20 世纪墨学研究史》，北京：清华大学出版社，2002 年。
郑杰文 《能辩善斗——中国古代纵横家论》，济南：山东人民出版社，1995 年。
支伟成 《孙子兵法史证》，北京：中国书店，1988 年。
朱前鸿 《先秦名家四子研究》，北京：中央编译出版社，2005 年。
朱熹 《四书章句集注》，北京：中华书局，2011 年。
朱星元 《战国纵横家学研究》，上海：东方学社，1935 年。